500가지
건축으로 읽는
세계사

스톤헨지부터
우주정거장까지
역사의 랜드마크로 남은
위대한 걸작들

500가지
건축으로 읽는
세계사

소피 콜린스 지음

성소희 옮김 | 임석재 감수

현대
지성

추천사

건축은 공학이자 예술이자 인문학이다. 이보다 더 근본적으로, 동시에 확장적으로 본다면 건축은 인간 존재의 삶을 담는 환경이요 사회적 그릇이다. 이 모든 가치를 합하면 '문명'이 된다. 건축은 인류의 역사 활동을 물리적 구조체로 구현해 축적한 거대한 '문명체文明體'다. 건축은 문명을 세우고 문명은 건축을 품는다. 건축은 문명의 가장 명확한 물리적 증거다. 건축을 통해 우리는 문명을 읽을 수 있다.

세계에는 수없이 다양한 문명이 있고, 모든 문명은 각자의 자랑스러운 역사가 있다. 이런 역사는 건축으로 축적된다. '건물'이라는 물리적 구조물에 담긴 역사는 추상적 사료가 아닌 살아 있는 현실이다. 몇백 년, 몇천 년 혹은 몇만 년의 역사를 물리적 증거로 보존하는 매체는 건축이 유일하다. 따라서 '세계의 건축'을 다 모아놓는다면 그것은 곧 '세계의 역사'가 된다.

『500가지 건축으로 읽는 세계사』가 바로 그런 책이다. 단 한 권에 세계 문명의 건축 걸작을 집대성해 한눈에 살펴볼 수 있다. 등장하는 500개의 건물은 각자가 지닌 가장 중요한 지식과 정보를 제공한다. 건립 배경, 뛰어난 작품성, 소속 문명의 역사, 건물에 얽힌 주요 사건 등 다채로운 이야기가 펼쳐진다. 더해서, 한국어판에는 권말에 건축 초심자를 위한 건축용어 해설 페이지를 추가했다. 본문에서 낯선 용어를 만난다면 이 페이지를 참고해주길 당부드린다.

이 책은 그야말로 '건축을 테마로 한 세계여행'이다. 건축은 현대사회에서 널리 사랑받는 교양 지식 분야다. 여러 대중매체의 여행 예능 프로그램부터 역사·교양 프로그램까지 건축은 빠지지 않고 등장한다. 이 책은 누구나 즐길 수 있는 '세계 건축 여행'의 가장 훌륭한 가이드가 되어

줄 것이다. 더불어, 대중매체에서 접하지 못하는 알찬 디테일까지 담은 든든한 참고서가 될 것이다. 이 책으로 방대한 스케일의 건축 세계에서 당신만의 건축물을 만나길, 그래서 당신만의 건축 여행 코스를 가질 수 있길 바란다.

• **임석재** | 이화여대 건축학과 교수
『한 권으로 읽는 임석재의 서양건축사』 저자

이 책은 제목 그대로 건축을 통해 세계의 역사와 사회문제에 접근한다. 동양과 서양, 고대와 현대를 아우르며 균형 잡힌 시각을 견지한다. 특히 현대 건축물을 다루는 5, 6부에서는 현재 진행형인 논쟁적인 주제들을 건축물을 통해 다루고 있다. 건축사의 관점에만 한정해 쓰인 책들과는 확연히 다른 접근이다. 또한, 이 책은 주로 서구권의 건축만이 진정한 건축사의 대상이 된다는 편협한 관점 또한 쇄신한다. 지금까지 비교적 소개되지 못했던 비서구권, 즉 아프리카, 아시아, 남아메리카 문명권의 건축물까지 만날 수 있다. 이름은 조금 낯설어도 그 안에 담긴 이야기는 흥미롭기 그지없다. 매력적인 건축물들을 통해 세계사의 숨은 이야기와 오늘날의 세계적인 핫 이슈를 동시에 만날 수 있다. 이토록 신선한 책을 만날 기회를 놓치지 마시길 바란다.

• **김시덕** | 도시문헌학자, 『한국 도시 2026』 저자

차례

1부
1000년 이전
돌로 만든
인류 최초의 흔적들

일러두기

1. 한국어판에서는 건축에 익숙하지 않은 독자를 위해 본문에 등장하는 주요 건축 용어를 해설한 '건축 용어 해설'(402쪽)을 별도로 수록했다. 해당 용어 해설은 편집자가 작성하고 감수자의 감수를 거쳤다.

2. 건축물명을 비롯한 인명, 지명 등은 국립국어원의 표준국어대사전 외래어표기법을 준용하되, 일부는 학계나 대중의 관행을 따랐다.

3. 옮긴이 주는 본문 중 괄호로 삽입했고, 끝에 '—옮긴이'라고 표시했다. 내용은 번역가와 편집자가 함께 작성했다.

들어가며

인류가 모래 폭풍, 거세게 퍼붓는 비, 뼛속까지 파고드는 추위를 피하려면 탁 트인 야외보다는 동굴 안이 유리하다는 사실을 처음 알아차린 이래로 건축물은 인간 경험의 중심이었다. 이 책에서는 인간이 건물을 짓고 살아온 180만 년 넘는 세월을 소개한다. 가장 먼저 소개하는 건축물은 남아프리카공화국의 본데르베르크 동굴이다. 기록상 가장 오래된 동굴 거주자가 '안'이 바깥보다 더 나은 주거지가 되리라고 판단해 이 동굴 안으로 들어가 흔적을 남겼다. 마지막 건축물은 중국 우한의 '신선' 식료품 시장이다. 2020년 초에 우리가 알던 세상을 갑자기 바꿔놓은 코로나19 팬데믹의 근원지로 악명 높은 곳이다. 본데르베르크 동굴과 우한 시장 사이의 내용은 사람들이 살아가고, 예배드리고, 배우고, 이런저런 일을 기념하던 건축물을 포함해서 최대한 다채로운 공간들로 채웠다.

깔끔하게 잘 정돈된 체계를 좋아하는 독자라면 이 책에서 소개하는 모든 건축물이 여섯 범주 가운데 하나(또는 여럿)에 속한다는 사실을 눈치챌 것이다. '예술과 문화 공간' 항목은 공공 오락이나 예술 작업, (바우하우스 같은) 예술 교육 및 연구 관련 기관은 물론이고 위대한 창작가의 집도 포함한다. '공공 기반 시설과 혁신' 항목에서는 개별 건축물을 넘어 사회 전체에 영향을 미친 교량과 댐, 운하 같은 구조물을 살펴본다. '정치 및 방어 시설'에는 지역을 방어하고 지원하고자 대부분 경계 지대에 지어진 건축물, 특히 군사 목적의 구조물이 포함된다. '거주지'와 '업무 공간' 항목은 별다른 설명이 필요하지 않을 것이다. 마지막 항목은 아마도 가장 광범위한 범주인 '종교 시설 및 기념물'이다. 이 항목은 사찰과 성당, 개인이나 집단을 기념하는 건축물, 무덤을 아우른다.

↓ 쿠빌라이칸의 도시 상도는 1세기 만에 수명을 다했지만, 낭만적 상상 속에서 여전히 숨을 쉰다. 시인 새뮤얼 테일러 콜리지는 상도를 이상향으로 그려냈지만, 오늘날 건물 터만 남은 평야를 보면 오히려 퍼시 비시 셸리의 시 〈오지만디아스〉가 떠오른다.

일부 건축물은 그야말로 빼어나게 눈부시다. 예를 들어, 쿠푸의 대피라미드나 폴리네시아 라파누이의 모아이 석상을 빼놓는다면 제대로 된 건축물 목록이라 할 수 없다. 반면에 자신의 역사를 더 은근하게 전달하는 건축물들도 있다. 뉴욕의 스톤월 인이나 여전히 방사능이 너무 강해서 체르노빌쉬르센이라는 별명이 붙은 마리 퀴리의 연구실처럼 겉으로는 평범해 보이는 건물이 특별한 이야기를 품고 있기도 하다. 이처럼 다양한 건축물을 다루기에 펼치는 페이지마다 놀라움이 가득할 것이라 장담한다. 이 건물에서 저 건물로 시선을 옮기며 전 세계의 낯선 공간에서 친숙한 이야기를 발견하게 될 것이다.

"곁에는 아무것도 남지 않았네. 무너져서 닳은
   그 거대한 폐허 주위에는 끝없고 메마르고 외로운
   첩첩의 모래만 머나먼 곳까지 펼쳐져 있을 뿐."

퍼시 비시 셸리, 〈오지만디아스〉에서 발췌

총 여섯 개의 부로 나누고 연대순으로 정리했다. 1부는 기원후 1000년 이전의 건축물들로, 기나긴 세월을 성큼성큼 뛰어넘으며 살펴야 한다. 난로가 있는 최초의 건물이나 바위로 조각한 붙박이 가구를 갖춘 최초의 건물 사이에서 수 세기, 때로는 수천 년을 건너뛰려면 축지법을 써야 할 정도다. 아일랜드 뉴그레인지의 놀라운 신석기 무덤과 이집트에 발을 디딘 적이 없더라도 즉시 알아볼 수 있는 기자의 대피라미드는 무려 7세기나 떨어져 있지만, 시각적으로나 감정적으로나 보는 이에게 똑같이 깊은 인상을 남긴다.

다음으로 넘어갈수록 연대표는 좀 더 빽빽하게 채워진다. 2부는 독자를 1499년까지, 3부는 1799년까지 안내한다. 그사이에 허다한 제국이 부흥하고 몰락했다. 이집트와 중국, 바빌로니아, 그리스, 로마, 마야는 지금도 찬사받는 웅장한 건축물과 도시, 기술적 혁신을 남겼다(하지만 폼페이에서 가장 유명한 매음굴 루파나르처럼 그다지 고상하지 못한 건물도 종종 등장한다). 게다가 전쟁이 건축에 두드러지는 영향을 미치면서 성과 요새는 적과 싸우고자 개발한 무기에 따라 설계를 변경했고, 단순한 모트앤드베일리 구조에서 방대한 크라크 데 슈발리에 단지로 진화했다. 아울러 책에서는 멀리 떨어진 지역 사이를 오가며 끊임없이 흥미로운 대조를 보여준다. 바이킹의 배 무덤을 소개한 페이지 바로 다음에는 지구 반대편 인도의 계단식 우물이 나오는데, 건축 연도가 대략 30년밖에 차이나지 않지만 서로 놀라우리만치 다르다.

3부 후반부터 이어지는 4부는 산업혁명의 도래와 함께 찾아온 기술 개발이 중심을 이룬다. 갈수록 더 많은 인구가 시골에서 도시로 이주했고, 작업장과 공장 설계가 중요해졌으며, 수에즈 운하 같은 거대한 공학 프로젝트가 국제무역의 속도를 바꿨다. 탄자니아의 잔지바르부터 미국 남부에 이르기까지 인간이 노예로 사고 팔렸던 건축물은 역사의 암울한 그늘에 자리하고 있다. 한편, 보스턴 차 사건이 일어난 올드 사우스 집회소나 프랑스 부르봉 왕조의 종말을 불러온 바스티유 감옥 습격 같은 이야기를 통해 봉기와 혁명을 추적할 수도 있다. 개인의 문화적 업적도 갈수록 더 많은 자리를 차지한다. 헨리 데이비드 소로가 『월든』을 쓴 오두막, 제인 오스틴이 걸작을 쓴 아늑한 '코티지', 레프 톨스토이에게

"기존의 현실과 싸워서는
아무것도 바꿀 수 없다.
무언가를 바꾸려면
기존 모델을 쓸모없게 만드는
새로운 모델을 창조해야 한다."

버크민스터 풀러

영감을 준 구식 시골 저택 야스나야 폴랴나는 그런 공간 중 일부에 지나지 않는다.

5부는 두 차례의 세계대전과 눈부실 정도로 빠른 과학의 발전을 거친 20세기 역사를 증언하는 숱한 건물과 구조물을 다룬다. 여기서 나오는 건축물 상당수가 여전히 우리 곁에 남아 있다. 겨울 궁전과 이파티예프 저택은 러시아혁명 이후 볼셰비키의 습격이나 로마노프 황실의 끔찍한 죽음 같은 사건을 목격했다. 제3제국의 부상은 놀라운 연출 효과를 자아내는 건물들과 함께 아우슈비츠 수용소 같은 끔찍한 건축물을 낳았고, 냉전은 베를린 장벽을 세웠다. 당시 건물을 하나씩 살펴보면 20세기 말에 전 세계의 생활양식이 옛 모습을 찾기 어려울 정도로 변했음을 알 수 있다.

마지막 6부에서는 지난 20년 동안 생겨난 흥미진진한 건축 프로젝트를 살펴본다. 인간이 지구환경을 파괴한다면 멸종에 직면하리라는 사실이 분명해지면서 자연의 요구와 인간의 필요 사이에서 균형을 새롭게 창조하기 위해 혁신적인 생태 건물이 등장하고 있다.

"벽이 말을 할 수 있다면…"이라는 표현이 있다. 『500가지 건축으로 읽는 세계사』는 건축물이 말할 수 있을 뿐 아니라, 귀 기울여 듣는 누구에게든 흥미로운 이야기를 들려준다는 사실을 증명한다.

← 2001년 9월 11일 세계무역센터(일명 쌍둥이 빌딩)의 참혹한 붕괴와 이후 그라운드 제로에 세워진 기념비는 건축물 자체의 수명을 넘어서서 훨씬 더 오랫동안 이어질 역사적 반향을 불러일으켰다.

1부

1000년 이전

돌로 만든
인류 최초의 흔적들

본데르베르크 동굴

남아프리카공화국, 쿠루만 구릉지 | 기원전 180만 년

지금까지 발견된 인간 거주지 가운데 가장 오래된 곳.

칼라하리사막 가장자리의 쿠루만 구릉지 내부로 140미터 정도 파고 들어간 이 석회암 동굴은 180만 년도 더 전에 인간의 보금자리가 됐다. 원시 인류는 수백 세대에 걸쳐서 이 동굴을 안전한 은신처로 삼아 생활하며 긁개와 주먹도끼 등 단순한 석기를 만들고, 동물을 사냥하고, 불을 피워 몸을 덥히고, 음식을 조리했다.

동굴 바닥에 수천 년 동안 쌓인 퇴적물을 과학적으로 정밀하게 분석해서 밝혀낸 사실이다. 가장 원시적인 도구와 동물 뼈, 불을 피우고 남은 재는 다른 유적지에서도 발견된다. 하지만 본데르베르크 동굴은 특별하게도 이런 유적지 가운데 최초로 지붕이 있는 곳이다. 인간이 '실내'를 선호한다는 사실을 보여주는 첫 유적지라고 할 수 있다.

↓ 본데르베르크 동굴은 1940년대에 토양 침식으로 먼 과거의 입구가 드러나면서 재발견됐다.

인잘로 일랑가

남아프리카공화국, 음푸말랑가
| 기원전 7만 3000년경

음푸말랑가 지역의 산악 지대에 있는 이 환상 열석은 '아담의 달력' 또는 '태양의 탄생지'라고도 불린다. 고고학계는 이 유적이 달력으로 사용됐으리라고 추정한다. 햇빛에 드리워지는 그림자를 보고 해의 움직임을 추적하도록 돌을 배치했기 때문이다. 유적의 연대는 '오리온의 허리띠'로 불리는 오리온자리의 별 3개가 놓인 위치와 2만 6천 년을 주기로 하는 지구의 세차운동(기울어진 자전축을 중심으로 도는 지구의 자전운동—옮긴이)을 토대로 계산했다.

3 주거지

클리모나스

사이프러스, 리마솔구 | 기원전 9000년

이 신석기시대 마을은 인류 초기의 농부가 농작물을(어쩌면 가축도) 가지고 고향 땅 중동을 떠나 바다를 건널 만큼 숙련된 뱃사람이었음을 알 수 있는 증거다. 마을의 곡물 창고로 쓰였던 원형 건물에서 사이프러스에서는 외래종인 고대 작물 에머밀emmer의 흔적과 함께 길든 고양이와 개의 뼈도 발견됐기 때문이다.

타실리나제르

알제리 | 기원전 8000년경

인간이 수천 년에 걸쳐 흔적을 남긴 기묘한 사막의 황량한 땅.

사하라사막의 드넓은 고원, 타실리나제르에는 거대한 바위기둥과 일그러진 모양으로 풍화된 사암이 숲을 이루고 있다. 11만 6천 제곱킬로미터에 이르는 이 땅은 국립공원이자 규모 면에서 손꼽히는 세계적인 고고학 유적지다. 연구 결과에 따르면, 인간은 무리를 이뤄 1만여 년 동안 이곳에 꾸준히 거주했다. 1만 5천 개가 넘는 암각화와 수많은 도구, 고대 정착지의 증거를 보면 이 메마른 지역이 수천 년 전에는 비옥했음을 알 수 있다. 원래는 이 땅에 호수와 강, 초목이 존재했고 악어와 하마, 코끼리, 기린 등 야생동물이 무수하게 서식했다. 이 동물들은 모두 사냥꾼과 함께 암각화에 등장한다. 하지만 수 세기에 걸쳐 기후가 건조하고 혹독하게 변하면서 동물과 인간은 서서히 떠나갔다.

> "그 이미지는 생명으로 충만한 푸른 사하라를 기록한다."
>
> 뉴욕 메트로폴리탄 미술관, 헤일브룬 미술사 연대표

↓ 바위에 새겨진 그림 수천 점은 타실리나제르의 삭막한 땅이 과거에는 비옥했음을 보여준다.

↑ 손 윤곽 그림은 7천 년에 걸쳐 만들어졌다. 이 그림은 고대의 장기적 기록 보관 방식의 한 형태일지도 모른다.

쿠에바 데 라스 마노스

아르헨티나 | 기원전 7000년경

고대의 창의적 혁신을 엿볼 수 있는, 상상을 자극하는 암각화.

아르헨티나 파타고니아 지역으로 깊숙이 들어가야 볼 수 있는 이 동굴은 사냥 장면을 표현한 거대한 벽화뿐만 아니라 입구의 벽에 찍혀 있는 섬뜩한 손 윤곽 그림 수백 점으로도 유명하다. 이 손 그림은 이전의 미술 기법에서 벗어나 특별한 도구를 써서 완성했다. 동굴 내부의 벽화는 대개 손으로 선을 그리거나, 손가락이나 나무 막대기로 물감을 칠해서 그렸다. 그런데 입구의 손 그림은 여러 천연 색소로 만든 액체 물감(붉은색, 갈색, 검은색, 흰색, 노란색)을 동물 뼈로 만든 가느다란 관으로 불어서 스텐실을 찍듯이 만들었다. 그려진 손은 대개 왼손이다(오늘날과 마찬가지로 이 사람들도 대다수가 오른손잡이였다). 아울러 이 그림은 대략 7천 년이라는 기나긴 세월에 걸쳐 그려졌는데, 마지막 그림은 기원후 700년쯤에 만들어진 것으로 추정된다.

냅 오브 하워

스코틀랜드, 오크니 | 기원전 3700년경

고대의 일상을 자세히 알려주는 유럽 북서부에서 가장 오래된 신석기 주거지.

오늘날 냅 오브 하워는 파파웨스트레이라는 작은 섬에서 바다 코앞에 자리해 있다. 처음 지어졌을 때는 주위가 온통 평평하고 비옥한 땅이었을 것이다. 지금처럼 바다와 가까워진 것은 침식 때문이다. 모르타르 따위 없이 자연석으로만 지은 직사각형 건물 두 채가 살짝 솟은 둔덕 위에 나란히 서 있고, 역시 돌로 쌓은 짧은 통로가 두 건물을 연결한다. 수 세기 동안 바람에 날려 온 모래에 덮여 있다가 1929년 겨울 폭풍 때문에 모습이 드러났고, 1930년대에 발굴됐다. 처음에는 연대를 철기 시대 후반으로 잘못 추정했지만, 1970년대에 두 번째 발굴이 이뤄지면서 탄소 연대 측정법을 통해 기원전 3700년경으로 측정됐다.

지금은 지붕이 사라지고 없다(지붕은 원래 나무로 만들어 뗏장이나 이엉을 얹었을 것이다). 바닥보다 높게 쌓은 단, 긴 의자, 일부만 포장한 바닥, 돌로 낮게 쌓은 입구의 틀에 끼운 걸쇠, 칸막이로 쓰려고 곧게 세운 석판 등 건물 내부에는 눈에 띄는 특징들이 있다. 커다란 맷돌(곡물을 가는 데 썼다)도 하나 있고, 난로 바닥에 까는 돌도 있어 불을 피운 곳이 어디인지 알 수 있다.

유적지에는 신석기 초반의 생활상을 알려주는 단서가 풍부하다. 조개껍데기와 뼈, 곡물 조각을 보면 이곳 주민의 먹거리가 다채로웠음을 알 수 있다. 매끈하게 연마한 돌도끼나 사슴뿔과 고래 뼈로 만든 망치 같은 도구도 대량 출토됐다. 주민이 땅이나 바다에서 필요한 것을 얻어 이용했음을 보여주는 증거다.

냅 오브 아워에 관한 사실

1 유럽 북서부에서 가장 오래된 석조 주거지
2 발견된 신석기시대 초기 주거지 가운데 최초로 '가구를 갖춘' 집
3 현재 서 있는 구조물 아래 훨씬 더 오래된 집이 있다는 증거

↑ 입구의 터널에는 뗏장을 깐 지붕이 덮여 있다. 아마 집 건물도 마찬가지였을 것이다.

→ 집 바닥의 가운데에 있는 네모난 구획은 불을 피우는 곳이다.

"오크니 지면을 긁으면 고고학계가
피를 흘린다는 속담이 있다."

닉 카드, 오크니고고학연구소

간티야

몰타, 고초 | 기원전 3600년경

돌벽 안에 함께 서 있는 신석기 신전 두 곳은 개당 무게가 50톤에 이르는 거대한 석회암 덩어리로 지어졌다. 그런데 이 건물은 바퀴보다 먼저 탄생했다. 얼마나 위대한 건축물인지 짐작이 가는가. 당시 사람들은 아마 주변에서 찾아낸 작고 동그란 돌멩이 위에 바위를 얹고 굴려서 운반했을 것이다. 신전에는 작은 석판을 연이어 겹쳐 만든 독특한 코벨 지붕의 흔적도 있다.

↑ 오늘날보다 덜 손상된 간티야 신전의 모습을 보여주는 19세기 판화.

뉴그레인지

아일랜드, 카운티미스 | 기원전 3200년경

고대인의 천문 지식을 보여주는
거대하고 신비로운 돌방무덤.

뉴그레인지는 아일랜드 북동부에서 발견된 돌방무덤 40개 중에서 가장 크고 정교하다. 무덤 위를 덮은 거대한 원형 흙더미는 뗏장으로 덮였고, 그 주변으로 나선무늬와 격자무늬를 복잡하게 새긴 큼직한 '연석緣石'이 세워졌다. 이 고분은 17세기 후반의 기록물에 등장하지만, 시간이 한참 흘러서 1962-1975년에 철저하게 발굴됐다. 발굴 결과, 석재 덩어리를 줄지어 세워서 만든 내부 통로와 돌방이 드러났다. 방은 세 부분으로 나뉘고, 움푹한 구덩이도 하나 있는데 그 안에서 사람 뼈와 재 흔적이 발견됐다. 그러나 뉴그레인지의 비밀이 제대로 밝혀진 것은 통로 입구 위의 네모난 구멍(흔히 '루프박스roofbox'라 부른다)을 파내고 나서다. 이 구멍은 동지점(동지에 해가 이르는 점—옮긴이)의 위치에 맞춰져 있다. 연중 낮이 가장 짧은 동지에 해가 뜨면 이 구멍으로 햇빛 한 줄기가 들어와 안쪽의 돌방에 이른다. 햇빛은 먼저 바닥을 비춘 다음 공간 전체를 극적으로 밝히는데, 이 현상은 17분 만에 끝난다.

→ 뉴그레인지 앞에 서 있는 사람들과 크기를 비교해보면 이 고분이 얼마나 거대한지 알 수 있다.

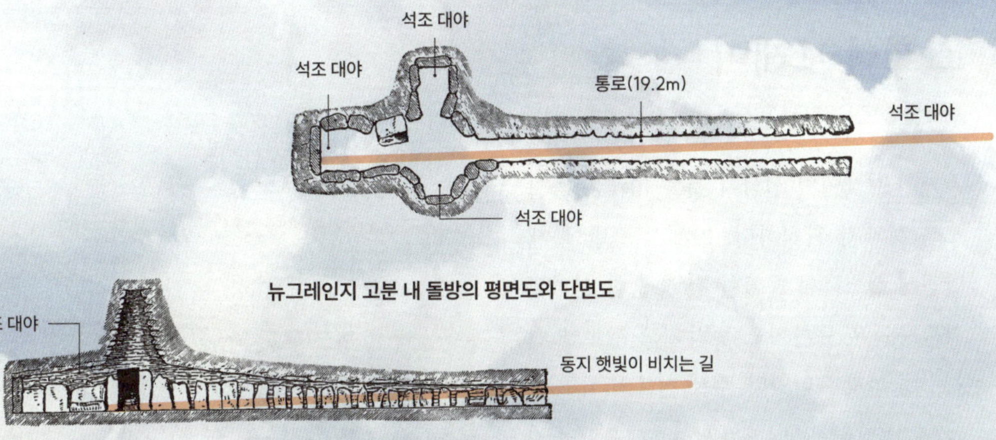

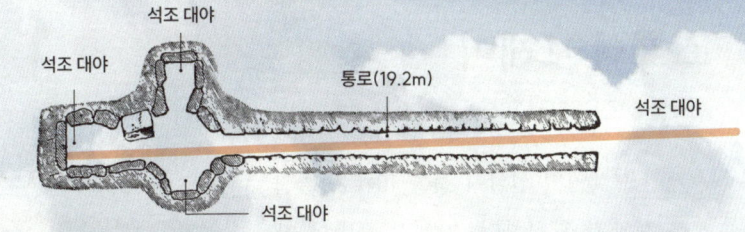

석조 대야

석조 대야

석조 대야

통로(19.2m)

석조 대야

석조 대야

뉴그레인지 고분 내 돌방의 평면도와 단면도

석조 대야

동지 햇빛이 비치는 길

"이곳을 지은 날 이래로 늘 햇빛이
방 안으로 흘러들었을 것이고
아마 앞으로도 … 영원히 그럴 것이다."

닉 카드, 오크니고고학연구소

스캐러 브레이

스코틀랜드 | 기원전 3000년경

스캐러 브레이의 신석기 건물 10채는 놀랍도록 상태가 완벽하다. 19세기 중반에 재발견해 철저하게 발굴한 결과, 숱한 석기와 가정용품은 물론이고 뜻밖에도 정교한 건축 기술까지 드러났다. 주택 건물의 이중 돌담(유기물질을 사이에 채워 단열 효과를 냈을 것이다), 단순한 수세식 배수 시스템이 이곳의 대표적인 건축 기술이다.

→ 자연석으로만 쌓은 담은 보존 상태가 놀랍도록 완벽하다.
↓ 방이 하나뿐인 원형 건물은 지붕을 덮은 통로로 연결된다.

10 종교 시설 및 기념물

기자의 대피라미드

이집트 | 기원전 2750년경

이 피라미드는 이집트 고왕국 제4왕조의 파라오 쿠푸의 무덤이다. 높이가 139미터에 달해 나일강 서안의 기자고원에 있는 피라미드 3개 중 가장 크다. 적게는 2만 명, 많게는 10만 명이 20년 넘는 세월 동안 바위 블록 230만여 개를 써서 건설했다고 추정한다. 원래 겉면이 흰 석회암으로 덮여 있었는데, 사막의 강렬한 태양 아래서 눈부신 장면을 연출했을 것이다.

피라미드 위치 조감도, 1900년

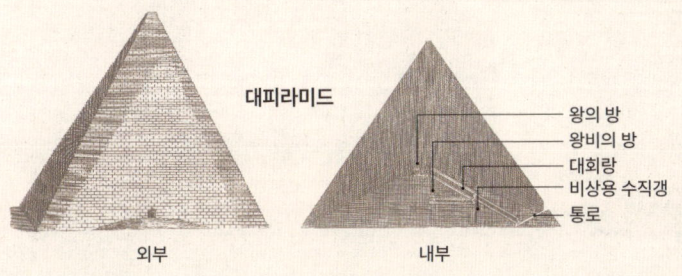

대피라미드

외부

내부

- 왕의 방
- 왕비의 방
- 대회랑
- 비상용 수직갱
- 통로

↑ 공중에서 바라보면, 가장 왼쪽에 있는 기자의 대피라미드(쿠푸의 피라미드라고도 부른다)가 오늘날 카이로 변두리와 얼마나 가까운지 알 수 있다.

← 현재까지 대피라미드 내부에서 여러 통로와 방 3개가 발굴됐다.

스톤헨지

잉글랜드, 윌트셔 | 기원전 2750년경

신석기 유적이 다수 분포한 풍경 속 가장 인상적인 주인공.

신석기시대에 잉글랜드 남부는 대부분 숲이었다. 하지만 스톤헨지 주변은 탁 트인 구릉지였기에 건축물을 세우기에 특히 알맞았다. 스톤헨지 건설에는 천 년보다 더 긴 시간이 걸렸다. 우선, 기원전 3500년경에 흙을 쌓아서 다지고 백악으로 벽을 세웠다. 5세기가 지난 후, (350킬로미터 넘게 떨어진) 웨일스에서 커다란 블루스톤을 가져와서 최초의 환상열석을 세웠다. 기원전 2750년 무렵에는 잉글랜드 중남부의 사암인 거대한 사슨석 80여 개를 30킬로미터 정도 떨어진 곳에서 운반해 왔다. 그 뒤로 오랜 세월에 걸쳐 건설이 이어지며 오늘날 우리가 보는 웅장한 환상열석이 서서히 완성됐다. 장부 이음 방식을 이용해서 선돌 위에 상인방 돌을 얹었고, 블루스톤을 안쪽으로 재배치했다.

기원전 3500년경부터 기원전 1500년경까지 스톤헨지는 사원이자 회합 장소, 태양력과 음력을 이용한 달력 그리고 매장지로서 중요한 역할을 했다. 하지만 금속이 실생활이나 영적 생활에서 널리 쓰이기 시작하면서 스톤헨지의 가치는 점차 희미해졌다.

"사슴석 하나를 끄는 데만
500명이 필요했고, 이리저리
오가며 굴림대를 배치하는
사람이 100명 더 필요했다. …
스톤헨지 건설의 배후가 누구였든,
사람들 마음을 움직여 일을 시키는
능력은 정말이지 대단했다."

빌 브라이슨, 『빌 브라이슨 발칙한 영국 산책』

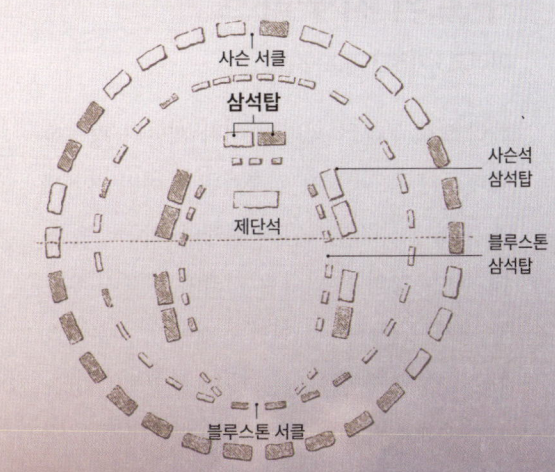

사슴 서클
삼석탑
제단석
사슴석
삼석탑
블루스톤
삼석탑
블루스톤 서클

→ 스톤헨지를 이루는 거대한 바위의 배치는 몇
  차례나 바뀌었다.

↓ 왼쪽을 잘 보면 선돌 가운데 하나의 꼭대기에
  뾰족 튀어나온 돌기가 있다. 아마 상인방 돌을
  고정하는 데 쓰였을 것이다.

우르의 지구라트

이라크 | 기원전 2100년경

테라스로 구분한 외벽의 여러 계단과 평평한 꼭대기가 두드러지는 건축물은 수메르인이 세운 고대 도시국가 특유의 설계다. 지구라트 꼭대기에는 달의 신 난나를 기리며 이 도시 우르를 바치는 신전이 서 있었을 것이다. 지구라트가 오늘날까지 살아남은 데는 독창적인 방습 시스템이 한몫했다. 외벽에서 중앙까지 직사각형 구멍을 깊게 뚫은 덕분에 내부의 굽지 않은 벽돌까지 공기가 통했다.

크노소스 궁전

그리스, 크레타 | 기원전 2000년경

크노소스 궁전은 미노스 통치자의 거처이자 초기 크레타문명의 정치·경제·종교 중심지였다. 1900년에 처음으로 발굴 작업이 이뤄진 끝에 이 궁전이 사방으로 뻗은 대단지라는 사실이 밝혀졌다. 일부 구역은 5층 높이에 이르렀고, 방은 1,500개가 넘었다. 양식화된 정교한 벽화가 특히 인상적인데, 종교의식과 스포츠(특히 젊은 운동선수가 돌진하는 우람한 황소를 뛰어넘는 모습)를 비롯해, 사슴부터 돌고래까지 여러 동물을 다채롭게 보여준다.

↑ 지구라트의 가장 아래층을 짓는 데만 각 15킬로그램이나 되는 벽돌이 72만 개 필요했을 것으로 추산한다.

↑ 20세기 초에 이 유적지를 발굴한 아서 에번스 경이 선명하게 채색한 크노소스 궁전 복원도.

투탕카멘의 무덤

이집트, 왕가의 계곡 | 기원전 1325년경

고대 이집트인의 삶을 엿볼 수 있는 수수께끼 같은 파라오의 무덤.

투탕카멘은 3천 년이나 이어진 왕조 시대를 지배한 파라오 170명 가운데 특별히 두드러지는 인물은 아니다. 하지만 1922년 투탕카멘 무덤의 발견은 그 어떤 고고학적 발견보다도 고대 이집트인의 생활상을 잘 보여주는 특별한 사건이었다. 투탕카멘은 고작 19살에 죽음을 맞았다. 아마 갑작스러운 사고사였을 것이고, 그래서 다른 사람을 위해 맞춤 제작한 무덤에 시신을 매장한 듯하다. 하지만 이 파라오의 무덤은 이제까지 발견된 다른 무덤과 달리 문의 봉인이 온전하게 남아 있어 도굴당하지 않았다. 무덤 안에서 발견된 유물 5,398점은 하나하나 사진이 찍혔고, 박물관으로 옮기고 나서도 계속 촬영됐다. 보석부터 의류, 가구, 장례용품까지 갖가지 물건을 아우르는 유물들은 안정적인 정치에 풍요로운 예술적 창의성이 꽃피었던 신왕국 시대의 생활 면면을 자세하게 보여준다. 고대 이집트를 연구하는 학자에게는 더없이 귀중한 자료다.

"뭔가 보이나?"
"네, 경이롭습니다."

1922년 투탕카멘의 무덤으로 들어가면서 카나번 백작과 하워드 카터가 나눈 대화

↓ 투탕카멘의 무덤은 기원전 2000년부터 수많은 왕족이 묻힌 왕가의 계곡에서 발견됐다.

트로이 성벽

튀르키예, 히살리크 | 기원전 1250년경

1871년, 사업가이자 고고학자인 하인리히 슐리만은 튀르키예 북서부 히살리크의 오래된 흙더미를 파헤치기 시작했다. 그때만 해도 그 땅은 호메로스의 『일리아스』(현대지성, 2025) 속 '진짜' 트로이라고 가정한 여러 후보 중 하나에 지나지 않았다. 그러나 1873년, 슐리만은 성벽과 귀중한 유물을 발견했다. 학계는 대체로 슐리만이 트로이 유적을 발견했다는 데 동의한다. 다만 이 유적지에는 도시 9개의 흔적이 겹쳐 있다. 그중 6번째 도시의 연대가 『일리아스』 속 트로이와 가장 가깝다고 추정한다.

↑ 히살리크에서 발견된 유적은 여러 층으로 이루어져 있어 도시가 수많은 역사 단계를 거쳤음을 알 수 있다.

아부심벨 신전

이집트 | 기원전 1244년경

아부심벨에는 절벽을 직접 파내서 만든 신전이 두 곳 있다. 대신전에는 전면에 람세스 2세의 좌상 4개가 나란히 앉아 있다. 소신전은 람세스 2세의 왕비 네페르타리에게 바쳐졌다. 1960년대 초에 이집트가 아스완 하이 댐 건설을 계획하면서 아부심벨이 침수 위기에 처한 적이 있다. 당국은 결국 신전을 해체해서 원래보다 고도가 60미터가량 더 높은 맞춤형 부지에 다시 조립했다.

↑ 새로 이전된 신전은 변함없이 보인다. 해마다 이틀 동안 햇빛이 대신전의 문 안으로 흘러들어와 내부의 성소를 밝힌다.

라 벤타

멕시코, 타바스코 | 기원전 1000년경

정교한 조각품을 유산으로 남긴 올멕 문명의 중심지.

멕시코만 인근 습지에서 살짝 솟아오른 섬에 자리 잡은 라 벤타는 대략 기원전 1000년부터 기원전 400년 사이에 올멕 문명의 중심지였다. 주로 흙을 쓰고 아마 나무도 사용해서 지었을 건물은 습한 열대기후에서 살아남지 못했다. 라 벤타에 남은 독특한 유산은 건축물이 아니라 거대한 석상이다. 이곳에는 커다란 두상 4점을 포함해 올멕 문명만의 독특한 석상이 많이 남아 있다. 가장 커다란 석상은 높이가 3.3미터 이상, 무게가 50톤 이상이다. 정교한 인물상 맞은편에는 돌로 만든 단이 여럿 있다. 길고 평평하며 서로 크기도 비슷한 이 자리에는 도시의 지배계급이 앉았던 것으로 보인다.

↑ 거대한 석조 두상에서 발견된 물감 흔적은 조각상이 원래 선명하게 색칠돼 있었음을 보여준다.

18 종교 시설 및 기념물

차빈데우완타르 구신전

페루, 차빈데우완타르 | 기원전 900년경

안데스고원의 좁은 계곡에 들어선 차빈데우완타르는 잉카제국 이전에 농업 문명을 건설한 차빈족의 사회·종교 중심지이자 순례지였다. 돌로 만든 좁다란 회랑이 교차하는 구舊신전에서 가장 중요한 존재는 4.5미터에 이르는 거대한 기둥에 새겨진 무시무시한 란손 조각이다. 차빈데우안타르의 샤머니즘 신앙은 인간의 몸에 고양이 머리가 달린 신 란손Lanzón을 열렬하게 숭배했을 것이다.

↑ 차빈데우완타르 구신전의 좁은 회랑에는 창문이 없다. 의식은 어둠 속에서, 혹은 불을 피워 밝힌 빛 속에서 치러졌을 것이다.

19 정치 및 방어 시설

초나라 장성

중국, 허난성 | 기원전 700년경부터

만리장성의 규모가 가장 컸던 때는 명나라 시대로, 오늘날 중국 북부와 몽골 남부를 5,650킬로미터나 가로질렀다. 하지만 이는 더 먼 과거에 지어진, 서로 겹치기도 하는 여러 성벽으로 이어진 것이다. 장성 건설의 시작점은 허난성에 있는 초나라 성벽이다. 당시 양쯔강 북서쪽으로 영토를 확장한 초나라는 소규모 요새를 여러 곳에 짓고 진흙과 돌로 만든 성벽으로 연결해 국경을 표시했다.

↑ 만리장성에서 가장 이른 시기에 지어진 부분은 군인을 배치한 요새를 연결하고자 만든 단순한 구조물이다.

이슈타르의 문

이라크, 바빌 | 기원전 575년

밝은 파란색 유약을 바른 벽돌로 11.5미터 이상 높게 짓고 황소와 용 조각을 돋을새김으로 장식한 이 문은 바빌로니아의 여신 이슈타르에게 봉헌됐다. 뛰어난 군사 전략가이자 독실한 신자였던 네부카드네자르 2세가 바빌론을 재건하면서 지은 문이다. 도시 재건은 대개 신의 이름으로 이뤄졌고, 왕의 재위가 끝날 무렵 바빌론은 세상에서 가장 거대하고 화려한 도시로 이름을 떨쳤다.

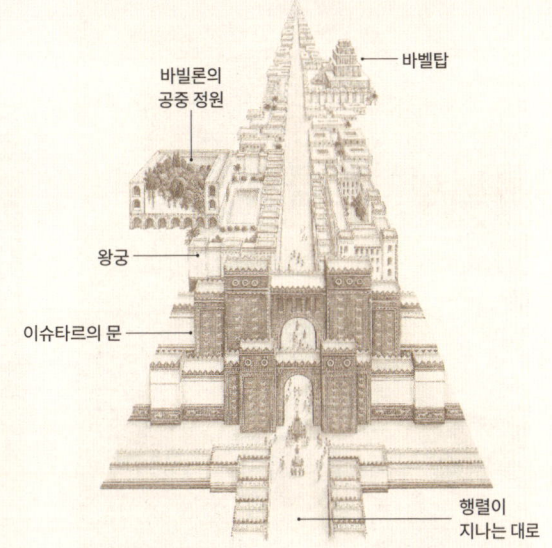

↑ 건물 전체를 새로 지으면 어떤 모습일지 보여주는 복원도.

"사람들이 경이에 차서 바라볼 수 있도록 …
문에 야생 황소와 사나운 용을 두었노라."

네부카드네자르 2세, 이슈타르의 문에 바친 헌사

↑ 20세기 초, 독일 고고학자들이 수집한 문의 파편을 베를린에서 재조립했다. 복원된 문은 현재 페르가몬 박물관에 있다.

키루스 대제의 영묘

이란 | 기원전 530년

아무 장식도 없는 작은 직사각형 석실 하나가 마찬가지로 소박한 계단식 단 위에 올라가 있다. 한때 아케메네스 왕조 페르시아제국의 첫 번째 수도였고, 지금은 중요한 고고학 유적지인 파사르가다에에서 이 건축물이 가장 근사한 광경은 아니다. 하지만 아케메네스 왕조를 창건하고 제국을 건설한 키루스 대제의 영묘이기에 오늘날 관광객이 가장 많이 찾는 장소다.

↑ 비록 무덤은 소박하지만, 키루스 대제는 리디아왕국과 메디아왕국, 바빌로니아제국을 정복하고 페르시아제국의 초기 통치자 가운데 가장 많은 영토를 차지했다.

페르세폴리스

이란 | 기원전 515년

다리우스 1세는 아케메네스 왕조 페르시아제국의 수도를 페르세폴리스로 옮기고, 이 외딴 지역에서 화려한 볼거리를 만들었다. 왕위를 이어받은 크세르크세스 1세도 도시 개발 사업에 뛰어들었다. 자연적으로 형성된 계단식 대지에 들어선 궁전과 알현실, 영빈관은 꼭대기를 동물 모양으로 만든 우아한 기둥과 석회암 조각을 자랑한다. 방문한 사람들은 이곳을 세상에서 가장 웅장한 도시라고 묘사했다. 하지만 2세기도 채 지나지 않아 기원전 330년에 알렉산드로스대왕이 페르세폴리스를 불태웠다.

↑ 도시는 파괴됐지만, 돌로 만든 거대한 계단과 돋을새김 장식품은 페르세폴리스 유적은 여전히 인상적이다.

파르테논 신전

그리스, 아테네 | 기원전 438년

전 세계에서 모방한 고전 건축의 정점.

그리스의 여러 도시국가 가운데 하나였던 아테네는 페리클레스 집권기에 중요한 도시로 발돋움했다. 페르시아가 아테네를 침략했을 때 도시 중심부의 바위 고원인 아크로폴리스에 있던 건물 상당수가 파괴됐고, 페리클레스가 재건 사업을 추진했다. 도시의 수호신 아테나에게 바친 파르테논 신전은 거장 건축가 익티노스와 칼리크라테스가 설계했다. 건물에서 핵심이었던 조각품은 페이디아스가 맡았다. 신전 건물은 수학적으로 '완벽'하기보다는 보기에 아름답도록 설계됐다. 세로로 홈을 판 도리스 양식 기둥이 외부 경계를 이루며, 줄지어 선 기둥의 윗부분 안쪽으로 3차원의 프리즈가 끊임없이 이어진다. 신전은 여신 아테나의 거처이자 그녀에게 봉헌한 보물을 보관하는 창고였다. 신전 내부 성소에는 금과 상아로 만든 아테나 조각상이 있었다. 외벽의 페디먼트와 프리즈에는 돋을새김을 새겼고, 채색 장식도 있었을 것이다. 파르테논 신전은 17세기까지 온전하게 남아 있었지만, 베네치아인이 이곳을 군수품 창고로 사용하면서 심각하게 훼손됐다. 이후에는 보물까지 대거 약탈당했다.

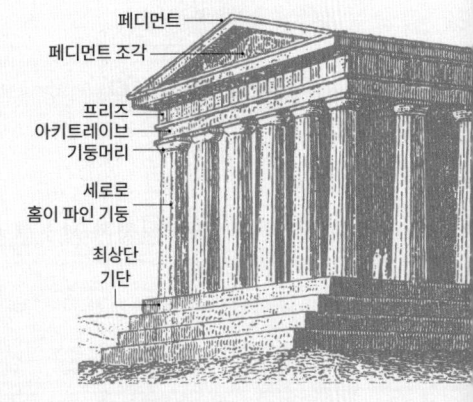

페디먼트
페디먼트 조각
프리즈
아키트레이브
기둥머리
세로로
홈이 파인 기둥
최상단
기단

↑ 그리스 본토에서만 사용된 도리스 양식 기둥을 이루는 주요 부분 3가지는 계단식 기단과 기둥, 엔타블러처다.

↓ 파르테논 신전은 기원전 5세기 아테네의 아크로폴리스 건축 계획에 포함된 건물 중 하나다.

> "전 세계에서
> 그리스의 이름은
> 파르테논 신전과
> 직결됩니다."
>
> 멜리나 메르쿠리,
> 전前 그리스 문화부 장관

에레크테이온

그리스, 아테네 | 기원전 406년

아테네에서 가장 신성한 장소를 위한 획기적인 신전 설계.

에레크테이온은 아크로폴리스 재건 계획의 마지막 건축물이었다. 그런데 이 건물은 배치가 독특하다. 그리스 신전은 대개 대칭이지만, 에레크테이온은 2층으로 지어졌고 각 파사드가 서로 어울리지 않는 데다 남쪽에는 독특하게도 카리아티드가 늘어선 현관이 있다. 기둥은 이오니아 양식인데, 이는 도리스 양식 중심의 후기 고전기가 시작됐음을 보여준다. 최상급 자재를 써서 정교하게 마감한 건축 설계는 이 신전이 맡아야 할 다양한 역할을 고려한 창의적 해결책이었을 것이다.

고대 왕들의 무덤 위에 지은 에레크테이온은 아테나와 포세이돈이 아테네의 수호신 자리를 놓고 다퉜던 장소를 나타낸다. 북쪽 현관 위의 틈 아래에는 부러진 석판이 있는데, 포세이돈이 분노에 차서 삼지창으로 땅을 내리친 곳을 재현한 것으로 보인다. 건물의 여러 내실은 아테나와 포세이돈을 비롯한 더 작은 신들에게 봉헌됐다. 각 파사드는 각 구역에서 섬기는 신을 반영한다.

→ 에레크테이온에서 가장 먼저 눈에 띄는 곳은 카리아티드가 지탱하는 현관이다. 아마 지지대를 가리려고 건물 남쪽에 카리아티드를 추가했을 것이다.

침묵의 탑

이란, 야즈드 | 기원전 400년경

근처 언덕보다 더 높게 솟아오른 야즈드의 원형 벽돌 건물 두 채는 현존하는 조로아스터교 침묵의 탑('다흐마dakhma'라고도 한다) 가운데 가장 오래된 축에 든다. 조로아스터교는 인간이 죽으면 시신이 더러워지므로 반드시 정화해야 한다고 여겼다. 침묵의 탑에 시신을 얹으면 비바람에 고스란히 노출돼 빠르게 부패하므로 나수nasu(악령)의 먹잇감이 되지 않는다. 야즈드에 있는 침묵의 탑은 1960년대까지 쓰였다.

↑ 침묵의 탑에 시신을 올려두면 야생동물이나 맹금류가 쪼아 먹거나 햇빛에 바짝 마른다. 그래야만 죽음의 '악령'이 제거된다.

카잔루크 고분

불가리아 | 기원전 400년경

이 톨로스tholos(벌집 모양 무덤)는 트라키아의 옛 수도 세우토폴리스 근처에 있다. 트라키아 사람들은 오늘날 동유럽에 해당하는 지역 대부분을 차지하고 살았다. 카잔루크 고분 내부를 보면, 좁은 복도가 전실前室과 주 묘실을 잇는다. 아울러 이별의 연회에서 하인들의 시중을 받는 부부의 모습과 행렬 장면 등을 그린 정교한 벽화가 복도와 내부 돔을 꾸미고 있다.

→ 행렬 장면을 담은 복도의 벽화는 돔에 그려진 결혼 피로연 장면으로 이어진다.

할리카르나소스의 마우솔로스 영묘

튀르키예, 보드룸 | 기원전 353년경

마우솔로스는 기원전 4세기에 아나톨리아반도의 페르시아 제국령 카리아왕국을 다스린 군주였다. 그는 생전에 할리카르나소스(오늘날에는 보드룸이라고 불린다)에 무덤을 짓기 시작했고, 사후에 아내가 건설을 끝냈다. 도시를 내려다보는 언덕에 자리 잡은 이 건축물은 너무나도 인상적이어서 무덤 건축을 가리키는 단어 '마우솔레움(영묘)'의 유래가 됐다. 고대 로마의 작가 대★플리니우스도 역사서에 이 무덤에 관한 설명을 남겼다.

당대 그리스의 위대한 건축가 피티아스와 사티로스가 계단식 피라미드를 위에 올린 거대한 무덤을 설계했다. 아울러 유수의 조각가들이 건축물을 두른 프리즈와 내부의 조각상 300점, 지붕에 얹은 말이 끄는 전차 조각을 만들었다. 안타깝게도 이 비범한 건물은 17세기에 파괴됐다. 아마 지진 때문이었을 것이다. 오직 역사서 속 이야기와 부서진 조각상(마우솔로스와 아내로 보이는 조각상도 있다)만 남아 마우솔로스 영묘가 얼마나 장엄했는지를 전한다.

↑ 마우솔로스 영묘의 영광스러운 옛 모습을 상상해서 그린 19세기 판화.

28 주거지

밤 성채

이란 | 기원전 320년경

아케메네스 왕조에서 건설한 오아시스 요새 도시인 밤의 성채는 수 세기 동안 실크로드의 중요한 무역 거점이었다. 게다가 비단 생산을 포함해 다양한 산업의 본거지이기도 했다. 성채는 오로지 흙으로만 지어졌고, 지하 수로 시스템으로 물을 댔다. 일부 수로는 오늘날에도 쓴다. 게다가 성채는 지금까지 끊임없이 다시 건설되고 개조됐다. 최근에는 2003년 지진으로 성채의 상당 부분이 납작하게 내려앉아 재공사가 이뤄졌다.

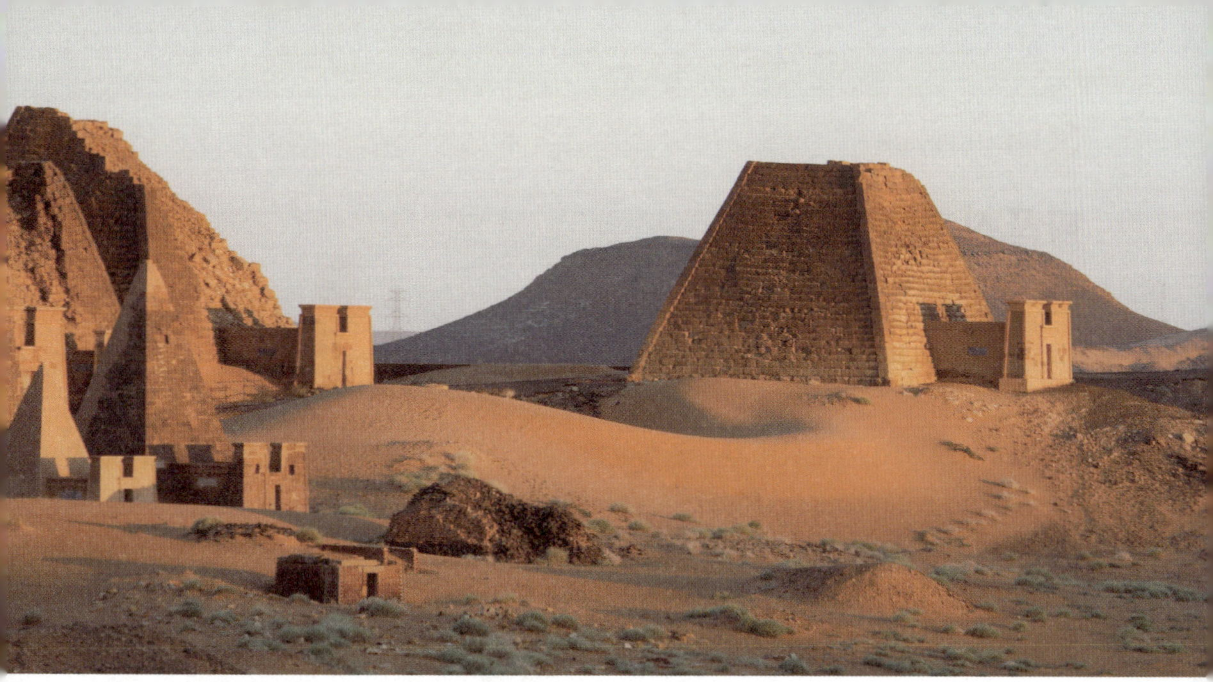

29 종교 시설 및 기념물

쿠시 피라미드

수단, 메로에 | 기원전 300-기원후 350년경

사막에서 신기루처럼 솟아오른 계단식 피라미드 200여 기가 모인 매장지.

기원전 8세기 쿠시족은 오늘날의 수단 대부분과 이집트 남부를 아우르는 고대 누비아 지역을 다스렸다. 성공한 상인이었던 이들은 세력이 강성할 때 이집트까지 정복해 통치했다. 이 시기를 '검은 파라오'의 시대라고 부른다.

기원전 6세기부터 쿠시왕국의 수도였던 메로에 외곽에 기원전 300년경 매장지가 생겨났다. 매장지의 피라미드에는 왕족(왕과 왕비 모두)과 고위 귀족이 묻혔다. 무덤 주인이 생전에 피라미드를 미리 짓기 시작해서 죽자마자 바로 장사를 치를 수 있었다. 높이가 6-30미터인 이 피라미드들은 이집트의 피라미드보다 규모가 더 작고 경사가 더 가파르다. 시신은 피라미드 내부가 아니라 피라미드 아래 계단으로 이어지는 묘실에 안치했다. 일부 피라미드에는 부장품을 두고 장식한 내실도 있다.

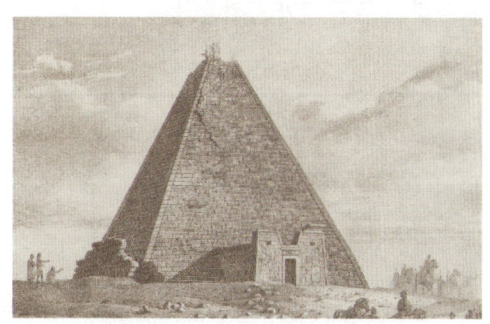

↑ 쿠시왕국의 통치자는 거대한 무덤 건설을 명령·감독했다.

타포시리스 마그나

이집트 | 기원전 270년

기원전 3세기에 프톨레마이오스 2세가 세운 타포시리스 마그나는 오시리스와 이시스에게 바친 거대한 신전으로 알려져 있다. 2022년, 건물 아래 깊은 곳에서 섬세하게 다듬은 1.3킬로미터짜리 석조 터널이 발견됐는데, 일부 고고학자는 발굴을 계속하면 기원전 30년에 사망한 클레오파트라의 무덤을 발견할 수 있다고 믿는다. 그렇다면 이 신전이 죽은 여왕과 관련 있다는 오래된 믿음을 증명할 수 있을 것이다.

↑ 타포시리스의 아랫부분에는 터널이 있는데, 발굴이 안 된 부분이 남아 있으리라 추정한다.

진시황릉

중국, 산시성 | 기원전 210년

건설하는 데 40여 년이 걸렸고 아직 발굴되지 않은 무덤을 흙으로 빚은 군대가 지키는 곳.

진시황은 2세기 동안 이어진 6개 나라 사이의 갈등을 끝내고 하나의 국가로 통일했다. 진시황이 세상을 뜬 무렵에 무덤은 이미 수년 동안 건설되던 중이었다. 면적이 52제곱킬로미터에 이르는 거대한 무덤은 1974년에 우연히 발견됐다.

황제를 지키고자 사후 세계로 파견된 테라코타 모형 병마용은 지금까지 2천 점 정도 출토됐다. 각 인형은 장비를 빠짐없이 갖춘 당대 병사를 고스란히 빼닮았다. 하지만 납작한 피라미드 형태로 덮인 거대한 언덕인 황릉 자체는 아직 발굴되지 않았다. 무덤 속 정보를 모두 포착할 수 있을 때까지 고고학이 발전하기를 기다리는 중이다. 여러 고대 문헌이 진시황릉의 화려함을 설명하는데, 진나라의 도읍인 셴양(함양)을 본떠서 내성과 외성을 만들고, 영생을 준다고 믿었던 수은으로 해자를 채웠다고 한다.

아탈로스의 스토아

그리스, 아테네 | 기원전 150년

스토아는 지붕을 씌운 아케이드를 가리키는 말이다. 아테네의 중심 광장 아고라에 있는 스토아에는 중요한 신전과 법원이 들어섰는데, 아테네에서 교육받은 아탈로스 2세가 왕비와 함께 도시에 기부한 덕분에 아고라가 재건될 때 지어졌다. 비슷한 건물이 대개 단층인 데 비해 아탈로스의 스토아는 독특하게도 2층이다. 또한 웅장한 아케이드에 기둥이 2열로 늘어서 있다. 아테네 사람들은 이 기둥 사이를 걸어 다니면서 이야기를 나누고, 업무를 봤을 것이다. 작은 상점도 21개 있어서 스토아를 지나다니는 시민을 상대로 장사할 수 있었다.

↑ 다양한 기능을 갖춘 스토아는 세계 최초의 쇼핑몰이라고 불린다.

"궁궐과 정자, 관청 모형을 짓고,
무덤을 아름다운 그릇과
진귀한 보물로 채웠다."

역사가 사마천, 기원전 2년

← 흙으로 만든 병사 인형은 전부 서로 다른 인물로 보이지만, 각 병마용은 머리와 몸통, 군사 장비 등 여러 부분을 조립해서 만들었다.

33 주거지

빌라 아드리아나

이탈리아, 티볼리 | 기원전 120년

로마의 하드리아누스 황제는 업무에서 벗어나 여가를 즐기고 싶을 때면 대개 시골 별장을 찾았다. 빌라 아드리아나도 이런 별장이지만, 건물과 정원은 제국 기준으로 봐도 화려했다. 로마 근교인 티볼리의 수도교와 가까운 땅에 자리 잡은 드넓은 빌라 아드리아나는 물을 능수능란하게 활용한 설계로 유명하다. 목욕탕도 여러 개이며, 분수와 개울, 잔잔한 연못은 물론이고 인공 섬을 둘러싼 넓은 해자까지 갖췄다.

34 예술과 문화 공간

콜로세움

이탈리아, 로마 | 기원전 72년

제국의 혼란기를 끝낸 베스파시아누스 황제가 건설을 지시한 콜로세움은 도시 활성화 사업의 일환으로 로마 시민에게 제공된 선물이었다. 공사에는 노예가 된 유대인을 동원했다. 베스파시아누스의 후계자인 티투스 황제가 기원전 80년에 콜로세움을 개장하면서 100일 동안 경기가 열렸다. 주로 검투사 경연 대회와 동물 싸움이었다. 건물은 3층이었고 콘크리트와 석재로 튼튼하게 지어져서 관객을 5만 명 넘게 수용할 수 있었다.

↑ 수상 극장의 잔해. 로마 외곽의 방대한 주거 단지 빌라 아드리아나의 호사스러운 생활상을 짐작할 수 있다.

↑ 콜로세움의 경기와 서커스는 로마 군주가 부와 권력을 과시하고 시민의 눈길을 사회문제에서 돌리는 주요 수단이었다.

헤롯의 궁전

이스라엘, 마사다 | 기원전 37년

로마의 속국이 된 유대왕국을 다스린 헤롯은 천혜의 요새인 마사다를 드넓은 궁전 부지로 삼았다. 만에 하나라도 반란이 일어난다면 왕은 이 궁전으로 도피할 수 있을 터였다. 마사다는 사해를 내려다볼 수 있는 황량한 바위 고원으로, 접근할 수 있는 길은 단 하나였다. 궁전을 지은 이들은 이런 어려움을 이겨내고 절벽의 바위를 깎아 만든 계단식 터에 정교한 건물을 세웠다.

메종 카레

프랑스, 님 | 기원전 19년

아우구스투스 황제의 재위 동안 건설된 메종 카레는 현존하는 로마 신전 중 가장 훌륭한 건물이다. 2006년에는 원래의 빛나는 흰색으로 복원됐다. 아울러 이 건물은 현대의 방문객에게 건축학적 대화까지 제안한다. 맞은편에 영국 건축가 노먼 포스터가 설계한 현대 미술관 카레 다르Carré d'Art가 1993년에 개장한 덕분이다. 메종 카레와 대응하는 건물로 지어진 카레 다르는 건축 면적과 기둥이 원본과 비슷하지만, 파사드가 건너편을 반사하는 유리로 지어졌다.

↑ 마사다는 높은 고원 꼭대기에 있어서 난공불락으로 여겨졌다.

↑ 우아하고 절제된 설계가 돋보이는 메종 카레는 제국 초기 시대 로마 신전의 모범 사례로 꼽힌다.

37 주거지

피시번 로마 궁전

잉글랜드, 서식스 | 기원후 75년

1960년에 처음 발굴된 피시번 로마 궁전은 로마제국 북부에서 발견된 로마 저택 가운데 규모가 가장 크고 건설 시기도 가장 이르다. 이 방대한 유적지에는 거의 온전하게 보존된 모자이크 바닥도 여럿 남아 있다. 로마제국이 그레이트브리튼섬을 침략하고 거의 30년 만에 지어졌는데, 협조한 지역 족장에게 선사한 보상일 가능성도 있다. 이후 건물은 여러 차례 증축과 확장을 거쳤지만, 3세기 후반에 화재로 버려졌다.

38 종교 시설 및 기념물

예수 탄생 기념 성당

이스라엘, 베들레헴 | 기원후 100년

작은 출입구로 들어가면 나오는 이 동굴은 1세기 이래로 예수그리스도 탄생지로 널리 인정받았다. 기원후 339년, 로마제국 최초의 크리스트교도 황제인 콘스탄티누스가 이곳에 성당을 세우라고 명령했다. 이후 6세기에 유스티니아누스 황제가 기존 성당을 더 웅장한 바실리카로 대체했다. 바로 이곳이 온전하게 남은 크리스트교 성당 가운데 가장 오래된 건물이다. 그리스 정교회와 아르메니아 사도 교회, 로마 가톨릭교회에서 이 건물을 공동으로 보호한다.

↑ 아름다운 바닥 모자이크 중 〈돌고래를 탄 큐피드〉에 나오는 해마.

↑ 성당은 4세기부터 꾸준히 사용됐고, 위 사진은 1936년의 모습이다.

베이트구브린 동굴군의 콜럼바리움

이스라엘 | 기원후 100년경

폐허가 된 고대 로마의 도시 마레샤 아래에는 방 3,500여 개가 광범위한 지하 네트워크를 이루고 있다. 이 공간은 아주 오랜 기간에 걸쳐 부드러운 백악질 땅을 파내 만들었다. 가장 오래된 방은 2천여 년 전에 만들어졌으리라 추산한다. 방의 용도는 작업장, 주택, 예배 장소, 심지어 매장지까지 다양했다. 가장 정교한 공간으로는 콜럼바리움, 즉 비둘기장이 있다. 80군데가 넘는 사육장 중 일부는 연대가 1세기경으로 거슬러 올라가며, 비둘기가 쉴 수 있는 작은 벽감이 수천 개나 된다.

알카즈네

요르단, 페트라 | 기원후 100년

'장밋빛 도시'로 불리는 페트라는 무역상이자 사업가였던 나바테아인이 사암 사막의 절벽을 깎아 만들었다. 알카즈네는 페트라에서 가장 정교한 건물로 손꼽힌다. 이름의 뜻은 '보물 창고'지만, 사원이자 영묘로 지어져 아레타스 4세에게 바쳐졌다. 정교한 파사드는 그리스 건축의 영향을 받아 로마 특유의 기법으로 변형했다. 입구에는 제우스의 쌍둥이 아들인 카스토르와 폴룩스 조각을 새겼고, 맨 위에는 나바테아인이 섬기는 신 두샤라를 상징하는 독수리를 네 마리 조각했다.

↓ 원래 알카즈네는 페트라의 다른 건물과 외관이 매우 달랐을 것이다. 치장 벽토를 발라 마감하고 밝은 물감으로 색칠한 흔적이 보인다.

룽유 석굴

중국, 취저우 | 100년

아직 답할 수 없는 질문을 제기하는 고대 공학의 신비로운 걸작.

1992년, 어느 마을 주민이 연못에서 물을 빼려고 했다. 알고 보니 그 연못은 룽유 석굴의 침수된 입구였고, 대략 30미터 깊이로 돌을 파내서 만든 거대한 동굴을 지하 기둥이 지탱하고 있었다. 추가로 발굴한 끝에 다른 동굴이 35개 더 발견됐다. 이 동굴들은 아주 얇은 벽으로 분리되어 각각 수직 갱도로 접근해야 했다. 물을 모두 빼내자, 돋을새김 조각이 있는 부분을 제외하면 동굴 벽 전체에 가로선이 겹겹이 새겨져 있는 모습이 드러났다. 석굴은 2천여 년 전에 만들어졌으리라 추정된다. 하지만 훨씬 더 나중의 양식으로 보이는 보살 조각을 제외하면, 나머지 형상에서는 2천 년 전보다 더 오래된 양식이 나타난다.

룽유 석굴은 지금도 여전히 고고학계를 매료시키지만, 새로운 발굴로 비밀을 더 밝혀낼 때까지는 수수께끼로 남을 것이다. 사람이 사용했다는 증거도, 무덤이라는 증거도 없다. 동굴을 파내서 생겼을 돌덩이는 흔적도 없고, 건설 기록은 지역 전설로도 전해지지 않는다. 도구나 인공 유물도 전혀 발견되지 않았다.

↑ 석굴의 돋을새김 조각은 여전히 수수께끼다. 동굴을 파낸 시기보다 더 이른 시대의 양식으로 보이기 때문이다.

루파나르

이탈리아, 폼페이 | 100년

**북적거리는 고대 로마 도시 속 삶의
어두운 측면을 은밀하게 엿보다.**

↑ 루파나르는 비교적 규모가 컸지만, 호사스러운 곳은 아니었다.

파괴되기 전에 폼페이는 푸테올리(현재는 포추올리)라는 커다란 항구 근처의 상업 중심지였다. 유동 인구가 많은 덕분에 술집과 목욕탕, 매음굴을 찾는 수요도 컸다. 방 10개를 갖춘 루파나르(직역하자면 '늑대 굴'이라는 뜻으로, '루파'는 늑대와 매춘부를 모두 가리키는 단어다)는 폼페이에 25개 정도 있었을 매음굴 가운데 규모가 가장 컸다. 바깥 계단으로 올라가는 위층 방은 더 넓었고 남의 눈을 피하기에도 좋았다. 하지만 이런 방도 전혀 화려하지 않아서 돌로 만든 길쭉한 단을 침대로 썼다. 성애를 다룬 벽화도 지금까지 남아 있는데, 손님을 흥분시키려는 용도였는지 아니면 언어가 통하지 않는 손님에게 서비스 내용을 보여주려는 용도였는지 확실하지 않다. 로마제국에서 매춘부는 대개 노예 여성이었고, 자발적으로 매춘부가 됐을 가능성은 거의 없었다. 규모가 큰 매음굴은 레노leno라고 하는 관리인이 운영했다. 건물에는 낙서도 숱하게 남아 있는데, 외설적인 내용부터 신랄한 내용까지 다양해서 매음굴 생활의 독특한 분위기를 잘 보여준다.

Futata sum hic.
"여기에 와버렸어, 젠장."

루파나르 건물 벽을 긁어서 새긴 낙서

→ 선정적인 그림은 매음굴뿐만 아니라 로마제국의 각종 건물에서 흔히 볼 수 있었지만, 루파나르의 벽화는 이례적일 만큼 다양하다.

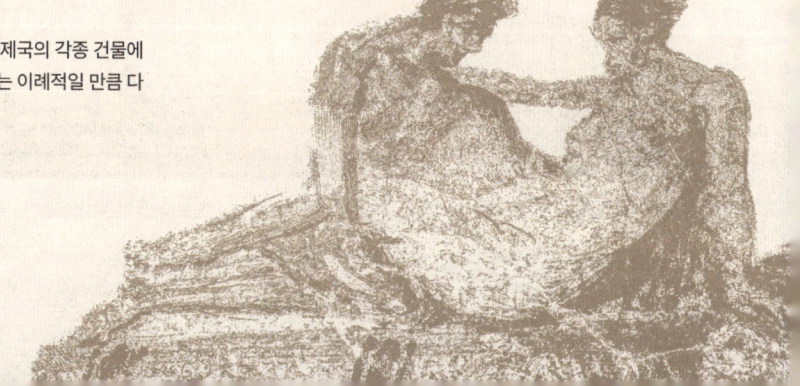

퐁뒤가르 수도교

프랑스, 님 | 100년

아치를 우아하게 3층으로 쌓아 올린 퐁뒤가르는 가르동강을 가로지른다. 이 다리는 위제스의 수원에서 네마우수스, 즉 오늘날의 님으로 물을 끌어오는 수로의 일부다. 물이 흐르는 관은 꼭대기 아치에 있다. 고대 로마의 기술자들은 아주 완만한 내리막 경사를 유지하며 수로를 만드는 까다로운 임무를 완수해야 했다. 위제스에서 님까지 직선거리는 19킬로미터지만, 수도교는 님보다 고도가 17미터에 불과한 두 도시의 낙차를 이용하기 위해 48킬로미터에 이르는 길을 따라 물을 운반했다.

"이 웅장하고 역사적인 건축물을 멀리서 처음 본 순간부터 가까이 다가가 빠짐없이 살펴본 순간까지, 당장이라도 무언가가 보고 싶어 그토록 안달하기는 평생 처음이었다."

토머스 뉴전트, 『그랜드 투어』, 1749년

↓ 멀리서 보면 정밀한 공학 기술과 우아한 외관을 모두 감상할 수 있다.

↑ 자구완 상수도 시스템을 보여주는 19세기 판화. 자구완 수도교 일부는 오늘날에도 남아 있다. 수도관 대부분은 지하에 파묻혀 있다.

44 자구완 수도교

자구완 수도교

튀니지, 카르타주 | 110년경

**공학적 난제를 극복하고
고대 카르타고에 물을 공급한 수도교.**

길이가 130킬로미터에 달하는 자구완 수도교는 로마제국에서 가장 긴 수도교다. 시작점은 고대 도시 지구스 (오늘날의 자구완) 근처 경사지에 있는 자연 샘이다. 신성한 샘이 솟아나는 곳에 분수 모양의 사원을 지었는데, 샘물이 이 건축물의 깊은 수조로 흘러들어 여과된 다음 수도교로 흘렀다. 그러면 중력과 정밀한 공학 기술이 물을 도시로 운반했다. 전체 수로 중에서 멜리아강을 가로지르는 수도교는 높이 24미터짜리 이중 아치 구조물로 지어졌지만, 수로 대부분은 지하에 매설해 물이 관 속으로 흘렀다. 수도교는 400년 동안 사용됐고, 이후로도 중요하게 여겨져 하프스 왕조의 군주가 13세기에 복원해 다시 사용하기도 했다.

45 업무 공간

트라야누스 시장

이탈리아, 로마 | 112년

트라야누스 포룸 옆에 붙어 있는 계단식 복합 단지 트라야누스 시장은 최초의 쇼핑센터로 불리지만, 사실 가게와 소매상의 거주 공간을 결합한 주상복합건물이다. 1층의 층고가 높은 아치 홀부터 꼭대기의 수도교와 맞붙은 연못까지, 6층짜리 건물에 상점과 주택을 골고루 배치했다. 고대 로마인은 콘크리트 작업에 능숙해서 복잡한 건축물을 지을 수 있었다. 더 호사스러워 보이는 벽돌로 장식한 건물 외관은 로마 벽돌 건축의 정수를 보여준다.

태양의 피라미드

멕시코, 테오티우아칸 | 200년

면적이 20제곱킬로미터에 달하는 테오티우아칸에 들어선 건물들은 하나같이 빼어나지만, 의심의 여지 없이 가장 훌륭한 건축물은 태양의 피라미드다. 돌무더기의 중심에 우뚝 선 피라미드를 거대한 계단식 옹벽이 지탱하고 있다. 원래는 흰 석회를 바르고 화려하게 색칠했을 뿐 아니라 꼭대기에 제단도 설치했을 것이다. 테오티우아칸 문화에 관해서 알려진 바는 많지 않다. 심지어 이 피라미드의 이름조차 테오티우아칸을 건설한 이들이 도시를 버리고 떠난 지 오랜 뒤에 아스테카인이 이곳을 점령하면서 붙였다.

↑ 테오티우아칸의 피라미드는 넓은 도로로 연결한 복잡한 도시 구조의 일부다.

헤라클레스의 탑

스페인, 라코루냐 | 200년

세계 유일의 현존하는(작동도 가능한) 로마제국 등대.

기원후 1-2세기 로마제국의 최서단, 즉 현재 스페인 북서부 해안 주변에서 무역이 활발해졌다. 트라야누스 황제 재위 당시 지은 헤라클레스의 탑 등대는 바다로 툭 튀어나온 높은 바위 위에 서 있다. 탑의 높이가 55미터에 달해서 등대로도 훌륭했지만, 근처의 분주한 항구를 지켜보는 망루로도 제격이었다. 18세기에 재건해(로마인이 지은 핵심 구조물은 거의 그대로 남겼다) 현재까지 이르는 등대는 네 벽으로 둘러싸인 석탑 모양이지만, 이전에는 3개 층의 바다 쪽 면이 트여 있었고 꼭대기로 이어지는 경사로와 나선계단도 있었다. 등명기는 커다란 기름 램프에 구멍을 뚫은 석조 갓을 씌워 만들었다. 램프 심지에 불을 붙이면 주위의 광택이 있는 금속 표면이 빛을 반사한다.

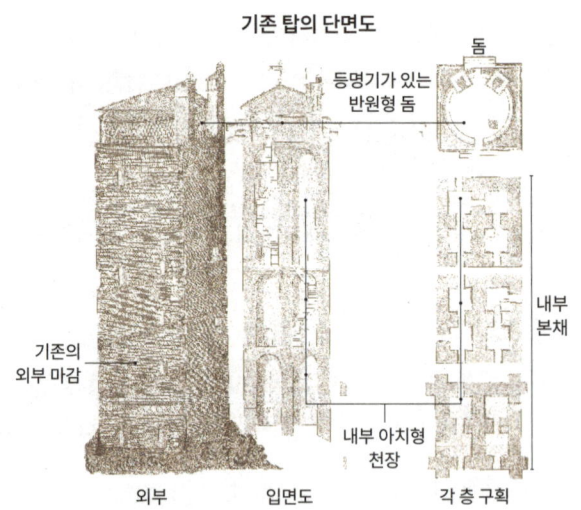

기존 탑의 단면도

돔

등명기가 있는 반원형 돔

기존의 외부 마감

내부 아치형 천장

내부 본채

외부   입면도   각 층 구획

"브리간티아라는 갈리시아 도시에서
감시탑 역할을 할 등대를
아주 높이 세웠는데 …
여기처럼 언급할 가치가 있는 곳은
몹시 드물다."

파울루스 오로시우스, 『우주론』, 5세기

← 18세기에 등대 전체를 에워싸는 벽을 쌓았다. 로마 시대에 지
은 구조물이 등대의 핵심을 이루지만, 1788-1791년 재건하
면서 한 층 더 높아졌다.

판테온

이탈리아, 로마 | 200년

판테온은 로마제국 황제 하드리아누스의 명령으로 기원후 118년 무렵부터 건설되기 시작했고, 여러 단계를 거쳐 2세기 말에 최종 완성됐다. 가운데에 구멍이 뚫린 돔은 세계에서 가장 크고 오래된 반구 돔인데, 지지하는 기둥이 하나도 없다. 돔을 지을 때 콘크리트 배합을 조절한 덕분에 돔 윗부분이 아랫부분보다 더 가볍다.

비르사 언덕

튀니지, 카르타주 | 200년

비르사Byrsa는 그리스어로 '소가죽'을 뜻한다. 아마 카르타고를 건국한 왕녀 디도의 건국 신화에서 유래한 이름일 것이다. 땅을 소가죽 한 장으로 덮을 만큼만 가질 수 있다는 말을 들은 디도는 소가죽을 가늘고 길게 잘라 원형으로 비르사 언덕 전체를 둘러버렸다. 카르타고는 기원전 137년에 패배해 로마의 손아귀에 들어갔다. 이후 수 세기 동안 로마인이 재건한 카르타고는 아프리카 속주의 수도가 되어 또다시 중요한 정치·무역 중심지로 발돋움했다. 아프리카 속주를 다스리는 총독의 거주지는 도심의 비르사 언덕에 있었다.

↓ 15세기에 판테온 주변의 쇠퇴한 구역을 정비하고 도로를 포장했다. 현재 판테온 앞으로는 매력적인 피아차 델라 로톤다 광장이 펼쳐져 있다.

↑ 위에서 보면 카라칼라 욕탕의 거대한 규모가 잘 드러난다. 목욕은 교양 있는 생활의 일부였다. 시민은 욕탕 극장에서 철학자들의 토론을 들은 다음, 도서관을 방문하거나 스포츠 경기를 관람했다.

50 공공 기반 시설과 혁신

카라칼라 욕탕

이탈리아, 로마 | 217년

로마 시민을 위한 무료 공중목욕탕.

카라칼라 욕탕의 부지 25만 제곱미터는 한 유명한 로마 시민의 영지를 빼앗은 땅이다. 5년 만에 완공한 이 복합 단지는 1,500명이 즐길 수 있는 목욕 전 마사지 공간, 한증막, 냉탕, 온탕, 미온탕, 야외 수영장을 갖췄다. 시멘트로 지어 벽돌로 외벽을 마감했고, 치장 벽토와 모자이크로 호화롭게 장식했다. 시민이 모이는 홀과 함께 라틴어·그리스어 문헌을 각각 비치한 대형 도서관도 두 곳 있었다. 그야말로 교양 있는 로마 시민이 바라는 모든 것이 있었다. 그물처럼 얽힌 지하 통로는 땔감 수레가 다닐 만큼 넓었다. 땔감은 물을 뜨겁게 데우고 바닥 난방장치를 효율적으로 가동하는 50개 화로

평면도

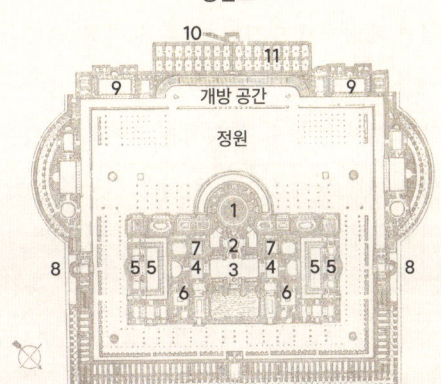

1 칼라드리움(온탕)
2 테피다리움(미온탕)
3 대형 홀/프리기다리움(냉탕)
4 레슬링 선수를 위한 홀
5 팔레스트라(야외 체육관)
6 기름 바르는 방
7 목욕 서비스/마사지실
8 철학자 모임 장소
9 도서관
10 커다란 수도교

로 들어갔다. 이 욕탕은 300년간 인기를 누렸지만, 537년 동고트족이 로마를 침략하며 욕장 저수조에 물을 대는 수도교를 파괴했고, 결국 욕탕은 황폐해졌다.

로마 체육관·욕탕 단지

튀르키예, 사르디스 | 250년경

고대 그리스와 로마의 전통을 결합한 웅장한 유적지.

사르디스는 2세기 초부터 로마 리디아 속주(오늘날 튀르키예 서부 내륙)의 행정 중심지였다. 3세기에 지어진 으리으리한 체육관과 목욕탕 단지는 이 도시의 중요성을 반영한다. 야외 경기장 형태의 체육관인 팔레스트라palaestra를 지어서 그리스 전통을 따랐고, 로마인의 사회생활에서 핵심인 목욕탕을 더했다. 팔레스트라는 레슬링이나 창던지기, 원반던지기, 달리기 같은 스포츠를 연습할 수 있도록 땅에 모래를 깔았다. 팔레스트라 옆에는 운동과 마사지를 하는 공간이 있었는데, 체육관과 욕장 사이에는 정교하게 꾸민 3층짜리 파사드를 갖춘 홀이 있었다. 1963-1974년 폐허에서 재건된 이 홀은 마블 코트Marble Court라고 불린다.

마블 코트는 로마 황제 카라칼라와 게타에게 바쳐졌다. 아마 속주의 시민이 황제를 향한 충성심을 보여주는 집결지로 쓰였을 것이다. 로마에서 황제와 제국은 신에 가까운 지위를 누렸다.

이곳을 발굴하고 재건하던 중에 커다란 시너고그(유대교 회당)가 발견됐는데, 주요 건물보다 나중에 짓고 일부 공간의 용도를 바꿔서 쓴 흔적이 있다. 이 건물에 새겨진 명문을 보면 유대인이 사르디스에서 영향력을 행사했음을 알 수 있다.

→ 마블 코트의 장엄한 파사드는 저 멀리 로마에 있는
   황제를 향한 충성심을 나타내기에 효과적인 방법이었다.

로마 체육관·욕탕 단지에 관한 사실

1 로마제국의 힘을 보여주는, 속주의 행정 수도에 들어선 웅장한 복합 단지
2 그리스의 신체 단련 문화와 로마의 전통을 결합함
3 이제까지 발견된 고대 시너고그 가운데 가장 큼

Orandum est ut sit mens sana in corpore sano.
"건강한 육체에 건전한 정신이 깃들기를 기도하라."

유베날리스, 1세기

코판 유적

온두라스 | 250년 이후

코판은 3세기 중반부터 7세기 말까지 마야문명에서 몹시 중요한 도시였다. 2만여 명이 살아가는 이 도시에서는 인상적인 건축물이 끊임없이 건설되고 개조됐다. 거대한 광장이 다섯 군데 들어섰고, 사원과 피라미드도 여럿이었으며, 독특한 상형문자가 1,800개 이상 새겨진 계단도 있었다. 이 계단의 비문은 현재까지 발견된 마야어 비문 가운데 가장 길다.

오스티아안티카 생선 가게

이탈리아, 오스티아안티카 | 300년

테베레강 어귀에 있는 로마제국의 항구 오스티아안티카 유적에는 소방서와 목욕탕을 비롯해 다양한 상업 건물이 있다. 그중에는 그날 잡은 생선을 늘어놓는 대리석 탁자와 생선을 손질할 때 쓰는 대야를 갖춘 생선 가게 두 곳도 고스란히 남아 있다. 모자이크 장식은 광고판이었을 텐데 하나는 바다의 신 트리톤, 다른 하나는 오징어를 먹는 돌고래를 보여준다.

↑ 오른쪽의 벽을 보면 유적지에서 발견된 마야 상형문자 중 일부를 볼 수 있다.

↑ 신선한 생선은 로마인의 식탁에서 인기 있었고, 오스티아 같은 항구도시에서 풍부하게 공급했다.

아울라 팔라티나

독일, 트리어 | 310년

로마 바실리카 양식이 거의 완벽한 상태로 복원된 드문 사례.

아우구스타트레베로룸(오늘날의 트리어)은 1세기부터 로마의 식민지였다. 3세기 후반 무렵 이 도시는 제국의 정치·무역 중심지로 발돋움해 콘스탄티누스대제가 거주했고 '제2의 로마'라는 별명을 얻었다. 이때 도시 건축을 대거 개선하는 사업이 벌어졌고, 기존 궁전에 황제의 새로운 바실리카(알현실로도 사용)를 추가했는데 이 건물이 바로 아울라 팔라티나다. 여러 용도로 사용된 아울라 팔라티나는 실내 공간이 단 하나뿐인 로마 건물 가운데 가장 규모가 크다(아울라 팔라티나가 부속된 궁전은 남아 있지 않다). 전형적인 바실리카로 설계돼 직사각형 건물 한쪽 끝에 반원형 애프스가 있다. 이런 배치는 초기 크리스트교 교회의 표준이었다. 2층으로 줄지어 선 커다란 창문이 건물에 웅장함을 더한다.

↑↓ 아울라 팔라티나를 묘사한 19세기 프랑스 판화 작품(아래)과 대규모 복원 공사 이전의 모습(위).

산치 17번 사원

인도, 마디아프라데시 | 400년

인도에서 가장 오래된 불교 사원으로 추정되는 단순한 건축물.

산치의 드넓은 불교 유적 단지에서 가장 유명한 건축물은 거대하고 복잡한 대大스투파다. 하지만 종교 건축 역사에서 더 중요한 의미가 있는 건축물은 근처의 훨씬 더 소박한 17번 사원이다. 17번 사원은 인도에서 가장 오래되고, 완전하고, 변형되지 않은 불교 사원이기 때문이다. 가로 4미터, 세로 7미터밖에 안 되는 작고 단순한 건물이지만, 연대가 이 지역의 건축 역사에서 가장 중요한 시기인 굽타 왕조 시대로 거슬러 올라간다. 사원은 모르타르 없이 지은 이 석조 건물은 낮은 지붕을 얹은 소박한 방과 그 앞의 현관으로 이뤄져 있다. 입구의 현관을 지탱하는 기둥 4개는 사원에서 유일하게 장식 요소가 새겨져 있다. 각 기둥 윗부분에는 거꾸로 뒤집혀 종 모양처럼 보이는 연꽃을 조각했고, 기둥머리에는 서로 등을 맞댄 사자 두 마리를 새겼다. 단순하지만, 뒤이어 등장할 위대한 사원 건축의 전신이 된 건물이다.

↓ 더 세련된 사원과 비교하면 17번 사원은 작고 초라해 보이지만, 훗날 등장할 근사한 사원 건축의 전신이다.

왼쪽 다이어그램 캡션:

↓ 공중에서 산치 유적 단지를 내려다 본 모습. 주요 사리탑(둥근 건축물) 왼편에 나무 사이로 훨씬 더 작은 17번 사원이 보인다.

언덕 아래쪽

계단

17번 사원

대스투파

언덕 중앙

언덕 위쪽

산치

17번 사원

데린쿠유 지하 도시

튀르키예, 카파도키아 | 400년

이 지하 도시는 부드러운 응회암을 파내서 땅속에 만든 복합 단지로, 최대 깊이 85미터에 18층 규모다. 이르면 기원전 7세기 초에 도시 건설이 시작됐을 가능성도 있지만, 비잔틴제국 시기에 와서야 규모가 상당히 커졌고 마침내 전란기에 피란민 최대 2만 명을 수용할 수 있을 정도로 성장했다. 각 층을 따로 봉쇄할 수 있었고, 커다란 돌로 만든 '문'을 굴려서 주요 입구를 차단할 수도 있었다.

↑ 카파도키아의 바위는 퇴적된 화산재로 만들어졌다. 이 바위는 손으로 파내기가 쉬워서 수 세기에 걸쳐 광범위한 지하 동굴 네트워크를 만들 수 있었다.

↑ 삼중으로 쌓은 성벽은 특히나 뚫기 어려웠다. 성벽 곳곳에서 우뚝 솟은 탑 덕분에 콘스탄티노폴리스 병사들은 자기 몸을 보호하면서도 적을 공격할 수 있었다.

테오도시우스 성벽

튀르키예, 이스탄불 | 408년

8세기 동안 콘스탄티노폴리스를 안전하게 지켜준 요새.

부유한 도시는 침략받기 쉽다. 콘스탄티노폴리스의 방어 능력은 테오도시우스 2세가 408년에 황제 자리에 올랐을 때 이미 의문스러운 상태였다. 2년 후 서로마제국이 고트족의 손에 몰락하자, 황제는 제국의 수도를 지킬 장기 방어 계획을 세우라고 명령했다. 그 결과가 439년에 완공된 테오도시우스 성벽이다. 성벽은 철두철미하게 건설됐다. 벽을 삼중으로 쌓고, 그 둘레에 너비가 거의 20미터나 되는 수로를 깊게 팠다. 이 수로는 수원을 개방해 빠르게 물을 채워서 해자로 바꿀 수 있었다. 가장 바깥쪽의 흙벽은 망루 역할을 했고, 꼭대기에 보행로를 만들었다. 더 높이 쌓은 가운데의 외성 벽에는 일정한 간격으로 탑을 세워서 침략군에게 공격을 퍼부을 수 있었다. 가장 높은 내성 벽은 너비가 5미터였고, 20미터 간격으로 더 커다란 탑이 솟아 있어서 무거운 대포를 올려놓고 멀리 있는 적에게 포를 쏠 수 있었다.

성벽은 난공불락이었다. 수 세기 동안 페르시아와 아랍, 러시아의 대군이 콘스탄티노폴리스를 포위했지만, 4차 십자군 전쟁이 있었던 1204년까지 아무도 성벽을 뚫지 못했다. 마침내 1453년, 테오도시우스 성벽은 오스만제국이라는 호적수를 만났고, 콘스탄티노폴리스는 함락당했다.

마제사

중국, 간쑤성 | 400년 이후

5세기에서 7세기 사이에 건설됐을 마제사馬蹄寺, 즉 말발굽 사원은 절벽을 파서 만든 수많은 방을 통로로 잇고 불상으로 장식한 석굴 사원 단지다. 60미터에 이르는 놀라운 돋을새김 탑이 여러 층에 있는 각 방을 통로와 외부 테라스로 연결한다.

"몽골의 고전인 게세르 왕 서사시에 따르면, 왕이 탄 말이 마제사에 발굽을 딱 하나만 내딛고 떠났다고 한다. 그래서 마제사에는 말발굽 자국 하나만 남겨져 있다."

출처 미상

↓ 극도로 좁은 통로와 가파른 계단이 마제사의 각 공간을 연결한다.

타가 거석의 집

북마리아나제도, 티니안섬 | 500년경 이후

동남아시아에서 건너온 차모로족은 기원전 1500년경 마리아나제도에 정착했다. 5세기 유적을 보면, 이들은 기둥 위에 집을 지었다. 'A' 모양의 가파른 초가지붕을 덮은 집을 라테 스톤latte stone이라고 불리는 기둥들이 떠받친다. 라테 스톤은 수직 돌기둥 위에 뒤집힌 컵 모양 바위를 얹어서 만들었다.

야생동물이나 해안 침수를 피하고자 이런 주택을 지었을 것이다. 세월이 흐르면서 집 크기는 집주인의 지위를 반영했고, 돌기둥과 주택 모두 점점 더 커졌다. 원래는 라테 스톤 서너 쌍이 균형을 맞춰 집을 지지했지만, 일부 주택은 기둥이 훨씬 더 많았다.

성 카타리나 수도원 도서관

이집트, 시나이산 | 530년

세상에서 가장 오랫동안 쉬지 않고 운영해온 도서관은 비잔틴제국의 유스티니아누스 1세가 특별히 신성한 장소에 지은 그리스 정교회 수도원에 속해 있다. 이 수도원은 성 카타리나가 순교한 곳이자 모세가 불타는 떨기나무를 보고 신의 음성을 들은 곳이다. 이 도서관이 소장한 성화와 필사본은 바티칸 사도 도서관에 이어 두 번째로 많다.

↓ 성 카타리나 수도원 건물은 회색 화강암으로 지어졌고, 6세기 이후로 크게 변하지 않았다.

아야 소피아

튀르키예, 이스탄불 | 537년

동서양을 잇는 도시에서 무슬림과 정교회 모두에게 오랜 상징인 건축물.

유스티니아누스 1세는 이전에 있던 성당이 두 번이나 모두 불타버린 자리에 새로운 성당을 짓고자 했다. 비잔틴제국 각지에서 자재를 가져와 가장 장엄한 성당을 지으라고 명령했다. 그 결과, 내부 회랑과 중앙의 거대한 돔, 수많은 창문을 갖춘 바실리카가 탄생했다. 내부에서 보면 이 돔은 공중에 떠 있는 것 같다. 아야 소피아는 단 6년 만에 완공됐는데, 공사 도중 돔이 두 번 무너지고 나서야 건축에 성공할

수 있었다. 아야 소피아는 비잔틴제국이 쇠퇴하는 동안에도 그리스 정교회의 중심으로 남았다. 1453년 콘스탄티노폴리스가 오스만제국에 함락당한 뒤로 성당은 모스크로 개조됐고, 1934년 성역에서 벗어나 박물관으로 바뀌었다. 그런데 최근 아야 소피아가 다시 운명의 전환점에 섰다. 2020년 튀르키예의 레제프 타이이프 에르도안 대통령이 박물관을 모스크로 다시 봉헌하며 큰 논란을 낳았다.

↓ 아야 소피아의 첨탑은 15세기에 그리스도교 성당에서 모스크로 바뀌면서 추가됐다.

엘로라 석굴

인도, 마하라슈트라 | 600년부터

엘로라의 사원과 수도원은 4세기에 걸쳐 길이 1.5킬로미터가 넘는 땅에 지어졌다. 단단한 현무암 암벽을 깎아 만든 건물은 총 34채이며, 시기에 따라 세 그룹으로 나뉜다. 불교 건축물이 가장 오래됐고, 그다음이 힌두교 건축물, 마지막이 자이나교 건축물이다. 이 유적은 과거 인도의 종교적 관용을 잘 보여준다. 종교적 의미와 뛰어난 공학 기술을 모두 갖춘 대표 건물은 카일라사 사원이다. 시바 신에게 바친 이 사원은 히말라야산맥에 있는 시바의 거처 카일라스산을 상징한다. 건물 전체를 돋을새김 장식과 조각으로 뒤덮고 정교한 탑까지 갖췄으며, 바위를 위에서 아래로 깎아 만들었다. 건축 과정에서 돌을 20만 톤 넘게 버려야 했을 것이다.

↓ 불교, 힌두교, 자이나교가 함께 예배할 수 있었던 엘로라 암석 사원.

형산 현공사

중국, 산시성 | 600년경

현공사懸空寺는 당장에라도 무너질 것 같지만, 적어도 1,400년 이상, 아마 그보다 더 오랫동안 형산에 매달려 있다. 사원은 툭 튀어나온 절벽 아래 바위 시렁에 위치한 덕분에 혹독한 악천후를 피할 수 있었다. 전설에 따르면 5세기에 랴오란이라는 승려 혼자서 지었다고 한다. 연대를 측정해보면 이보다 더 늦은 시기에 건설된 것으로 보이지만, 어쨌거나 오랜 기간에 걸쳐 지었을 가능성이 크다. 암벽에 구멍을 뚫어서 기둥을 박고, 그 위에 목재 건물을 올렸다. 사원 내부에는 방이 40개 정도 있고, 건물 사이로 좁은 통로가 뻗어 있다.

현공사만의 특징은 위치가 아니라 서로 다른 세 종교를 모두 아우른다는 사실이다. 불교와 도교, 유교 건물이 모두 있으며, 어느 종교를 믿는 사람이든 환영한다. 본당에는 부처와 노자, 공자의 조각상을 모두 모셔놓았다.

치첸이트사

멕시코, 유카탄 | 600년 이후

마야인의 천문 지식을 보여주는 유적지.

마야인은 정교한 수학 체계를 개발했고 자세한 달력을 사용했다. 특히 치첸이트사 유적에 있는 엘카라콜El Caracol('달팽이'라는 뜻)이라는 건물은 구체적인 천문 지식의 증거를 보여준다. 치첸이트사가 건설되던 초반에 푸우크 양식으로 지어진 엘카라콜은 마야 건축에서 보기 드문 원형 탑이다. 탑은 계단으로 올라가는 기단 위에 서 있고, 꼭대기에 더 작은 탑이 무너진 잔해가 있다. 탑 내부에는 나선형 계단이 있는데, 이 계단 때문에 달팽이를 뜻하는 이름

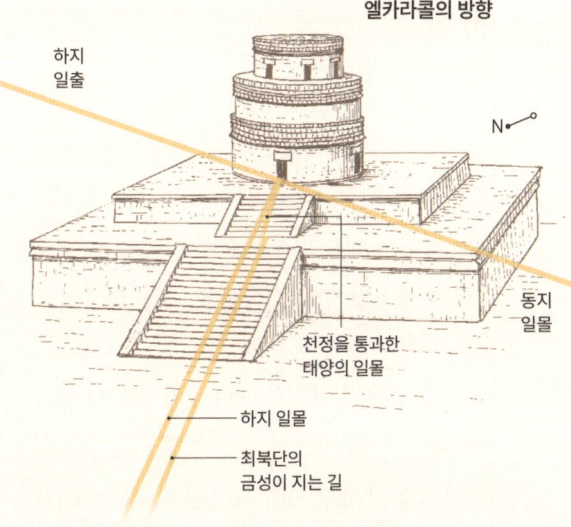

엘카라콜의 방향

하지 일출

N

동지 일몰

천정을 통과한 태양의 일몰

하지 일몰

최북단의 금성이 지는 길

↓ 치첸이트사 유적은 면적이 10제곱킬로미터에 이른다. 고고학계는 이곳이 무역과 지역 정치, 종교의 중심지였고, 인구가 3만 5천 명에 달했다는 증거를 발견했다.

이 붙었다. 계단은 두꺼운 벽에 난 작은 구멍 3개로 이어진다. 역사학계는 건물과 구멍의 위치를 보고 엘카라콜이 금성을 관측하는 공간이었다고 추측한다. 마야문명의 신앙에서는 금성을 전쟁의 신 쿠쿨칸이라 여겨 중시했다.

티칼

과테말라 | 600년

깊은 숲속에 자리 잡은 위대한 마야 도시 티칼은 600년에서 900년 사이에 예술적 아름다움의 정점에 이르렀다. 티칼의 규모는 무척 웅장한데, 중요한 종교 건축물이 있는 중심지 주위로 주거 지역을 포함해 외곽 지역이 들어섰다. 여러 건물에 상형문자가 남아 있어서 고고학자들이 당대 티칼의 역사적 맥락을 파악하는 데 도움이 됐다. 상형문자는 티칼이 테오티우아칸, 코판 등 다른 메소아메리카 도시와 소통 및 관계한 양상도 보여준다.

↑ 대★재규어 신전이라고 불리는 건물에는 재규어 왕좌에 앉은 군주의 모습이 새겨진 상인방이 있다.

호류지

일본, 나라 | 607년

문화재로 지정된 건축물 48채를 품은 이 사원 단지는 불교와 예술 후원으로 유명한 쇼토쿠 태자의 명령으로 건설됐다(일본에서 불교는 비교적 늦은 7세기 초에 중국에서 수입됐다). 모든 건물이 원형을 그대로 보존한 것은 아니지만, 불교의 극락정토를 본떠 지은 금당은 옛 모습이 남아 있으며 일본에서 가장 오래된 목조건물이다.

린디스판 수도원

잉글랜드, 노섬벌랜드 | 634년

노섬브리아의 왕 오스월드는 자신의 왕국에 주교구를 만들겠다고 마음먹었다. 그가 아이오나의 아일랜드 수도사 단체에 잉글랜드 북동쪽 해안에 있는 작은 섬 린디스판을 하사하며 이 작은 수도원이 설립됐다. 이후 린디스판은 초기 크리스트교 교회에서 꾸준히 중요한 의미를 지녔다. 685년부터 687년까지 이곳의 주교를 지낸 성 커스버트가 수도원의 예배당에 자기 이름(과 유물)을 물려줬고, 이 예배당은 오늘날에도 순례지로 남아 있다.

↑ 이 수도원에서 700년경 정교하게 채색한 린디스판 복음서를 제작한 것으로 알려져 있다. 현재 복음서는 영국 도서관에서 소장 중이다.

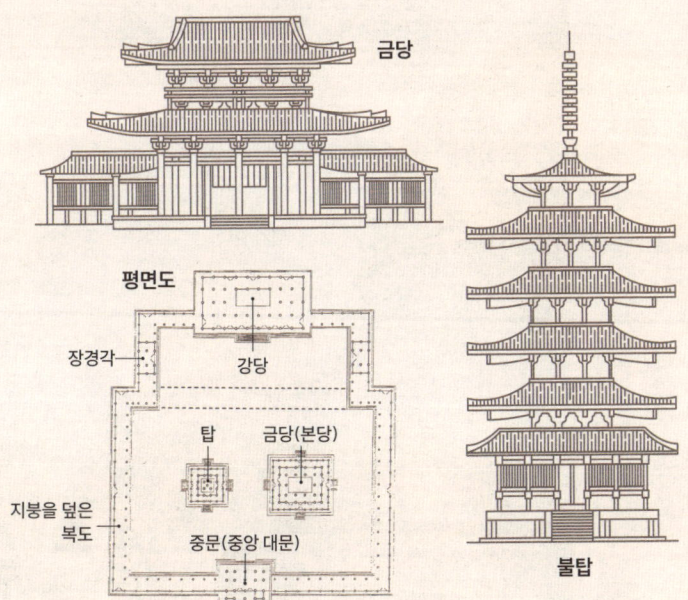

금당

평면도

장경각
강당
탑
금당(본당)
지붕을 덮은 복도
중문(중앙 대문)

불탑

"불佛, 법法, 승僧이라는
세 가지 보물에는 진실로
경의를 표해야 한다.
모든 생명체가 마지막으로
의지할 수 있는 존재이기
때문이다."

쇼토쿠 태자(573-621)

← 사진 왼편에 보이는 건물이 금당, 즉 대웅전이다. 이곳에는 쇼토쿠 태자를 닮은 부처상이 있으며, 태자의 이름으로 바쳐졌다.

바위의 돔

이스라엘, 예루살렘 | 684년

이슬람교도와 유대교도 모두에게 신성한 땅에 있는 상징적 건물.

바위의 돔은 현존하는 가장 오래된 이슬람 기념물이다. 우마이야 왕조의 5대 칼리프 압드 알말리크가 격렬한 내전 중에 사원 건설을 명령했는데, 아마 이 지역 추종자들의 충성심을 장려하기 위한 목적이었을 것이다. 예루살렘 구시가지에서 가장 높은 곳인 하람알샤리프에 팔각형 건물과 짧은 원통형 구조물, 금박 돔이 올라가 있다. 팔각형 건물과 원통 구조물 모두 복잡한 무늬가 그려진 파란색 타일로 뒤덮었으며, 창문이 많다.

건물 내부도 장식이 매우 화려하다. 돔 안에 있는 바위는 거대한 석판으로, 이슬람교도와 유대교도 모두에게 중요하다. 무함마드가 동료 예언자를 만나고 신을 보기 위해 발자국을 남기고 승천한 곳이자 아브라함이 이삭을 제물로 바치려고 했던 곳이기 때문이다. 현재 건물은 대체로 복원을 거친 상태지만, 돔은 압드 알말리크 통치기의 기존 설계를 충실하게 유지한 모습이다.

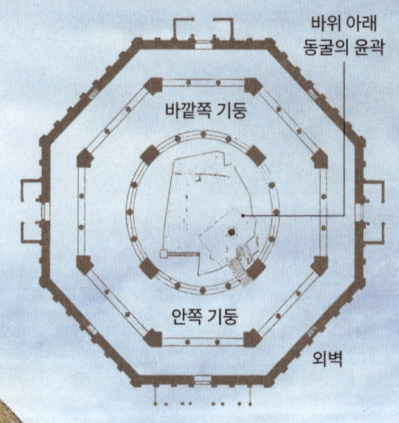

바위 아래 동굴의 윤곽

바깥쪽 기둥

안쪽 기둥

외벽

← 바위의 돔은 이슬람 건축에서 가장 오래된 기념물로, 특히나 의미가 깊다.

갠지스강의 하강

인도, 타밀나두 | 690년경

인도 남부의 마을에 있는 자연주의 조각의 걸작.

'아르주나의 고행'으로도 불리는 이 돌을새김 조각은 인도 남동부 해안 마을 마하발리푸람에 있는 여러 야외 조각 가운데 하나다. 길이 29미터, 높이 13미터나 되는 이 거대한 작품은 자연적으로 갈라진 바위에 새겨졌다. 표현된 장면은 정확히 무엇인지 알 수 없어 논란이 분분하다. 옛 대서사시 〈마하바라타〉에 등장하는 아르주나의 고행일 수도 있고, 갠지스강이 하늘에서 내려오는 전설일 수도 있다. 작품은 7세기 후반에 만들어졌을 텐데, 바위 꼭대기의 수조는 종교의식 때 강물이 갈라진 바위 틈을 따라 흘러내리는 모습을 재현하는 데 사용됐을지도 모른다.

신원 미상의 조각가는 복잡한 장면에 등장하는 각 신과 인간, 동물에게 개성을 불어넣었

다. 한쪽 발로 서서 근처에 있는 성자의 요가 자세를 따라 하는 고양이부터 새끼를 품은 실물 크기의 코끼리 가족까지, 부드럽고 생동감 넘치는 표현은 현대 작품을 능가한다.

↑ 생생하고 사실적인 인물과 동물로 가득한 조각이 넓은 바위를 완전히 뒤덮었다. 글을 아는 사람이 거의 없던 시대에 조각으로 풍부한 이야기를 들려주었다.

비르카

스웨덴, 멜라렌호 | 750년

비에르셰섬의 작은 해안 마을 비르카에서 발견한 고고학 유적은 8-10세기에 발트해를 가로지르며 번성한 무역로에 빛을 드리웠다. 마을 항구에는 부두가 3개나 있었지만, 건물은 소박하며 나무와 흙으로 지은 주택도 단순했다. 그런데 여성 바이킹 전사의 무덤을 발굴했더니 아라비아의 유리와 은, 근동의 비단, 북유럽과 서유럽 각지의 도자기 등 호화로운 장례용품이 출토됐다.

헤이안궁

일본, 교토 | 794년경

처마가 깊은 커다란 직사각형 건물인 헤이안궁은 황제의 거처이자 관청의 중심지로 지어졌다. 건물이 지어질 당시 헤이안 시대가 열리며 수도가 나라에서 교토로 갓 바뀐 상태였고, 정권은 중국을 모방하며 중앙집권화를 꿈꾸고 있었다. 궁궐은 여러 차례 불탄 끝에 결국 교토의 새로운 부지로 옮겨졌다. 1895년에 궁궐 일부를 복제한 헤이안 신궁이 근처에 들어서서 방문객을 맞고 있다.

코르도바 대모스크

스페인, 코르도바 | 784년

이전 수도 다마스쿠스에서 쫓겨난 우마이야 왕조는 스페인을 정복하고 이베리아반도에 새로운 국가 알안달루스를 세웠다. 새로운 수도 코르도바는 무어인의 흔적으로 채워졌다. 최초의 대모스크는 전통적인 직사각형 바실리카 구조로 지어졌지만, 이후 2세기 동안 여러 번 확장됐다. 기둥이 빼곡하게 들어찬 기도실을 품은 이 사원은 결국 크리스트교 성당으로 바뀌었으나 여전히 이슬람 양식의 걸작으로 남아 있다.

↓ 코르도바 대모스크의 장엄한 기도실 기둥은 로마 시대 건물에서 재활용된 것으로, 수많은 대칭 아치를 떠받친다.

모나스티르 리바트

튀니지, 모나스티르 | 796년

모나스티르의 리바트는 아바스 왕조가 바다에서 쳐들어오는 적을 막고자 해안을 따라 지은 최초의 요새다. 이슬람 세력이 이 일대를 점령한 지 1세기가 지난 무렵, 당시 아바스 왕조의 칼리프였던 하르타마 이븐 아얀이 건설했다. 가장 초기 형태는 단순했다. 한 변이 33미터 정도인 정사각형 모양으로 견고한 벽을 세우고, 모서리 세 군데에 탑을 쌓았으며, 네 번째 모서리에는 훨씬 더 높은 망루를 지었다. 얼마 안 가 이 리바트를 본뜬 요새가 다른 지역에도 생겨났는데, 그중 가장 주목할 만한 요새는 20킬로미터쯤 떨어진 수스의 리바트다. 모나스티르 리바트보다 30여 년 뒤에 지어졌는데, 오늘날까지 원래 형태를 더 온전하게 유지하고 있다. 모나스티르 리바트는 중세에 상당한 규모의 확장을 두 차례 거쳤다. 이때 리바트에는 (쿠란을 공부할) 경비병과 수비대 병사가 사용하는 작은 개인실이 생겼다.

↓ 북아프리카 해안에서 가장 먼저 들어선 이 이슬람 요새는 인상적인 방어 체계의 일부를 담당했다.

아헨 대성당

독일, 멜라렌호 | 796년(1215년 완공)

**신성로마제국 초대 황제가 건설을 명한
북유럽에서 가장 오래된 성당.**

8세기 말-9세기 초, 서유럽 대부분을 통치한
카롤루스대제는 771년 프랑크왕국의 유일한
왕이 됐고, 아헨을 수도로 삼았다. 800년에는
신성로마제국의 초대 황제가 됐다. 카롤루스
대제가 지은 왕궁의 부속 예배당에서 출발한
아헨 대성당은 독일 역사에서 의미가 큰 건물
이다. 건축가 메츠의 오도Odo of Metz는 이탈리
아 라벤나의 산비탈레 성당에서 영감을 받아
인상적인 팔면체 돔과 큐폴라, 화려한 금박과
모자이크로 꾸민 실내를 완성했다. 대성당에
있는 카롤루스의 대리석 왕좌는 936-1531년
독일 왕의 대관식에 사용됐다. 황제의 유해는
(타지에 성유물로 있는 부분을 제외하면) 여전히 이
곳의 큰 도금 성유물함에 있다. 대성당은 14-
15세기에 고딕 양식의 성가대석과 스테인드글
라스를 더하며 규모를 확장했고, 19세기에 탑
과 첨탑을 추가했다. 로마제국의 건축술이 독
일과 프랑스에 전파되는 가교 역할을 한 건물
이기도 하다.

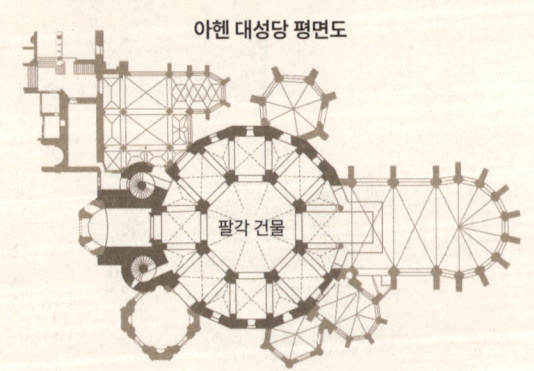

아헨 대성당 평면도

팔각 건물

→ 아헨 대성당의 핵심 구조물인 팔각 건물은 카롤루스대제 재
  위 시기에 지어졌다. 팔라틴 예배당은 이후 복잡한 증축 공사
  를 거쳐 독일 왕의 대관식이 열리는 성당으로 변했다.

욱스말 유적, 총독의 궁전

멕시코, 유카탄 | 800년경

총독의 궁전은 마야문명 고전기에 건설된 거대한 도시 욱스말의 중심이다. 비의 신 차크를 표현한 돋을새김 조각이 수없이 새겨져 있는데, 차크에게 봉헌한 건물일지도 모른다. 높은 기단에 지어진 건물은 넓고 낮은 긴 직사각형 모양이며, 중앙 건물 양쪽에 삼각형 아치를 두고 떨어진 별관이 있다. 이 아치는 마야 건축에서 보기 드문 독특한 특징인데, 프랭크 로이드 라이트를 비롯해 여러 현대 건축가에게 영향을 미쳤다.

↑ 총독의 궁전에서 보이는 절제된 선은 수많은 현대 건축가에게 영감을 주었다.

성 피오난 수도원

아일랜드, 스켈리그마이클 | 800년경

캐리주 해안에서 13-14킬로미터 정도 떨어진 바위섬 스켈리그마이클에 들어선 성 피오난 수도원은 8세기나 9세기에 지어졌다. 13세기까지는 주민이 있었지만, 이후에 수도사가 모두 본토로 떠나고 섬은 순례지로 변했다. 속세에서 벗어나려는 이들이 이곳으로 와서 청빈하게 생활했지만, 바이킹이 자주 침략해 생활 여건이 나빠졌다.

단순하게 만든 계단을 600단 넘게 올라가면 클로칸이라는 벌통 모양 오두막 6채와 개인 기도실 2채가 나온다. 건물은 모두 바위를 파서 만든 계단식 단에 지어졌고, 돌담이 건물을 에워싸고 있다. 정원과 빗물을 모으는 수조와 묘지를 갖춘 이곳에 수도사 10여 명과 수도원장 1명이 살았다. 11세기에는 작은 성당도 추가됐다. 벌집 모양 오두막은 내쌓기 방식으로 지었다. 평평한 돌을 점점 작아지는 원형으로 쌓고 맨 위에 돌을 단 하나만 올려서 마무리하는 방식이다.

보로부두르 사원

인도네시아, 자바섬 케두 계곡 | 800년

위로 점점 올라갈수록 조각이 들려주는
이야기가 의식을 다른 차원으로 인도해주는 곳.

자바섬의 샤일렌드라 왕조가 지은 보로부두르는 현존하는
가장 거대한 불교 사원이다. 사원은 화산재에 파묻힌 덕분
에 온전하게 보존될 수 있었다. 복원된 부지는 불교의 우주
개념을 반영해 신성한 연꽃 형태로 배치됐다. 한가운데에
있는 사원은 웅장한 피라미드식 기단 위에 계단 모양으로
솟아올라 있고, 꼭대기에 종 모양의 커다란 사리탑이 올라
가 있다.

"모든 중생은
그릇된 길을 가고 있고,
부처는 그들에게
올바른 길을 보여준다."

『화엄경』

↓ 순례자는 시계 방향으로 걸어서 꼭대기로
올라가는데, 이 길은 깨달음에 이르는 상징
적 여정이다.

오세베르그 고분

노르웨이, 퇸스베르그 | 820년

승객과 물건을 실은 호화로운 배가
고스란히 발견된 무덤.

고대 스칸디나비아에서는 배가 사람을 내세
로 실어 나른다고 믿었다. 따라서 배를 묻는
일은 그리 드물지 않았다. 1904년에 발견된 오
세베르그 고분은 노르웨이에서 발굴된 무덤
가운데 가장 중요한 유적으로 꼽힌다.

　참나무로 만든 좁고 기다란 배인 카르베
karve는 길이 20미터, 너비 5미터에 이른다. 뱃
머리에는 뱀의 머리가 정교하게 새겨져 있다.
배 안에는 나무 '텐트' 아래 침상에 누운 여
성 시신 2구가 있었다. 축축하게 젖은 흙이 목
재를 잘 보존한 덕분에 배뿐만 아니라 정교하
게 제작한 수레, 썰매 3개, 더 작은 도구들도

↑ 오세베르그 선박에 있는 기둥으로,
　머리에 동물을 세밀하게 새겼다.

온전하게 출토됐다. 두 여성의 신원은 확인되
지 않았다(각각 70세 이상과 50세 정도로 추정한
다). 서로 친족 관계일 수도 있고, 한 명이 상대
방의 하인이라서 함께 순장됐을 수도 있다. 무
덤이 도굴당한 탓에 귀금속은 남아 있지 않지
만, 부유한 가문의 귀중한 물건들이 남아 있어
9세기 바이킹의 생활에 관한 많은 정보를 알
수 있다.

↑ 오슬로 국립고대유물박물관에서 1904년에 처음 발견한 배.

↑ 오슬로의 뷔그되위반도로 가던 배는 결국 바이킹선박박물관
　의 가장 인기 있는 전시물이 됐다.

찬찬

페루, 트루히요 | 850년

바다와 깊이 관련된 수수께끼 같은 성채.

찬찬은 9-15세기에 오늘날의 페루 영토 대부분을 차지했던 치무족의 행정 중심지였다. 어도비 벽돌로 지은 이 장대한 도시에는 '성채'가 9채 있다. 각 성채는 왕이 새로 등극할 때마다 지어졌고, 왕이 죽으면 버려졌다. 후기에 건설된 니크안 성채Nik-An citadel는 찬찬 전성기의 건축을 잘 보여준다. 하지만 초기에 건설된 건물은 수 세기 동안 엘니뇨 폭우를 맞아 '녹아 버렸다'.

니크안 성채에는 문이 하나뿐인데, 12미터짜리 벽을 통과하는 문을 지나면 광장 두 곳으로 연결된다. 그다음에는 작업장과 관청으로 쓰였을 구역과 거대한 저수지가 나온다. 성채는 경사로로 각 층을 구분했고, 벽을 돋을새김 프리즈로 장식했다. 조각 장식에는 펠리컨과 물고기, 파도, 어망을 의미하는 다이아몬드 격자 패턴 등이 표현됐다. 주로 해안가에 정착한 치무족에게 바다는 중요했고, 니크안 성채 역시 바다의 신에게 바쳐졌을 것이다.

↓ 하늘에서 바라본 찬찬. 아직 버티고 서 있는 일부 건물은 태평양 가까이서 번창했던 해안 도시의 옛 모습을 보여준다.

찬드 바오리

인도, 라자스탄 | 850년경

불모지에서 물 부족 문제를 해결한 정교한 설계.

9세기에 라자스탄주의 아바네리 마을에 지어진 찬드 바오리는 현존하는 계단식 우물 1천여 개 가운데 규모가 가장 클 뿐만 아니라 가장 아름답기도 하다. '바오리'는 계단식 우물을 가리키고, '찬드'는 우물을 만든 왕 찬다를 가리킨다.

계단식 우물은 사막 지역에 물을 대고자 고안된 것으로, 주로 인도와 파키스탄에서 발견된다. 보통 역피라미드 모양에 지하수면까지 내려갈 만큼 깊이 파여 있다. 다공성 돌로 지어져 우물로 물이 스며들며, 지면에는 넓은 입구가 있어 드물게 내리는 빗물과 땅 위로 흐르는 물을 받는다.

찬드 바오리에서 물이 나오는 곳까지 내려가는 계단은 길이가 19.5미터다. 우물 벽 삼면에는 좁은 계단 3,500개가 정교한 다이아몬드 무늬를 이루며 최대 13개 층으로 배열돼 있다. 그늘에서 쉬거나 사람들을 만나거나 종교의식을 치를 수 있도록 군데군데 움푹 들어간 벽감도 만들었다. 남은 네 번째 면에는 정교한 파빌리온이 들어서 있는데, 내부는 암벽 안쪽까지 이어져 이 지역의 통치 가문이 이글거리는 여름 열기를 피하는 피서지로 사용했다.

오늘날 찬드 바오리는 사실상 관광 명소지만, 최근 몇 년 동안 물 부족 사태의 해결책으로도 떠올랐다. 한때 버려졌던 수많은 우물이 전통적인 장인 기술을 통해 복원되는 중이다.

↑ 우물 한 면을 다 차지하는 파빌리온은 언제나 수면보다 높았으며, 상류층 가문만 이곳을 사용했다.

찬드 바오리에 관한 사실

1 고대 건축의 뛰어난 모범
2 사막기후에서 물 저장이라는 현실 문제를 해결하는 독창적 설계
3 기후변화에 직면해 오늘날 새롭게 주목받고 있음

2부

1000 – 1499년

요새와 궁전,
대성당의 시대

바이킹 족장의 집

노르웨이, 보르그 | 1000년경

수 세기 동안 지역 지도자들이 살았던
스칸디나비아에서 가장 큰 전통 가옥.

철기 후반에 지어진 족장의 집은 노르웨이 서
해안의 로포텐제도에 속한 베스토괴이에서
1981년에 발견됐다.

　뒤집힌 배 모양의 이 집은 길이 83미터, 너
비 12미터, 높이 9미터에 이른다. 벽에는 뗏장
을 입혔고, 기둥으로 떠받친 지붕은 나무 널
로 덮었을 것이다. 건물 안의 칸막이벽이 거주
구역과 잔치에 쓰이는 대형 홀, 가축을 기르
는 헛간을 구분한다. 유적에서 발견된 라인란
트 도자기 파편과 유리 조각, 금박 부적을 보
면 이곳이 얼마나 부유했는지 알 수 있다. 9세
기쯤에 노르웨이인은 널리 무역하며 모피와
철 등 수출품을 내다 팔 시장을 찾아다녔다.
족장의 집은 다양하게 모습을 바꾸면서 오래
도록 수명을 유지했다. 500년 무렵에 작은 규
모로 지어졌다가 700년경에 확장된 후 11세기
초에 버려졌으리라고 추정한다. 섬의 인구가
늘고 자원 경쟁이 지나치게 치열해졌기 때문
일 것이다.

↓ 족장의 집은 실물 크기로 복원됐다. 고고학계는 건물 지붕을
　나무 널로 덮었으리라 추측한다.

82 주거지

랑스 오 메도스

캐나다, 뉴펀들랜드 | 1000년경

나무 골조에 뗏장을 입힌 건물 8채가 있는 이 유적은 바이킹이 대서양을 건넜다는 증거다. 뉴펀들랜드 북단에 있는 랑스 오 메도스는 1960년에 발견됐고, 곧 노르드인의 정착지로 밝혀졌다. 바이킹은 이곳에 오래 머무르지 않은 것으로 보인다. 아마도 선원이 배를 수리하고 물자를 보충하던 곳이었을지도 모른다. 아울러 이 유적은 〈붉은 에이리크 사가〉와 〈레이프 에이릭손 사가〉가 사실에 근거한 서사시라는 가설을 뒷받침한다.

83 정치 및 방어 시설

오크멀지 흙 오두막

미국, 조지아주 메이컨 | 1015년

미시시피 일대의 원주민은 회합과 종교의식을 치르는 장소로 이 흙집을 지었다. 탄소 연대 측정법에 따르면 오크멀지의 오두막은 11세기 초에 건설됐다. 현재 볼 수 있는 목재와 뗏장 지붕은 복원한 것이지만, 내부 구조는 원래 모습을 간직하고 있다. 내부 벽에는 흙을 우묵하게 파서 만든 앉는 자리가 47곳 있으며, 맹금류를 상징하는 모양으로 만든 높은 단이 3개 더 있다.

↑ 유적지에서 숫돌, 기름 램프, 청동 망토 핀 등 800점 이상의 유물이 출토됐다.

↑ 풀이 돋아난 흙더미 아래 내부 구조는 1934년 발굴 조사에서 재발견됐다.

크라크 데 슈발리에

시리아 | 1031년

**십자군 전쟁부터
오늘날까지 살아남은 거대 요새.**

레포를 다스리는 에미르의 명령으로 지어진 크라크 데 슈발리에는 1144년에 에미르가 패배하며 십자군의 성스러운 전사, 구호기사단의 손에 넘어갔다. 요새는 언덕 꼭대기에 자리 한 덕분에 적이 어느 방향으로 쳐들어오든 막아낼 수 있었다. 동심원 2개로 이뤄진 이 성은 중세 십자군의 난공불락 요새로 개조됐다. 내부 성을 거대한 벽이 감싸는 구조인데, 일부 벽은 두께가 30미터에 이른다.

↑ 내성과 어느 정도 거리를 두고 서 있는 거대한 외벽 때문에 크라크 데 슈발리에는 돌파하기가 특히 어려웠다.

↓ 요새는 언덕 꼭대기에 외따로 솟아 있어서 적의 접근을 360도로 감시할 수 있다.

헤이스팅스성

잉글랜드, 서식스 | 1066년

노르만의 영국 정복에 지대한 공을 세운 초기 모트앤드베일리 구조.

노르망디 공작 윌리엄은 1066년 영국을 침공할 때 배에 조립식 나무 방책을 실었다. 배가 헤이스팅스에 닿자, 노르만인은 언덕 꼭대기에 방책을 세우고 모트앤드베일리 구조의 성을 지었다. 모트는 자연적으로 형성됐거나 인간이 흙과 돌무더기로 쌓은 가파른 언덕을 가리키며, 그 꼭대기에는 탑이나 망루를 올린다. 베일리는 모트 주변을 방책이나 벽으로 둘러싸서 생기는 안뜰을 말한다. 헤이스팅스 전투에서 색슨족이 패배한 후, 이 성은 석재로 다시 지어 윌리엄의 부하에게 넘겨졌다. 이후에도 헤이스팅스성처럼 빠르게 지을 수 있는 모트앤드베일리 구조의 성채는 노르만인의 영국 침공이 성공하는 데 결정적 역할을 했다. 건설에 드는 비용이 적었고, 방어도 쉬웠으며, 자금과 노동력을 확보하면 강화하거나 내구성을 높일 수도 있었다. 1066년에 영국을 침공하고 1087년에 세상을 뜨기 전까지 정복왕 윌리엄은 잉글랜드에 이런 성을 600채 넘게 건설했다.

↑ 헤이스팅스성은 정복왕 윌리엄이 색슨족과 싸워 이기기 위해 빠르게 건설한 요새 중 하나였다.

↑ 중세에 기존 노르만 요새 주변으로 추가 성벽을 건설
해서 요새 기능을 강화했다.

86 주거지

런던탑

잉글랜드, 런던 | 1078년

프랑스 노르망디 출신 정복왕 윌리엄 1세는 영국 정복 이후 1066년 런던 항구 근처 템스강의 요충지에 장차 런던탑이 될 성을 짓기 시작했다. 1078년에는 목조 성채를 영구적인 석조 건물로 바꿨다. 런던탑의 핵심 건물인 화이트 타워는 프랑스 캉에서 수입한 석재로 지은 사각형 노르만 요새다. 이후 보강 공사를 통해 외벽을 2개 추가했고, 1285년에야 성은 오늘날과 흡사한 모습을 갖췄다.

87 주거지

사나 구시가지

예멘 | 1100년 이전

예멘의 다층 탑 모양 주택은 수 세기에 걸쳐 비슷한 양식으로 지어졌다. 한 층의 나무 들보가 다음 층의 발판이 되는 식으로 내부에서 층이 높아진다. 건물은 보통 4층에서 9층이며 낮은 층은 돌로, 높은 층은 흙을 다져서 굳힌 벽(피세)과 나무로 짓는다. 창문 주변에는 석고를 발라서 흰색 무늬를 그린다. 사나는 아주 오래된 도시이자 매우 푸르른 도시다. 전통 가옥은 식량을 생산하고자 설계한 정원과 토지 주변에 들어섰다. 오늘날 사나는 두 가지 위협에 직면했다. 하나는 예멘의 오랜 내전이고, 다른 하나는 기후변화로 생긴 극심한 우기와 돌발성 홍수다.

↑ 이 도시에는 적어도 2천 년 동안 사람이 살았다. 건물의 전통적인 양식 때문에 도시의 나이를 정확하게 알아내기는 어렵다.

앙코르와트

캄보디아, 시엠립 | 1100년부터

앙코르와트는 캄보디아 크메르 왕조의 수리아바르만 2세가 지었다. 왕은 사후 이곳에 묻힐 계획이었다. 건설에 30년 이상 걸렸을 것으로 보이는데, 1.6제곱킬로미터가 넘는 땅에 힌두교 신들의 거처인 메루산을 그대로 보여주는 거울처럼 사원 단지를 배치했다. 사원의 탑은 신이 사는 산을 상징하며, 거대한 해자는 산을 둘러싼 바다를 나타낸다. 아울러 신과 정령, 동물을 세밀하게 묘사하는 조각이 수천 채의 건물 표면을 뒤덮고 있다.

12세기 말, 크메르 왕조는 힌두교에서 불교로 개종했고 앙코르와트도 힌두교 사원에서 불교 사원으로 변모했다. 힌두교와 불교가 혼합된 양상은 오늘날에도 여전히 찾아볼 수 있다.

↓ 신들의 거처를 반영하도록 배치된, 세상에서 가장 큰 종교 건축물.

세계 구세주의 집

에티오피아, 랄리벨라 | 1100년부터

**중세 에티오피아의
독실한 왕이 지은 '새로운 예루살렘'.**

에티오피아 고원 지대에 있는 랄리벨라는 11채의 암굴 교회로 유명하다. 도시 이름의 유래가 된 왕 게브레 메스켈 랄리벨라가 건설을 명했다고 한다. 1181-1221년 에티오피아를 통치한 그는 예루살렘으로 순례를 다녀왔다. 그런데 1187년에 그 성스러운 도시가 살라딘에게 함락당해 더는 순례를 갈 수가 없게 됐다. 왕은 예루살렘을 본뜬 도시를 지어 새로운 순례지로 삼고자 했다. 랄리벨라의 일부 건물은 수십 년 먼저 지어졌지만, 궁극적인 도시 건설은 분명히 랄리벨라 왕이 추진했다.

교회 건물은 직사각형이거나 십자형이다. 화산암을 위에서 아래로 깎아 지어서 지붕 높이가 지면과 같다. 도시 곳곳과 건물에는 대개 예루살렘과 관련된 이름이 붙었고, 도시를 가로지르는 강은 '요르단강'이라 불렸다. 교회를 지을 때는 그 자리에서 암석 덩어리를 자른 다음, 내부에 건물을 지을 수 있게 속을 파냈다. 지붕에는 살짝 경사를 주고 배수로를 설치해 우기에 침수되지 않도록 했다.

정사각형인 세계 구세주의 집은 면적이 대략 740제곱미터로 랄리벨라에서 가장 넓다. 암석 덩어리 하나를 잘라내 만든 공간의 반원형 아치 천장은 구조적 목적이 아니라 오직 장식 효과를 위해 만들었다. 세부 장식은 끌로 정밀하게 깎아 새겼다. 랄리벨라는 오늘날에도 인기 있는 에티오피아 정교회 순례지다.

> "천장과 지붕은 모두
> 교회 바닥처럼 평평하며,
> 벽면도 정교하게 가공했고,
> 창문과 문에 장식 무늬를 새겨
> … 은 세공사나 밀랍 장인도 …
> 이보다 더 공들일 수 없다."

에티오피아 최초의 포르투갈 대사관 소속 사제
프란시스쿠 알바레스 신부, 1540년경

랄리벨라에 관한 사실

1 세상에서 가장 규모가 큰 일체식 교회 건물 단지로, 각 건물은 암석 블록을 깎아내 건설함
2 예루살렘 성지를 본떠서 조성함
3 현재는 순례지라는 지위를 누림

➜ 건축적 특징을 모두 갖췄지만, 이 교회는 사실 암석 덩어리를 깎아 만든 조각품과 더 비슷하다.

살라망카 구대성당

스페인 | 1102년

살라망카에는 특이하게도 대성당 두 채가 서로 이웃해 있다. 16세기에 후기 고딕 양식으로 지은 '신'대성당과 12세기 초에 지은 산타 마리아 '구'대성당이다. 구대성당은 후기 로마네스크 양식으로 지은 토레 데 가요Torre de Gallo라는 무척 정교한 돔으로 특히 유명하다. 돌로 만든 커다란 조개 모양 '타일'과 비잔틴 건축의 영향을 보여주는 정교하고 치밀한 장식이 돔을 뒤덮고 있다.

↑ 대성당 외부는 세부 장식을 공들여 꾸몄지만, 내부는 단순한 로마네스크 양식이다.

산이시도로 왕실 판테온

스페인, 레온 | 1150년

산티아고 순례길의 중요한 중간 기착지인 산이시도로 바실리카에 포함된 이 아치형 로마네스크 양식 건물은 레온왕국의 왕과 왕비가 매장된 예배당이다. 머리 장식을 정교하게 조각한 기둥과 수태고지부터 부활까지 그리스도의 생애를 보여주는 12세기 벽화 등이 드물게도 원래 모습으로 오늘날까지 온전하게 보존됐다.

↑ 판테온의 벽화는 원래 그려진 대로 밝은 색깔을 고스란히 간직하고 있다.

92 정치 및 방어 시설

카이로 요새

이집트 | 1176년

살라딘의 요새로도 불리는 이 성채는 방어에 유리한 천혜의 입지라 할 수 있는 모카탐 언덕의 석회암 돌출부에 자리 잡았다. 건물은 십자군을 물리치기 위해 견고하게 요새화한 성에서 출발해 살라딘보다 더 오래 살아남았다. 요새는 7세기 동안 이집트 통치 권력의 중심지였고, 1870년대에 와서야 카이로 도심의 새로운 궁전에 권좌를 넘겨줬다.

93 주거지

메사버드 절벽 궁전

미국, 콜로라도주 몬테주마 카운티 | 1190년

절벽 궁전은 아메리카 원주민인 푸에블로족이 12세기 후반 콜로라도 남서부에 건설했다. 아찔한 절벽 돌출부 아래 자리 잡은 이 주거지는 정사각형 방 150여 개로 구성됐다. 각 방은 나무 들보와 사암 벽돌, 모르타르로 지었고 색깔을 입힌 흙으로 겉면을 칠했다. 종교의식과 사교 모임에 쓰는, 땅을 넓게 음푹 판 원형 구덩이 키바kiva도 23군데 있다. 이 주거지는 1세기 후에 버려졌는데, 가뭄이 오래 이어진 탓일 것이다.

↑ 모카탐 언덕에서 바라본 19세기 카이로 풍경. 카이로 요새가 내려다보이며, 그 뒤로 무함마드 알리 모스크가 있다.

↑ 단순한 방 하나짜리 석조 주택이 모인 절벽 궁전에는 700여 명이 거주했으리라 추산한다.

잠 미너렛

아프가니스탄, 고르 | 1190년

높이 65미터에 이르는 화려한 미너렛은 12세기와 13세기에 아프가니스탄과 인도 북부 일부를 다스린 구르 왕조의 장엄한 수도 피루즈쿠에서 몇 안 남은 유적이다. 팔각형 기단에 우뚝 솟은 탑은 기하학무늬가 세밀하게 그려진 띠와 푸른 유약으로 쿠란 문구를 적은 서예로 장식됐다. 구르 왕조가 몽골에 의해 무너진 뒤, 도시는 파괴되고 약탈당해 오늘날에는 남은 것이 거의 없다.

← 오늘날 외로이 서 있는 이 미너렛은 원래 번창하는 무역로에 들어선 도시의 한가운데에 있었다.

알람브라 궁전

스페인, 안달루시아 | 1200년부터

그라나다의 고원 지대에 자리 잡은 알람브라는 궁전이자 요새다. 이베리아반도 최후의 이슬람 왕조인 나스르 왕조가 왕의 거처이자 궁정 생활 및 정부 행정의 중심지로 알람브라를 건설했다. 건축과 장식은 이슬람 예술의 정수를 보여준다. 나중에 궁전 단지가 크게 확장됐는데, 변형이 가장 적은 나사리에스 궁전은 세련된 조각과 타일, 치장 벽토, 수로, 분수 등 비범한 건축 요소를 다채롭게 자랑한다.

에든버러성

스코틀랜드 | 1200년부터

스코틀랜드 왕족의 오랜 거주지였던 요새.

에든버러성은 캐슬록이라는 높은 절벽에 들어선 덕분에 방어에 유리하다. 웅장한 건물 단지를 둘러싼 견고한 석조 벽은 13세기 초부터 지어졌고, 수많은 개조와 보강을 거쳤다. 성은 12세기 후반부터 17세기 중반까지 중요한 왕궁으로 쓰였고, 잉글랜드와 스코틀랜드 사이에서 벌어진 전투에서 여러 차례 전리품으로 교환되었다.

↑ 성은 아래에 있는 도시보다 더 오래됐다. 성벽 안의 세인트 마거릿 예배당은 연대가 12세기 초로 거슬러 올라간다.

1886년 에든버러성 지도

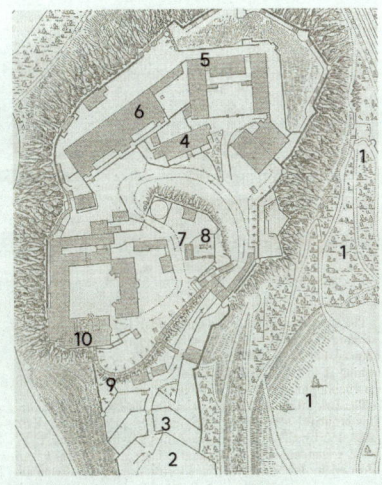

1 프린스 웨스트 정원
2 성 앞 광장
3 해자, 도개교, 문루
4 총독 관저
5 조병창 및 주요 화약고
6 병영
7 세인트 마거릿 예배당
8 몬즈 메그 대포
9 데이비드 탑
10 옛 궁전

아코마 푸에블로

미국, 뉴멕시코주 앨버커키 | 1200년경

북아메리카에서 지금까지 사람이 꾸준히 거주한 마을 중 가장 오래된 아코마 푸에블로('하늘 위의 도시')에는 1150-1250년에(연대는 기록에 따라 다르다) 사람이 살기 시작했다. 높이 110미터쯤 되는 메사(꼭대기가 평평하고 주위가 급경사를 이루는 지형—옮긴이) 위에 생긴 이 마을은 절벽을 깎아 만든 돌계단을 올라야만 접근할 수 있었다. 마을 주민은 스페인의 침략에 맞서 싸웠지만, 흉포한 공격에 꺾이고 말았다. 1629년, 메사에는 성당, 수도원, 묘지가 강제로 건설됐다.

↓ 방어하기 유리한 자연환경이었지만, 스페인 침략자를 막기에는 역부족이었다.

싱게티

모리타니 | 1200년경

사하라사막에 생겨난 도시 싱게티는 사막을 가로지르는 카라반의 휴게소 역할을 하는 크수르ksour이자 메카로 가는 수니파 순례자가 모여드는 종교 중심지였다. 싱게티 모스크는 구시가지 건물 대다수와 마찬가지로 평평한 석판을 모르타르 없이 쌓아서 지었고, 꼭대기 모서리마다 작은 탑을 올린 정사각형 미너렛을 갖췄다. 싱게티는 여러 사설 서고로도 유명하다. 싱게티를 지나가는 순례자와 이슬람 학자가 필사한 옛 문헌을 이 지역 가문들이 맡아서 소장하고 있다.

↓ 예배를 알리려고 현대에 설치한 확성기. 모스크의 전통적인 타조 알 꼭대기 장식 사이에서 어색해 보인다.

바타다게

스리랑카, 폴론나루와 | 1200년경

가장 성스러운 유물 2개를 모셨다는 사원.

바타다게는 13세기 초까지 스리랑카의 수도였던 폴론나루와의 구시가지에 건설된 사원 단지 중 가장 신성한 장소다. 어느 왕이 짓기 시작해서 후대 왕이 대거 개조한 이 사원에는 무엇보다도 성스러운 진신사리인 부처님의 치아가 안치됐다. 이 치아는 소유자에게 권능을 부여한다고 여겨져 숭배받았다. 1190년, 두 번째 유물로 부처님의 탁발 그릇이 안치됐다.

각각 계단이 있는 이중 기단 위에 원형 벽돌 담이 놓였고, 그 안 중앙에 사리탑이 있다. 사리탑 주변에는 불상 4개가 있다. 원래 사리탑은 2층으로 만들어 위층에 성유물을 보관했고, 그 위로 목조 지붕을 덮었다. 13세기 초부터 바타다게는 점차 버려졌고, 담바데니야왕국이 시작되며 부처님의 치아도 1230년대에 왕국의 새 수도로 옮겨졌다.

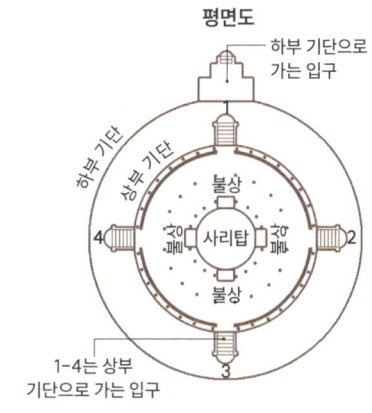

평면도

하부 기단으로 가는 입구

하부 기단

상부 기단

불상

사리탑

불상

4

2

3

1-4는 상부 기단으로 가는 입구

↓ 사리탑이 있는 상부 기단으로 들어가는 입구에 불상이 있다.

카사 그란데 유적

미국, 애리조나주 파이널 카운티 | 1200년경

스페인어로 대저택이라는 뜻인 이 건물은 바닥이 가로 18미터, 세로 12미터이며 중앙은 4층까지 높이 솟아 있다. 카사 그란데는 오늘날 애리조나주 일대를 경작했던 소노라 사막 부족이 지은 마을에서 살아남은 건물 중 가장 크다. 신중하게 설계한 드넓은 관개 시스템 가운데에 서 있는데, 작물 생산을 관리하는 중심지로 쓰였을 가능성도 있다.

봉정사 극락전

대한민국, 안동 | 1200년경

봉정사 극락전(아미타불 법당)은 대한민국에 현존하는 가장 오래된 목조 건축물이다. 고려 시대에 지어진 극락전은 단순한 직사각형 구조로, 지붕이 길고 처마가 깊다. 처마 끝의 무게를 받치고자 기둥머리에 나무쪽(공포)을 짜 맞춘 주심포 양식 덕분에 이런 형태가 가능했다 (주심포 양식은 건물의 지지력을 향상한다). 이런 설계 요소는 당대 중국의 건축에서 영향을 받아 토착화한 것이다.

↑ 카사 그란데 유적을 보호하는 지붕은 1932년에 지어졌다. 저명한 조경 건축가 프레더릭 로 옴스테드가 설계했다.

↑ 극락전의 정교한 공포에는 사원을 보호하는 상징이 복잡하고 섬세하게 그려져 있다.

말라이 헤이아우

미국, 하와이주 카우아이 | 1200년경

하와이 신화 속 신을 위해 지은 야외 사원.

헤이아우heiau는 고대 하와이 사원을 가리키는 말이다. 각 헤이아우는 특정한 용도와 특정 인물을 위해 설계됐고, 서로 다른 요소로 구성됐다. 말라이 헤이아우는 와일루아Wailua 사원 단지를 이루는 사원 네 곳 중 규모가 가장 크다. 13세기 초로 거슬러 올라가는 역사를 지닌 이 사원은 전쟁의 신 쿠Ku에게 바치는 루아키니luakini 헤이아우였으며, 이곳에서 사람이나 동물을 제물로 바쳤다. 따라서 섬을 다스리는 알리이아이모쿠ali'i 'ai moku(족장)만 이런 사원을 건설하고 사용할 수 있었다.

현재 말라이 헤이아우는 파괴됐지만, 8천 제곱미터를 뒤덮은 유적의 규모는 여전히 인상적이다. 건물은 높이 쌓은 단 위에 들어섰다. 높이가 3미터 정도 되는 내부의 경계 벽 안쪽에 돌로 만든 좌석이 놓여 있다. 의식을 치르는 곳에는 아마 신을 표현한 조각상도 있었을 것이다.

↑ 1770년대에 제임스 쿡 선장과 함께 항해한 존 웨버가 그린 수채화. 실제로 사용되던 헤이아우의 모습이 담겼다.

코나라크 태양신 사원

인도, 오디샤 | 1250년

지상의 왕이 즐기는 왕실 생활과 태양신의 전차를 정밀하게 묘사한 사원.

힌두교의 태양신 수리아에 바친 이 사원은 13세기 오디샤 지역 건축이 낳은 복잡한 작품이다. 동강가 왕조의 나라심하데바 1세가 지은 이 건물은 본당의 성소와 입구의 현관, 기도실, 별도의 무도장을 포함해 신전 전체가 석조 기단 위에 있다. 지붕은 계단식 피라미드 형태지만, 건물 대부분이 신화 속 수리아의 전차 모양으로 조각됐다. 측면에 돋을새김으로 바퀴 12쌍과 거대한 말 7마리(온전한 모습이 남은 말은 1마리다)가 전차를 끄는 모습이 새겨져 있다. 건물 표면 전체가 세밀한 조각으로 빼곡히 뒤덮였다. 바퀴 사이 공간에도 왕족의 생활상과 춤추는 무희, 사랑에 빠진 연인의 모습 등이 띠를 두르듯 새겨졌다. 수리아 신상 주변에는 나라심하데바 1세에 관한 조각이 가득하다. 이 신전은 건물을 봉헌한 신뿐 아니라 건설을 명령한 왕에 관해서도 많은 정보를 알려준다.

↓ 사실적으로 조각된 바퀴가 '전차'를 끄는 것처럼 보인다. 사원의 다른 부분과 마찬가지로 바퀴 역시 세밀한 장식으로 뒤덮였다.

렐루 도시 유적

미크로네시아, 렐루섬 | 1250년

렐루섬은 더 커다란 코스라에섬의 만으로 둘러싸여 있다. 한때 이곳에 들어서 있었던 건물들은 산호와 현무암의 혼합물로 만들어졌는데, 지금은 수풀이 우거진 커다란 폐허로만 남아 있다. 여행기에 기록된 바를 보면, 18세기만 해도 가족용 주거 단지와 수로망, 피라미드형 무덤을 갖춘 복잡한 도시가 있었다. 산호로 연대를 측정했더니 도시의 역사는 13세기까지 거슬러 올라갔다. 하지만 비밀을 밝히기 위해서는 더 많은 고고학 조사가 필요하다.

라파하 왕릉군

통가, 무아 | 1250년

왕릉은 현재 무아라고 불리는 라파하의 구시가지와 가까운 바닷가에 있다. 해상 제국으로 알려진 투이 통가 왕조는 1200년경부터 19세기 초까지 이 일대를 다스렸고, 39명의 왕 가운데 대다수가 이 왕릉군에 묻혔다. 랑기langi라고 불리는 이 무덤에는 왕족만 매장했다. 넓고 낮은 피라미드 구조로, 커다랗고 두꺼운 석판으로 3층을 쌓았다. 최대 50톤에 달하는 돌은 통가 주변의 여러 해안에서 채석해 카누로 운반했다. 시신은 이렇게 쌓은 단 아래 묻혔고, 영혼은 그 위에 안치된다고 여겼다. 왕족을 기리는 의식은 무덤 위에 올린 천막 아래서 치렀다.

↓ 고대와 현대 통가 왕족이 의례를 치러온 묘지.

게디 유적

케냐, 말린디 | 1250년

케냐 해안 근처의 숲 깊숙이 자리한 정교한 중세 도시 유적.

게디 유적은 아라부코소코케 숲의 보호구역에 있다. 케냐 해안을 따라 들어선 여러 중세 스와힐리 유적지 가운데 하나인 게디는 1920년대에 '재발견'된 이후 광범위한 발굴 작업을 거쳐 잘 개발된 도시의 모습을 세상에 드러냈다. 내부 구역에는 안뜰이 있는 주택과 더 넓은 '궁전', 우물을 갖춘 모스크 등 산호와 석재로 지은 단층 건물들이 있고, 외부 구역에는 더 단순한 건축물들이 있다. 도시 바깥에는 일시적인 주거지 유적도 남아 있다.

게디는 광범위한 지역과 무역 관계를 맺었는데, 수입한 중국 도자기와 이슬람 도자기, 구슬, 동전 등 갖가지 유물이 발견됐다. 기둥 무덤(조각을 새긴 기단부 위에 기둥 하나만 올리는 스와힐리 전통 건축 양식)도 몇 기가 남아 있어 유적지 연대를 추정하는 데 도움이 된다. 도시의 역사는 적어도 13세기 중반으로 올라가며, 그보다 더 오래됐을 수도 있다.

↑ 이 중세 도시가 버려진 이유는 분명하지 않다. 1600년대 중반에 빠르게 주민이 떠난 듯하다.

몬테성

이탈리아, 풀리아 | 1250년

신성로마제국의 프리드리히 2세가 지은 몬테성은 독특하게도 다양한 건축 요소가 뒤섞인 혼성체다. 외관은 요새처럼 보이는데, 엄격하리만치 기하학적인 팔각형 건물에 각 귀퉁이의 탑 8개와 고전 양식의 페디먼트를 올린 입구를 갖췄다. 하지만 13세기 중반의 전형적인 방어 시설인 해자나 도개교, 참호는 하나도 없다. 내부는 호사스러운 수렵용 별장처럼 설계되어 각 방에 벽난로가 있을 뿐 아니라 대리석 장식과 초창기 형태의 변기 시설까지 두루 갖췄다.

샤르트르 대성당

프랑스 | 1252년

로마네스크 양식으로 지어진 기존 성당이 1194년에 불타 없어지는 바람에 완전히 새로운 고딕 양식으로 건물을 지을 길이 열렸다. 대형 건축물을 짓는 데 수 세기도 걸리던 시대에 샤르트르 대성당은 놀랍도록 빠르게 완공됐다. 따라서 높이 치솟아 개방적인 구조, (건물에 새겨졌거나 독립해 서 있는) 방대한 양의 조각, 130개나 되는 스테인드글라스 창문을 포함한 전체 건축 계획이 보기 드물게 일관되고 유기적으로 이뤄질 수 있었다. 그 결과, 의심할 여지없는 고딕 양식의 걸작이 탄생했다.

↑ 몬테성의 안뜰은 하늘로 뚫려 있고, 내부 공간은 위층의 통로로 연결된다.

↑ 샤르트르 대성당의 고딕 스테인드글라스는 비할 데 없이 뛰어나다.

상도 유적

중국, 내몽골 | 1263년

몽골과 중국의 문화를 아울렀으나 단명한 전설의 도시.

쿠빌라이칸

칭기즈칸의 손자 쿠빌라이칸은 중국 전역을 통치한 최초의 이민족 군주였다. 그는 수도를 몽골 대초원 가장자리로 옮기면서 몽골과 중국의 생활 요소를 결합한 도시를 계획했다. 그 결과, 상도上都('제너두'라고도 불린다)의 여름 궁전은 중국식 정사각형 도시 설계를 기반으로 건설됐다. 내성에는 궁전과 사원, 여러 관청이 들어섰고, 외성에는 백성 대부분이 거주했다. 중국을 여행한 이들이 정원과 정자, 수로, 몽골식 사냥터를 갖춘 상도에 관한 기록을 남긴 덕분에 도시는 전설로 전해질 수 있었다. 6세기 후, 낭만주의 시인 새뮤얼 테일러 콜리지는 〈쿠블라 칸〉이라는 시로 상도와 쿠빌라이칸을 불멸의 존재로 만들었다.

수도 역할을 맡은 기간은 짧았지만, 온화한 기후 덕분에 상도는 여름 휴양지로 인기를 끌었다. 그러나 1369년 명나라 군대가 원나라를 멸망시켰고, 15세기 초에 상도는 완전히 버려졌다. 오늘날에는 궁궐터만 남아 있을 뿐이다.

↑ 고고학자들은 자연에 남은 흔적을 토대로 전설로만 전해지던 상도의 건축물 일부를 밝혀냈다. 안타깝게도 남아 있는 것은 이런 흔적이 전부다.

오투아타우아 스톤필드

뉴질랜드 | 1300년

숙련된 농경민이 새로운 환경에 도전적으로 적응한 흔적.

750여 년 전, 동폴리네시아에서 출발해 최초로 뉴질랜드에 정착한 무리는 전통 작물이 새로운 나라의 서늘한 기후에서는 잘 자라지 않는다는 사실을 깨달았다. 오클랜드 근처의 오투아타우아 스톤필드는 이 숙련된 농경민 무리가 어떻게 문제를 해결했는지 고고학계에 보여준다. 비옥한 화산토를 쌓아 만든 흙무더기가 임시변통 흙담이 되어 작물을 보호하고, 수분을 유지하고, 땅을 따뜻하게 덮혔다. 그 덕분에 더 짧고 기온이 더 낮은 여름에도 얌과 타로가 잘 자랄 수 있었다.

아울러 고구마 같은 작물을 보관하려고 저장 구덩이도 만들었다(지금은 윤곽만 남아 있다). 이런 작물을 폴리네시아에서처럼 겨우내 땅에다 보관했다면 더 춥고 축축한 뉴질랜드에서는 썩고 말았을 것이다.

↓ 스톤필드는 숙련된 농경문화의 증거다. 이곳에서 약하고 상하기 쉬운 작물을 키우던 방법은 오늘날에도 널리 쓰인다.

추시 토루

중국, 푸젠성 | 1300년

토루는 하카인Hakka(객가인)의 요새형 주거지로, 암석 기반 위에 흙담을 고리 모양으로 쌓아서 만든다. 각 토루는 같은 성씨를 지닌 가족이 모여 사는 집성촌이다. 한가운데는 모두가 공유하는 공간이고, 위층은 거주 공간이다. 추시 토루 군락(추계 토루군)은 현존하는 토루 중 가장 오래됐고, 원형도 거의 그대로 간직했다. 개별 토루 36개가 모여 있는데, 그중 대다수에 아직 사람이 살고 있다. 다만 주민은 노년층이 대부분이다. 젊은 하카인은 일자리를 구하러 도시로 나가기 때문이다.

징게레베르 모스크

말리, 팀북투 | 1327년

황금 갑부로 유명한 말리의 왕 만사 무사는 메카 순례를 마치고 돌아오며 팀북투에 모스크를 건설하고 대학을 설립하기 위해 충분한 자금을 지원했다. 그 덕분에 팀북투는 독실한 학문의 도시라는 명성을 얻었다. 오랜 세월을 버티고 서 있는 모스크는 흙으로만 짓고 짚과 나무로 보강한 건물이다. 흙벽돌을 쌓고 위에 진흙을 여러 겹 덧발라서 매끄럽고 둥글게 다듬었다. 숙련된 장인이 전통 기술을 사용해서 해마다 건물을 관리한다.

↑ 토루는 중국에서 가장 오랫동안 꾸준히 쓰인 주거지 가운데 하나다.

↑ 건물의 윤곽을 매끄럽게 유지하고자 진흙 '옷'을 입히는 작업에는 숙련된 기술이 필요하다.

113 주거지

두칼레 궁전

이탈리아, 베네치아 | 1340년

친숙한 분홍빛 열주(줄기둥)를 두른 채 산 마르코 광장 주변의 물가를 내려다보는 이 건물은 베네치아가 무역으로 유럽에서 가장 부유한 도시국가로 발돋움하던 시기의 정부 청사였다. 베네치아 고딕 양식으로 지은 이 궁전은 지붕 아래에 공화국 총독의 관저뿐만 아니라 베네치아 의회와 사법부까지 품고 있었다. 두칼레 궁전 옆에는 베네치아 건축을 대표하는 또 다른 건축물, 산마르코 대성당이 서 있다.

↓ 루카 카를레바리스가 1706-1708에 그린 유화. 프랑스 대사가 도착하자 두칼레 궁전 앞에 모인 군중의 모습.

114 종교 시설 및 기념물

애시웰 세인트 메리 성당

잉글랜드, 하트퍼드셔 | 1350년

세인트 메리 성당은 건물 벽에 새겨진 낙서로 유명하다. 이런 낙서는 14세기 사람들의 일상 속 관심사를 슬쩍 엿볼 수 있는 드문 사례. 아직 남아 있는 낙서 내용으로는 오래전에 불타버린 런던의 옛 세인트 폴 대성당 스케치, 이웃 주민과 지역 사제를 겨냥한 욕설, 흑사병으로 잉글랜드 인구의 35퍼센트가 사망한 1350년에 라틴어로 쓴 "비참하고, 황폐하고, 심란하다. 쓰레기 같은 인간만 살아남는다"라는 통렬한 문구가 있다.

그레이트 인클로저, 그레이트 짐바브웨

짐바브웨, 마스빙고 | 1350년

사하라사막 이남 아프리카에서 가장 크고 인상적인 중세 석조 도시 유적.

11세기부터 15세기 중반까지 이곳에 꾸준히 살았던 쇼나족은 거대한 도시를 지었다. 그레이트 인클로저(대구역)는 이 도시 역사에서 후반부에 지어진 구역이다. 이곳의 웅장한 석벽(어떤 곳은 높이가 10미터에 이른다)이 어떤 용도로 쓰였는지는 확실히 알 수 없지만, 커다란 탑은 곡물 창고였을 것으로 추측된다. 매끈하게 자른 돌을 모르타르 없이 쌓아서 대칭 형

태로 완성한 석조물은 감탄스러운 석재 절단 기술을 자랑한다. 그레이트 인클로저를 짓는 데 아마 1세기에 이르는 긴 세월이 걸렸을 것이다. 유적지 주변에서는 금속 장식품 및 실용품, 동물 뼈가 상당히 많이 출토됐다. 이런 유물은 그레이트 짐바브웨를 건설한 쇼나족이 소를 사육하고 거래해서 부를 일궜다는 학설을 뒷받침한다.

↓ 이 지역의 전설적인 황금 무역을 좇아 16세기부터 흘러들어온 포르투갈 여행자들은 그레이트 짐바브웨 유적에서 발견한 왕국에 깊은 인상을 받았다.

칸 알미르잔

이라크, 바그다드 | 1359년경

칸khan은 여행객이 머무르는 숙소를 말한다. 칸 알미르잔은 바그다드가 무역의 중심지였을 때 도시의 총독이 만들었다. 벽돌과 목재를 써서 단순하게 지었지만, 우아한 설계가 빛난다. 중앙의 안뜰은 가로로 아치가 줄지어 놓인 지붕으로 덮었다. 보통 중정은 지붕 없이 개방하므로 이런 설계는 혁신적이었다. 건물에는 창문이 많아서 내부가 아주 밝다. 1층의 중앙 홀과 그 위의 메자닌은 각 객실로 이어진다.

칸 알미르잔은 20세기 후반에도 박물관 겸 레스토랑으로 쓰였다. 현재 도시 당국은 이곳을 건물 보존 및 고고학을 주제로 하는 연구 센터와 도서관으로 복원할 계획이다.

알카라윈 도서관

모로코, 페즈 | 1359년경

2017년에 갓 개조·보수를 마친 14세기 도서관의 홀과 안뜰, 아치는 지금까지 600년 넘는 세월 동안 그랬듯 다시 학자에게 개방됐다. 이곳은 매우 중요한 이슬람 필사본들을 소장 중인데, 소장된 문헌 가운데 상당수가 저술된 당시에 수집됐다.

도서관은 튀니지 상인의 딸 파티마 알피흐리가 859년에 설립했다. 파티마는 당대 여성으로서는 드물게 고등교육을 받았고, 지역사회의 교육 기회를 확대하는 데 헌신했다. 아버지의 재산을 물려받아서 종교 기관과 대학을 통합한 모스크도 열었다. 목판에 새겨진 파티마의 졸업장은 오늘날에도 전시돼 있다.

↑ 현재 바그다드 한가운데에 남아 있는 14세기의 널찍한 여행자 쉼터. 당시에는 길가의 여인숙과 같은 역할을 했다.

↑ 세계에서 가장 오래된 대학교에 속한 도서관.

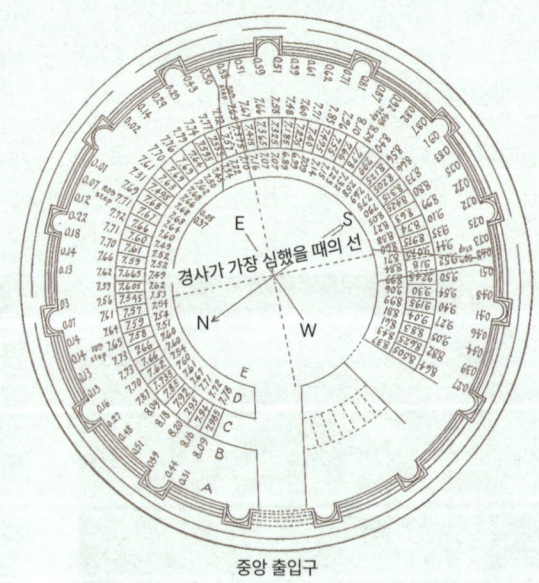

피사의 사탑

이탈리아 | 1372년

피사에서 가장 유명한 랜드마크.

이탈리아 로마네스크 양식을 대표하는
건물 중 하나인 피사 대성당의 종탑은
기울어진 모습으로 유명하다(거의 4도
나 기울어졌다). 짓는 데 200년이 걸렸는
데, 2층까지 지은 1178년에도 이미 탑
이 심하게 기울어 있었다. 무른 지반과
불안정한 토대 때문에 생긴 문제였고,
1372년에 완공한 이후로 상태는 더욱
나빠졌다. 1990년대에 기울기가 5.5도
에 이르는 바람에 긴급한 보강 공사로
각도를 약간 교정했다(지금은 적어도 안
정된 상태를 유지 중이다).

경사가 가장 심했을 때의 선

중앙 출입구
1817년 탑의 기울기

↑ 19세기 그림에 묘사된 피사의 사탑. 탑은 1838년 이후 가장 심각하게
기울어졌다. 진단용으로 얕게 판 도랑 때문이었다. 이후로 탑은 그대로
서 있다가 1990~2001년 폐쇄됐다. 이 기간에 구조공학자들은 관광객
에게 인기 있는 기울어진 모습을 교정하지 않은 채 구조물을 고정하는
데 성공했다.

119 업무 공간

브뤼헤 시청

벨기에, 브뤼헤 | 1376년

14세기 후반까지 저지대 국가의 자치 도시 시청은 대체로 단순하고 실용적인 건물이었다. 하지만 파손된 옛 시청을 대체한 브뤼헤의 새로운 시청은 이런 틀을 깼다. 아주 화려하고 유행에 충실한 이 건물은 도시의 위상을 잘 보여준다. 뾰족하고 작은 탑이 여럿 올라간 가파른 지붕 아래, 파사드의 길쭉하고 좁은 창문 사이로 성경 속 인물과 당대의 저명한 귀족을 묘사한 조각상이 쌍을 이뤄 3단으로 서 있다. 내부의 대형 홀 역시 시의회 회의를 여는 장소에 걸맞게 위풍당당하다.

120 업무 공간

경복궁 근정전

대한민국, 서울 | 1295년

조선의 태조는 수도를 한양(지금의 서울)으로 옮기면서 왕궁인 경복궁을 지었다. 근정전은 이 대궐의 정전正殿이다. 2단 석조 기단 위에 우뚝 선 2층 건물은 한국 건축의 특징인 깊은 처마와 완만한 지붕 곡선이 돋보이며, 단층으로 트인 내부는 옥좌를 중심으로 화려한 칠(단청)을 자랑한다. 16세기 임진왜란 당시에 불에 타서 파괴됐지만, 19세기 흥선대원군의 주도로 세심하고 철저하게 재건됐다.

↑ 브뤼헤 시청은 유럽 북부의 시민 건축에 새로운 기준을 제시한 후기 고딕 양식의 걸작이다.

↑ 왕좌가 있는 근정전은 왕이 신하와 외국 사절을 만나는 공식 알현실로 지어졌다.

모아이

폴리네시아, 라파누이(이스터섬) | 1400년경

모아이를 둘러싼 미스터리의 해답이 될지도 모를 천연 자원 고갈.

고고학계는 라파누이에 최초로 도착한 인간이 폴리네시아인이라고 추론하지만, 이들이 정확히 어디에서 왔는지는 모른다. 거대한 모아이 석상은 조상 숭배의 일부였다. 석상 제작은 1000년경부터 시작해 16세기에 완전히 끝날 때까지 오랜 기간에 걸쳐 이어졌고, 13세기 초와 14세기 말 사이에 절정에 달했다. 가장 훌륭하게 제작된 석상에는 섬에서 나는 붉은 화산암 재로 만들어 녹처럼 붉은색을 띠는 상투와, 하얀 산호와 검은 흑요석으로 만든 눈을

달았다. 어느 시점에서는 아후ahu라고 불리는 석조 제단에 석상을 올렸다. 하지만 반쯤 완성된 모아이 대다수는 라노라라쿠 화산 옆 채석장에서 조각되다가 버려졌다. 모아이가 사라진 현상을 두고 여러 가설이 나왔다. 그중에는 섬의 한정된 천연자원, 특히 나무가 고갈되고 생활이 힘들어지면서 조상 숭배가 조인鳥人 숭배로 바뀐 것이라는 이론도 있다. 이 이론으로 그토록 많은 석상이 아후에서 쓰러진 이유와 후대에 제작된 석상 일부의 등에 조인이 정교하게 새겨진 이유까지 설명할 수 있다. 모아이를 쓰러뜨리거나 등에 새로운 신의 모습을 새기는 일은 신앙이 바뀌는 과도기에 벌어졌을 것이다.

모아이에 관한 사실

1 조상 숭배의 독특한 표현 방식
2 하나의 표현 형식이 5세기 동안 예술적으로 발전함
3 석상뿐 아니라 돌에 새긴 상형문자 롱고롱고를 포함해 수많은 수수께끼가 아직 풀리지 않음

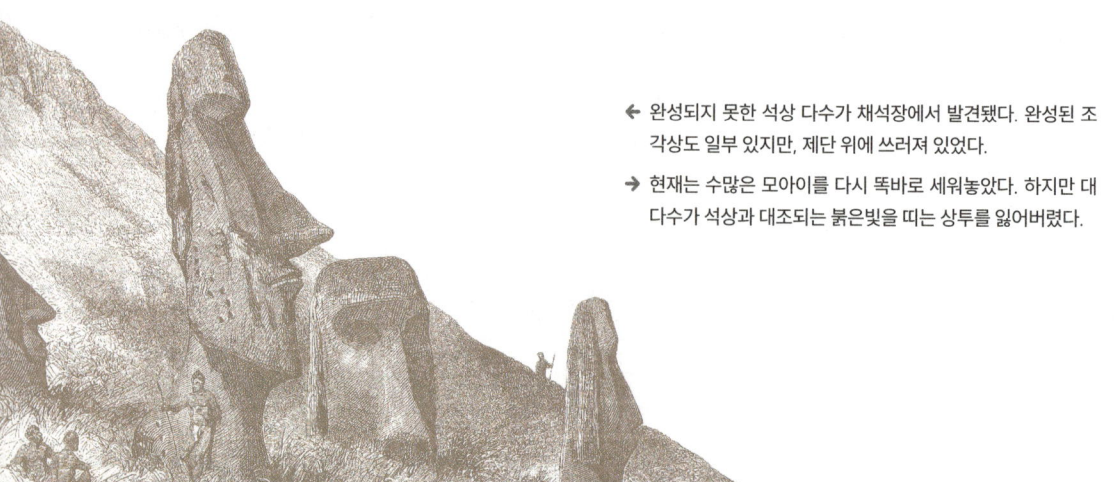

← 완성되지 못한 석상 다수가 채석장에서 발견됐다. 완성된 조각상도 일부 있지만, 제단 위에 쓰러져 있었다.

→ 현재는 수많은 모아이를 다시 똑바로 세워놓았다. 하지만 대다수가 석상과 대조되는 붉은빛을 띠는 상투를 잃어버렸다.

"기계의 힘을 전혀 모르는 이 섬 주민이
어떻게 그처럼 거대한 조각상을 세울 수
있었는지 상상조차 할 수 없다."

제임스 쿡 선장, 1774년

타나롯 사원

인도네시아, 발리 | 1400년

전설을 간직한 작은 바다 사원.

전설에 따르면, 타나롯의 목조 사원 단지는 자바 출신의 힌두 승려 당 향 니라르타가 세웠다. 니라르타는 15세기 후반에 왕실의 고위 사제 자리에 올랐고, 숱한 종교 변화와 개혁을 감독했다. 타나롯은 해안에서 30미터가량 떨어진 작은 바위섬으로, 썰물 때 걸어서 접근할 수 있다. 니라르타는 이곳에서 적과 싸우며 사원을 무사히 지었다. 이때 니라르타가 벗어던진 띠가 바다뱀으로 변해 사원을 지킨다고 전해진다. 하지만 사실은 전설과 다르다. 사원은 니라르타가 발리에 도착하기 수십 년 전에 지어졌다. 전설 덕분에 타나롯 사원은 낭만적인 이야기를 품고 발리에서 가장 신성한 사원의 대열에 들었을 뿐 아니라 관광객이 사진을 가장 많이 찍는 사원으로 발돋움했다. 타나롯 사원은 발리를 영적으로 보호하는 고리를 이루는 바다 사원 7곳 중 하나다.

↓ 오랜 세월이 흘러 한때 타나롯과 본토를 연결했던 둑길은 침식돼 사라졌고, 타나롯은 섬이 됐다.

울루그베그 천문대

우즈베키스탄, 사마르칸트 | 1420년

현대에 재발견된 중세 군주의 천문학적 걸작.

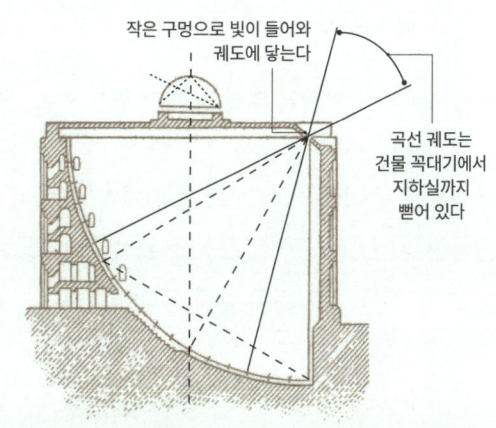

작은 구멍으로 빛이 들어와 궤도에 닿는다

곡선 궤도는 건물 꼭대기에서 지하실까지 뻗어 있다

울루그베그는 티무르 대제의 손자이지만, 그의 유산은 왕보다는 학자의 유산에 가깝다. 왕좌를 겨우 2년밖에 지키지 못한(1449년에 아들의 명령으로 암살당했다) 그가 만든 천문대는 사마르칸트 외곽의 언덕에 서서 잊힌 채 폐허로 변했다가 1908년에야 다시 발견됐다.

3층 높이의 원형 건물 내부에는 대리석으로 만든 거대한 호arc 또는 사분원 호가 있다. 이 호의 아랫부분은 땅 아래로 파고들고, 윗부분은 벽돌 기둥으로 지탱한다. 호 안에 도와 초를 표시한 궤도가 있어서 밝게 빛나는 별의 앙각(낮은 곳에서 높은 곳의 목표물을 올려다볼 때 시선과 지평선이 이루는 각도—옮긴이)을 측정하는 데 사용했다. 현재는 일부만 살아남은 이 호는 매우 정확해서 판독 값이 현대의 오차 범위 안에 들 정도다. 천문대에서 쓰인 다른 기구는 당대에 남긴 기록을 통해서만 알려졌지만, 울루그베그가 생전에 작성한 천문도는 왕보다 더 오래 살아남았다.

> "울루그베그가 지은 또 다른 훌륭한
> 건물은 천문대다. 천문대는 천문도를
> 작성하기 위한 건물이다."
>
> 바부르 황제, 울루그 베그의 업적에 관한 글에서

↑ 울루그베그는 천문 기구의 중요성을 잘 알았다. 별빛이 좁은 구멍을 통과해 궤도에 이르면 육분의로 별의 앙각을 측정했다. 궤도에는 도와 분이 표시돼 있었다.

자금성

중국, 베이징 | 1420년

명나라의 영락제는 정난의 변을 일으켜서 황제의 자리에 오른 후 수도를 베이징으로 옮기고 거대한 궁전 단지인 자금성을 건설해 권력을 강화했다. 자금성은 명나라와 청나라의 황제 24명이 거쳐간 권력의 중심지였다. 외성은 국정을 맡아 보는 곳이었고, 내성은 황실의 거처였다. 자금성을 이루는 개별 단지 90곳은 엄격한 위계 속에서 특정한 역할을 맡았다.

라켄할러

벨기에, 겐트 | 1425년

직물 생산으로 부를 거머쥔 플랑드르 지역의 도시 겐트는 라켄할러('옷감의 홀'이라는 뜻—옮긴이)라는 으리으리한 건물을 세워서 무역의 중심지로 삼으려 계획했다. 수많은 사람이 상품을 전시하고, 검시관들이 옷감의 품질을 검사할 수 있을 만큼 거대한 규모였다. 하지만 건설 시기가 어긋났다. 고딕 양식으로 멋지게 지은 홀은 1430년대 후반에 호황이 쇠퇴할 무렵에도 완공되지 않았다. 라켄할러는 원래 목적으로는 사용되지 못했고, 대신 펜싱 학교를 포함해 전혀 다른 사업체를 품었다.

↓ 자금성의 성벽은 붉게 칠해졌다. 중국에서 붉은색은
　권력과 부를 상징한다.

126 공공 기반 시설과 혁신

피렌체 대성당

이탈리아, 피렌체 | 1436년

피렌체의 고딕 양식 대성당은 나머지 건물을 모두 건설한 상태에서 돔을 지을 건축가를 찾는 공모전을 열었다. 공모전에서 당선된 필리포 브루넬레스키는 원래 건축가가 아니었다. 그는 플라잉 버트레스나 내부 지지대가 없는 공간에 돔을 올리자고 제안했지만, 대부분이 그의 설계를 의심했다. 브루넬레스키는 이중 돔이라는 혁신적 해결책을 고안했고, 수직 버팀대를 갖춘 내부 돔이 외부 돔을 지지하는 형태를 창안했다. 결국 건물은 두오모('대성당'을 뜻하는 이탈리아어—옮긴이)라는 이름을 얻었고 오늘날에도 주로 이 이름으로 불린다.

127 주거지

알베로벨로의 트룰리

이탈리아, 풀리아 | 1450년

기원이 15세기 중반으로 거슬러 올라가는 트룰로trullo(트룰리trulli는 이 단어의 복수형이다—옮긴이)는 모르타르 없이 벽돌을 원통형으로 쌓고, 그 위에 납작한 돌이 더 작은 원을 그리도록 층층이 쌓은 고깔 모양의 코벨 지붕을 얹은 건물을 가리킨다. 알베로벨로에는 이런 트룰로가 여전히 수두룩하다. 원래는 창고로 쓰였지만, 노동력은 값싸고 자재는 비쌌던 시기에 주택으로 인기를 얻었다. 주택에 세금이 붙던 시절에는 검사관이 찾아오기 전에 트룰로를 해체한 다음, 나중에 다시 짓기도 했다.

↑ 브루넬레스키는 로마 건축 방식을 연구해서 혁신적인 피렌체 대성당을 짓는 데 영감을 얻었다.

↑ 세금을 피해 재빨리 철거했다가 다시 지을 수 있는 이 주택은 오늘날 풀리아의 주요 관광 명소가 됐다.

티에벨레 궁전

부르키나파소, 나우리 | 1450년경

카세나족 족장을 위해 정교하게 꾸민 마을.

카세나족은 15세기 중반부터 부르키나파소와 가나가 맞닿은 국경 근처의 일대에 정착해 살았다. 왕족을 포함해 많은 카세나족이 여전히 거주하는 티에벨레 궁전은 이 부족의 전통 건축과 장식을 잘 보여주는 화려하고 대담한 건물이다. 낮은 원형 담으로 둘러싼 집은 짚과 진흙, 동물 배설물을 섞은 흙으로 짓는다. 보통 창문이 없고 문이 작으며 벽이 두껍다. 그래야 내부를 서늘하게 유지할 수 있고, 전쟁이 터지면 몸을 숨길 수 있기 때문이다. 각 가문은 저마다 건물 외벽에 복잡한 그림을 그리고 황토색, 검은색, 흰색으로 칠한다. 카세나족 여성은 해마다 건기가 시작되면 그림을 새로 그리는 의식을 치른다. 그림은 기하학 디자인부터 악어와 뱀(둘 다 행운을 가져다준다고 한다), 단순하게 표현한 사람 모습까지 다채롭다.

↑ 티에벨레 마을 건물을 뒤덮은 다양한 패턴과 상징은 각 가문을 나타낸다.

포르투갈 성당

세네갈, 고레섬 | 1450년

악명 높은 노예무역의 중심지가 될
바위섬에 최초로 들어선 유럽식 건물.

박물관의 벽화

고레섬은 세네갈의 수도 다카르 바로 앞에 떠
있다. 1444년 포르투갈인이 이 섬을 발견했고,
6년 뒤인 1450년에 포르투갈 성당이 지어졌
다. 포르투갈인은 성당과 함께 묘지와 창고를
만들고 무역을 시작했다. 교회가 처음 들어선
자리에 지금은 우체국이 있다. 유럽인이 처음
발을 디딘 후로 섬의 주인은 포르투갈, 네덜란
드, 프랑스, 영국으로 거듭 바뀌었다. 섬은 금
세 노예무역의 중심지로 변해 악명을 떨쳤다.
이곳에서 노예가 팔렸다는 최초의 공식 기록
은 1536년으로 거슬러 올라간다. 1776년에 노
예를 가둬두던 막사가 지어졌고, 1815년에야
노예무역이 끝났다.

1745년의 고레섬

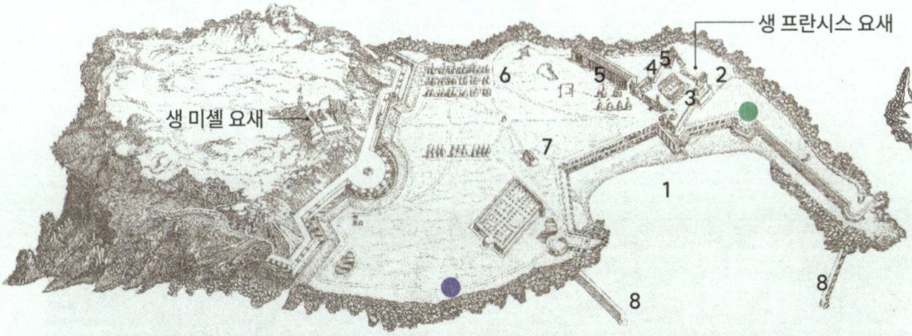

생 프란시스 요새

생 미셸 요새

에스트레 요새

생 미셸 요새

현재

6 5 4 5 2 3

7

1

8 8

● 포르투갈 성당 터
● 노예 막사 터

1 항구
2 총독 관저
3 장교 숙소와 예배당
4 노예 전시장
5 노예 전시 부스
6 자유인의 오두막
7 제빵소와 대장간
8 항구의 부두

← 고레섬에서는 크리스트교가 노예무역
보다 더 오래 살아남았다. 최초의 교회
가 불에 타버리고 나서, 노예제가 불법
이 된 지 15년 뒤에 생 샤를 보로메 성
당이 지어졌다.

구루드와라 자남 아스탄

파키스탄, 펀자브주 난카나사히브 | 1469년

시크교의 창시자이자 초대 구루인 구루 나나크는 탈반디에서 태어났다. 이후 이 곳은 구루의 이름을 따서 난카나사히브 로 불린다. 나나크의 부모님은 힌두교를 믿 었지만, 그는 1499년 무렵에 깨달음을 얻 고 힌두교와 불교에서 최상의 요소만 가져 와 새로운 신앙 체계를 창시했다. 나나크 의 탄생지를 기리는 사원인 구루드와라 자 남 아스탄은 16세기에 지어졌고, 19세기에 개조를 거쳤다. 현재는 시크교도의 중요한 순례지다.

산탄드레아 성당

이탈리아, 만토바 | 1476년

만토바를 통치한 루도비코 곤차가는 지역의 성유 물, 즉 그리스도의 피가 묻은 천을 보관할 새로운 장소를 꿈꾸며 레온 바티스타 알베르티에게 성당 설계를 의뢰했다. 건설이 시작되기 직전에 알베르 티가 사망했지만(게다가 성당은 3세기 동안 완공되지 못했다), 끝내 단순하면서도 웅장한 건물이 탄생 했다. 산탄드레아 성당은 고전주의 건축의 걸작으 로, 크리스트교 성당에 걸맞도록 새롭게 구성됐 다. 페디먼트가 있는 파사드는 거대한 아치가 양 옆에 기둥 한 쌍을 거느린 채 한가운데를 차지한 다. 성당 내부로 들어가면, 입구의 아치가 깊은 배 럴 볼트로 길게 이어진다.

↓ 만토바의 산탄드레아 성당은 고전주의의 영향이 뚜렷하게 드러나 는 우아한 르네상스 성당이다.

블루 모스크

아프가니스탄, 마자르이샤리프 | 1481년

이 모스크는 예언자 무함마드의 사촌이자 사위인 알리가 묻
힌 곳으로 추정되는 땅에 세워졌으며, 오늘날 아프가니스탄
에서 가장 유명한 순례지다. 이곳에 먼저 지어진 사원은 칭
기즈칸의 군대가 파괴했고, 이후 술탄 후세인 바이카
라의 명령으로 눈부시게 화려한 모스크가 다시 건
설됐다. 15세기 이슬람 건축에서 쉽게 찾아볼
수 있는 복잡한 타일과 장식이 눈에 띄며,
선명한 파란색 돔이 2개 있다.

→ 정기적인 유지·보수 작업으로 타일을
  끊임없이 교체해야 한다. 방문객
  이 타일을 기념으로 가져가는
  경우가 많기 때문이다.

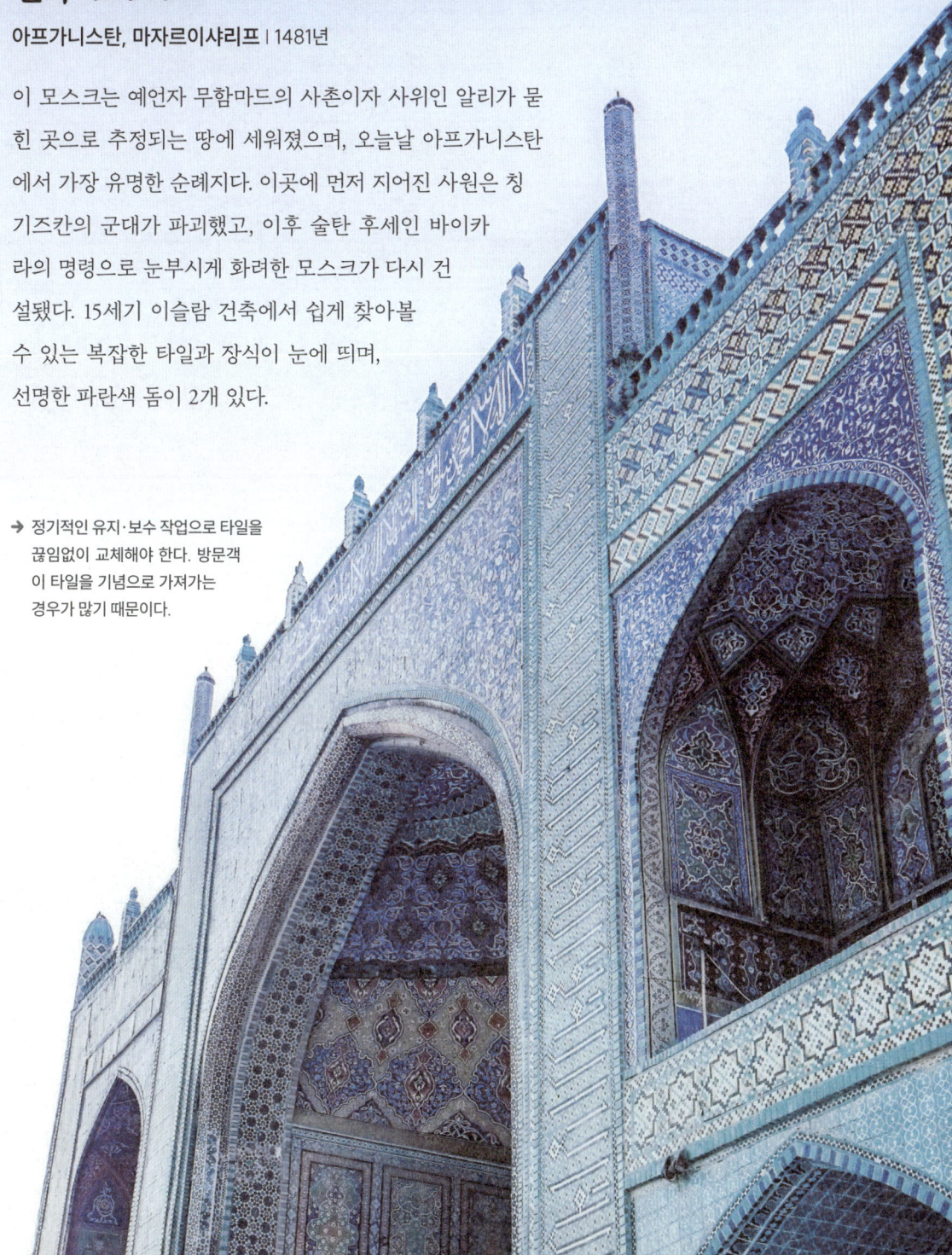

3부

1500-1799년

제국의 흥망과
도시의 성장

무르주크 구시가지

리비아, 페잔 | 1500년경

순례와 노예무역의 중심지가 된 사하라사막의 오아시스 마을.

무르주크의 역사는 1300년대 초로 거슬러 올라간다. 하지만 이 사막 도시가 널리 영향력을 발휘하기 시작한 때는 무함마드 알파시가 모로코에 건국한 아울라드 무함마드 왕조에 점령당한 16세기 초였다. 무르주크는 카이로와 팀북투를 오가는 길에 있었고, 남쪽으로는 현재의 나이지리아와 차드까지 있어서 입지가 훌륭했다. 새로이 도시를 지배하게 된 총독들은 서둘러 이러한 입지 조건을 활용했다. 구워서 만든 벽돌로 거대한 요새를 세워 도시 방비를 강화하고 새로운 모스크를 건설했다. 그로 인해 무르주크는 혹독한 기후를 이겨내고 상업과 정치의 중심지이자 순례길의 중간 기착지로 자리매김했다. 남아 있는 기록에 따르면, 노예무역상과 카라반 모두에게 중요한 곳이었다. 무역상은 북쪽으로 올라갈 때는 '코끼리 이빨'(상아)과 센나 잎을 말린 약제(유럽 의사들이 귀하게 여겼다)를 취급했고, 남쪽으로 갈 때는 사하라사막 이남 지역에서 귀중한 상품인 직물을 운송했다.

↓ 16세기 중반부터 무르주크는 사하라사막 이남 지역으로 갈 때 반드시 거쳐야 하는 기착지가 됐다.

시스티나 경당

이탈리아, 로마 | 1508년

조각가에서 화가가 된 예술가의 프레스코화가
교황의 예배당을 르네상스 걸작으로 바꿔놓다.

시스티나 경당은 1481년 완공된 바티칸 궁전의 일부
다. 교황의 개인 예배당이며, 추기경단이 새 교황을
선출하는 콘클라베conclave를 여는 장소이기도 하다.
아치 천장을 올린 직사각형 건물로, 구약성서 장면을
묘사한 미켈란젤로의 천장 프레스코화가 가장 유명
하다. 보티첼리, 페루지노 등 여러 예술가가 벽을 장식
했지만, 천장과 제단 바로 뒤 구역은 오롯이 미켈란젤
로의 작품이다. 작업을 의뢰받은 1508년 미켈란젤로
는 화가보다 조각가로 유명했고, 천장화를 그리는 내
내 자신감 부족으로 괴로워했다. 그는 높이가 20미터
에 달하는 비계에 올라가 1,100여 제곱미터에 이르는
천장에 그림을 그렸다. 천장화는 완성되자마자 혁신
적이라는 평가를 받았다. 성경 속 인물은 역동적이고
살아 숨 쉬는 것처럼 보였다. 특히 가장 상징적인 장면
인 〈아담의 창조〉는 너무 독특하고 강렬해서 그림을
처음 본 사람은 신의 모습을 알아보지 못했다.

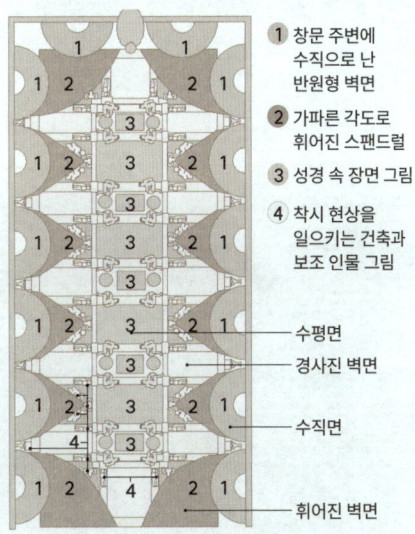

1 창문 주변에 수직으로 난 반원형 벽면
2 가파른 각도로 휘어진 스팬드럴
3 성경 속 장면 그림
4 착시 현상을 일으키는 건축과 보조 인물 그림

— 수평면
— 경사진 벽면
— 수직면
— 휘어진 벽면

시스티나 경당의 천장 구조

"늘 내 위에 있는 붓이 매번 물감을
떨어뜨리는 바람에 내 얼굴은 똥이
떨어지는 고운 바닥이 된다네!"

미켈란젤로, 1509년에 친구 조반니 데피스토이아에게
시스티나 경당 천장화를 그리는 일이 얼마나 힘든지
불만을 토로하며 (게일 메이저 번역)

↑ 모두가 미켈란젤로의 작품에 찬사를 보내지는 않
았다. 미켈란젤로에게 작업을 맡긴 교황 율리우스
2세의 후임이었던 바오로 4세는 벌거벗은 인물이
너무 많다고 불평했고, 인간이 가톨릭교회의 도움
없이 신과 직접 상호작용하는 모습을 받아들일 수
없다고 비난했다.

알브레히트 뒤러의 집

독일, 뉘른베르크 | 1509년

뒤러는 1509년부터 거의 20년 동안 이 아름다운 목조 주택에서 생활하고 작업했다. 뒤러의 집은 그의 예술적 성공과 풍족한 재정 상태를 보여준다. 16세기 뉘른베르크는 주요 무역 허브이자 사상의 중심지였다. 직종별로 구분된 길드 체계로 예술가가 한 분야에만 전념해야 했던 다른 북유럽 지역들과 달리, 이 도시에서는 길드 밖에서 활동할 수 있었다. 독립성이 보장된 덕분에 뒤러는 회화뿐 아니라 금세공과 조각, 인쇄 분야에서도 작업할 수 있었다.

킹스 칼리지 예배당

잉글랜드, 케임브리지 | 1515년

하늘 높이 솟은 예배당은 후기 고딕 양식(수직식 양식으로도 불린다)의 본보기 같은 건물이다. 완공된 건물에서는 왕실이 후원을 계속 번복한 탓에 문제가 많았던 건축 과정이 드러나지 않는다. 1446년, 헨리 6세가 새로운 킹스 칼리지를 짓고자 예배당 건설을 명령한 이래로 70년 동안 5명이나 왕좌를 차지했고, 마침내 헨리 8세가 재위하던 1515년에 예배당이 완공됐다. 건물에서 마지막으로 지어진 부분은 공들여 짠 레이스 같은 부채꼴 천장이다(세상에서 가장 높은 아치형 천장이기도 하다).

↑ 오늘날 뒤러의 집은 박물관으로 쓰인다. 방문객은 그의 삶과 작업 방식에 관한 통찰력을 얻어 갈 수 있다.

↑ 공사 중단과 재개를 반복했지만, 완공된 건물은 각 요소가 놀랍도록 잘 통합돼 있다.

슐로스키르헤

독일, 비텐베르크 | 1517년

학자이자 사제인 마르틴 루터는 몸소 설교했던 슐로스키르헤(모든 성인의 교회)에 묻혔다. 그는 1517년 10월 31일에 교회 개혁을 요구하며 '95개조 반박문'을 비텐베르크의 슐로스키르헤 문에 못으로 박았다고 한다. 다만 루터가 직접 쓴 글에서는 자신이 오로지 대주교에게만 반박문을 보냈다고 기록했다. 루터가 교회 문에 반박문을 게시했다는 이야기는 유명하지만, 사실이 아닐지도 모른다. 이 일화의 진위가 어떻든, 루터의 주장은 가톨릭교회와 개신교의 결별을 불러왔다.

↑ 루터가 개혁 요구안을 교회 문에 못으로 박았다는 이야기는 전설에 가깝다.

카자 두스 비쿠스

포르투갈, 리스본 | 1523년

'새 부리의 집'이라는 이름을 지닌 이 르네상스 주택은 여러 양식이 독특하게 뒤섞여 있는데, 1755년 리스본 대지진을 겪고도 살아남은 드문 사례다. 가장 먼저 이 집을 소유한 아폰수 드 알부케르크는 몇 년 동안 이탈리아를 여행했다. 건물 외벽을 덮은 다이아몬드 모양의 '가시'들은 베네치아의 르네상스 궁전에서 영향을 받았고, 위층의 화려한 아치 창문은 마누엘 양식을 잘 보여준다.

↑ 이 주택의 특이한 양식은 여행을 많이 다닌 집주인이 각지에서 모은 아이디어에서 비롯됐을 것이다.

햄튼 코트 궁전

잉글랜드, 햄튼 | 1530년

이 거대한 궁전은 헨리 8세의 총리였던 토머스 울지가 왕을 접대할 웅장한 저택으로 건설했다. 건물이 완공되기 전에 울지는 헨리 8세가 아라곤의 캐서린(카탈리나)과 헤어지고 앤 불린과 결혼할 수 있도록 교황을 설득하는 임무를 맡았지만, 결국 실패하고 권력과 명예를 잃었다. 울지는 왕의 노여움을 누그러뜨리고자 햄튼 코트를 왕에게 바치고 얼마 후 세상을 떠났다.

푸에블라

멕시코, 푸에블라주 | 1532년

포포카테페틀 화산 기슭에 자리한 푸에블라는 멕시코시티와 멕시코만의 베라크루스 항구를 잇는 무역 허브로 건설됐다. 스페인이 식민지에 세운 초기 도시 중 하나로, 유럽 르네상스 도시 모델에 따라 넓은 광장을 중심으로 각 건물과 요소가 격자 체계로 배치됐다. 그 결과, 장엄한 대성당 주변으로 바로크 양식 건물들이 들어선 아름다운 도시가 탄생했다.

↓ 푸에블라에는 대성당처럼 장엄한 종교 건축물과 벽을 타일로 덮은 주택 등 훌륭한 건물이 많다.

파르네세 궁전

이탈리아, 로마 | 1534년

날로 높아지는 가문의 지위를 과시하고자 증축한 웅장한 르네상스 저택.

16세기 초, 아우구스티노 수도회의 수도사들이 지내는 소박한 집을 알레산드로 파르네세가 사들였다. 1534년, 알레산드로가 교황으로 선출돼 바오로 3세가 된 뒤, 이 집은 파르네세 궁전으로 바뀌었고, 가문의 높은 지위에 걸맞게 변신을 거듭했다. 먼저, 건축가 안토니오 다 상갈로가 고용됐다. 1545년, 그가 사망하자 미켈란젤로가 1층의 높이를 높이고 2층을 추가했다. 정문 위의 정교한 창문과 발코니도 미켈란젤로가 설계했다. 1549년, 바오로 3세가 세상을 뜨자 조카 라누치오와 손자 일조바네, 조카의 증손자 오도아르도가 저택 확장 사업을 이어받았다(셋모두 추기경이다). 특히 오도아르도는 1592년부터 이곳을 주요 거처로 삼았다. 라누치오, 일조바네, 오도아르도 모두 꾸준히 증축에 나섰고, 저명한 르네상스 건축가와 예술가 모두가 파르네세 궁전 안팎에 어떤 식으로든 손을 댔다. 결국 르네상스 시기 로마에서 건축·예술 분야의 가장 중요한 걸작이 완성됐다.

1517년의 평면도

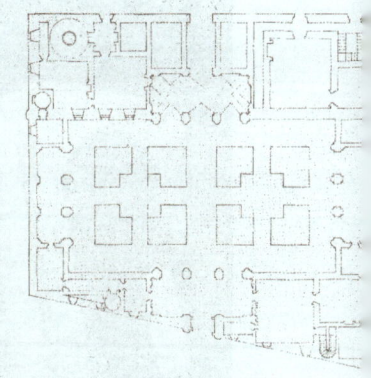

↑ 이탈리아의 르네상스 시기 주요 인물들이 건물 내부와 외부를 모두 맡아 작업한 만큼 파르네세 궁전은 당대 예술의 축소판이라고 할 만하다.

산펠리페 데 바라하스성

콜롬비아, 카르타헤나 | 1536년

1533년, 스페인은 콜롬비아의 카리브해 연안에 있는 카르타헤나에 카리브해 무역의 핵심이 될 항구를 건설했다. 3년 뒤, 스페인 식민지에서 가장 규모가 큰 요새인 산펠리페 데 바라하스성이 도시를 굽어보는 산라사로 언덕 위에 지어졌다. 성은 여러 층을 서로 엇갈리게 지은 탓에 외부에서 오는 침략군이 벽을 타고 오르기가 어려웠다. 한편 성 내부에서는 지하 터널 망 덕분에 곳곳을 쉽게 이동할 수 있었다.

제로니무스 수도원, 바스쿠 다가마의 묘지

포르투갈, 리스본 | 1539년

포르투갈 탐험가 바스쿠 다가마는 제3차 인도 항해를 떠났다가 1524년 인도에서 사망했다. 그의 시신은 현지에 그대로 묻혔다. 당시 포르투갈에서는 국왕 마누엘 1세의 명령에 따라 바다를 주제로 장식한 제로니무스 수도원을 건설하던 중이었다. 장엄한 수도원이 들어설 자리는 다가마와 선원이 첫 항해를 떠나기 전에 기도를 올린 곳이었다. 15년 뒤, 다가마의 유해가 발굴돼 리스본을 향해 마지막 항해를 떠났고, 제로니무스 수도원에 다시 묻혔다.

↓ 1539년, 다가마는 마침내 고국의 아름다운 무덤에 묻혔다.

144 업무 공간

포토시 은광

볼리비아 | 1546년

안데스산맥의 고지대 세로리코('풍족한 산'이라는 뜻)에서 은이 발견됐다. 이곳은 1520년대부터 스페인 식민지 페루 부왕령에 속한 땅이었다. 1546년 세로리코 아래에 포토시라는 마을이 생겨났고, 안데스의 이 변두리 마을이 인구 16만 명의 부유한 대도시로 탈바꿈하는 데는 고작 70년밖에 걸리지 않았다. 노예로 끌려온 아프리카인과 강제로 붙잡힌 원주민이 광산 노동에 동원됐다. 마을마다 인력을 할당해 강제 차출하는 시스템을 미타mita라고 불렀다. 노동환경이 너무 열악해서 사망률은 하늘 높이 치솟았다. 결국 세로리코는 '사람 잡아먹는 산'이라는 새로운 별명을 얻었다. 광산이 가장 활황이었을 때는 날마다 은 광석을 1천 킬로그램 이상 채굴했다. 1825년, 독립 혁명 지도자 시몬 볼리바르가 포토시를 해방했다. 오늘날 포토시에서는 소량의 금속 광석만 채굴된다.

145 종교 시설 및 기념물

말야반타 라구나타스와미

인도, 카르나카타주 함피 | 1550년경

오래된 도시 함피 위의 언덕 꼭대기에 들어선 말야반타 라구나타스와미 사원은 라마(비슈누의 7번째 화신—옮긴이)에 바쳐졌다. 이곳은 힌두 신화에서 중요한 장소다. 라마가 악마 라바나에게 납치된 아내 시타를 구하기 전에 동생 락슈마나와 함께 우기를 피했던 곳에 세워졌기 때문이다. 이 일화는 고대 인도의 힌두교 대서사시인 〈라마야나〉의 핵심 서사다.

↑ 함피에는 사원이 수백 채나 있지만, 〈라마야나〉와 긴밀하게 관련된 곳은 이 사원뿐이다.

성 엘모 요새

몰타, 발레타 | 1552년

끊임없이 진화하는 방어 설계의 가치를 증명하는 몰타의 별 모양 요새.

성 엘모 요새는 원래 발레타 항구를 내려다보는 단순한 망루였다. 그런데 1550년대 초, 구호기사단의 본부였던 몰타가 오스만의 술레이만 대제가 보낸 해군에 위협받자, 불과 6개월 만에 망루가 장엄한 요새로 바뀌었다. 16세기 중반에는 별 모양으로 지은 요새가 새롭게 인기를 끌었는데, 성 엘모 요새 역시 초기 별 모양 요새 중 하나였다. 기존의 단순한 원형 요새보다 윤곽이 복잡해진 덕분에, 화약 기술의 발전으로 더 정확하고 강력해진 대포 사격에도 잘 대처할 수 있었다. 벽이 별 모양이라서 대포로 크게 구멍을 뚫을 공간이 없기 때문이다. 게다가 성벽은 360도를 둘러볼 수 있는 전망대 역할도 했다. 1565년에 몰타가 포위 공격을 받는 동안, 요새는 쉴 새 없는 포격을 받아내며 거의 4개월을 버틴 끝에야 함락당했다.

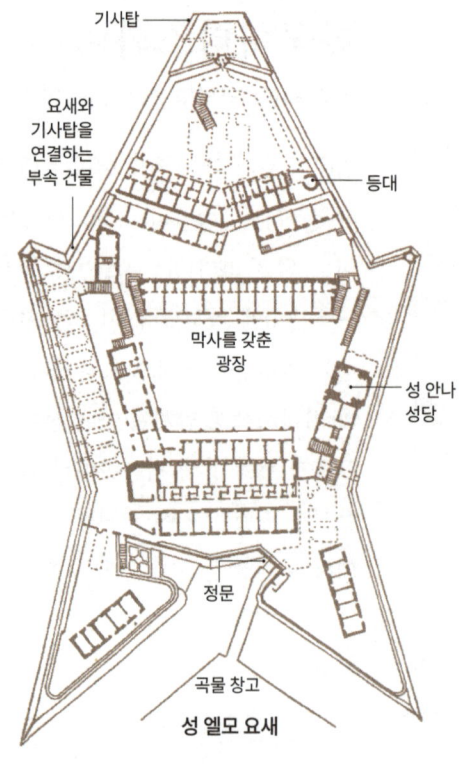

기사탑

요새와 기사탑을 연결하는 부속 건물

등대

막사를 갖춘 광장

성 안나 성당

정문

곡물 창고

성 엘모 요새

성 엘모 요새에 관한 사실

1 점차 강해지는 오스만제국의 공격에 대응해 건설됨
2 1565년 몰타 공방전에서 핵심 역할을 함
3 1차 세계대전까지 끊임없이 개조·보수됨

→ 몰타는 1530년부터 구호기사단의 본부가 됐다. 성 엘모 요새는 극도로 치열했던 1565년 몰타 공방전 동안 오스만 군대를 물리치는 데 중요한 역할을 맡아 널리 알려졌다.

"인간이 피운 불이 너무나 많아서
어두운 밤이 대낮처럼 밝아졌다.
하도 밝아서 우리는 성 엘모를
분명하게 볼 수 있었다."

군인 프란치스코 발비, 1565년 몰타 공방전 논평

성 바실리 대성당

러시아, 모스크바 | 1561년

카잔 전쟁의 승리를 기념하고자 지은 모스크바의 상징.

러시아와 카잔한국이 벌인 러시아-카잔 전쟁은 1세기 넘게 이어지며 양국에 끔찍한 피해를 안겼다. '이반 뇌제'라는 별명으로 잘 알려진 러시아의 이반 4세는 마침내 1552년에 카잔을 점령했고, 이 승리를 기념하고자 석조 성당을 건설하라고 명령했다. 승전에 감사드리며 9번의 승리를 성당 한곳에 모으려는 설계가 독특한데, 중앙의 가장 큰 예배당을 둘러싸고 각각 돔을 얹은 예배당 8채가 모여 있다. 이 성당은 원래 벽돌을 쌓은 외벽을 하얗게 칠하고 양파 모양 돔에 금박을 입힌 모습이었지만, 17세기에 이르러 지금처럼 생기발랄한 색깔을 얻었다. 1588년에는 모스크바의 '거룩한 바보' 성 바실리(러시아 정교회의 성인으로, 이반 4세의 폭정을 비판하고 빈민을 위해 기행을 저질렀다―옮긴이)를 안치한 무덤 위에 10번째 예배당이 들어섰다. 이때 대성당의 이름도 달라졌다. 이전에는 성모마리아에게 바친 성당이었지만, 성 바실리를 기리는 이름으로 바뀌었다.

↓ 성당 건물은 흰색과 빨간색으로 칠해졌다. 하지만 19세기 초에 유행이 바뀌면서 각 예배당의 돔은 저마다 다른 생생한 색깔을 얻었다.

"스탈린 동지에게. 성 바실리 대성당의 철거를 막아주십시오. 성당을 철거하면 소비에트 공화국이 정치적 피해를 볼 것입니다."

건축가 표트르 바라놉스키, 1935년 스탈린이 성 바실리 대성당을 파괴하겠다고 위협했을 때 보낸 전보

148 종교 시설 및 기념물

엘에스코리알

스페인, 에스코리알 | 1563년

세계 최대의 르네상스 건물인 엘에스코리알은 스페인의 펠리페 2세가 지은 왕립 수도원이며, 주로 스페인 왕의 영묘로 쓰였다. 펠리페 2세는 이곳을 각별히 아껴 주요 거처로 삼아 국정을 운영했다. 길고 엄숙한 파사드에서 유일하게 변화를 주며 단조로움을 더는 요소는 고전적인 정문뿐이다. 내부에는 도서관과 왕실 거처도 있지만, 엘에스코리알은 무엇보다도 종교적 건물이었다. 건물의 장대한 규모와 경건한 분위기는 가톨릭을 믿는 스페인이 북유럽에서 성장하는 개신교에 맞섰음을 일깨운다.

↑ 엘에스코리알은 산 로렌소 성인에게 바친 건물이다. 성인이 고문받다가 순교했을 때 사용된 석쇠를 본떠 지은 탓에 다소 음울한 느낌이 든다(산 로렌소는 석쇠 위에서 서서히 불에 타 죽는 형벌을 받았다—옮긴이).

149 주거지

메리 여왕의 목욕탕

스코틀랜드, 에든버러 | 1565년

메리 여왕의 목욕탕은 1565년경에 홀리루드 하우스 궁전의 외벽 안에 지어졌다. 당시는 훗날 비참한 죽음을 맞을 메리가 스코틀랜드를 통치하던 시기로, 메리는 1567년에 퇴위를 강요받을 때까지 홀리루드에서 지냈다. 목욕탕은 지붕에 작은 탑을 올린 자그마한 2층 건물이다. 미인으로 이름났던 메리는 고운 안색을 유지하려고 포도주로 목욕했다고 한다. 이 호사스러운 목욕에 관한 이야기는 18세기의 골동품 수집가 존 핑커턴이 가장 먼저 시작했다. 다만 핑커턴은 공상 가득한 '역사' 설명으로 유명했다. 어쨌거나 메리 여왕의 목욕탕은 인기 있는 관광 명소가 됐다. 메리 여왕이 즐겨 찾는 장소였을 테지만, 장식용 건물이거나 여름 별장이었을 가능성이 더 크다.

↓ 스코틀랜드의 여왕이 포도주에 몸을 담갔다고 알려진 특이한 건물.

스타리 모스트

보스니아, 모스타르 | 1566년

모스타르에서 네레트바강을 가로지르는 스타리 모스트('옛 다리'라는 뜻)는 건설 당시 아치가 가장 넓은 다리였다. 단순하면서도 기품 있는 오스만 건축 양식의 걸작품으로, 술레이만 대제가 위대한 오스만 건축가 시난의 제자 미마르 하이루딘에게 건설을 의뢰했다. 1993년 크로아티아-보스니아 전쟁 중에 파괴됐지만, 다리의 기존 석재를 일부 사용해서 재건했다.

↓ 16세기 초까지만 해도 이곳의 다리는 사슬에 위태롭게 매달려 있었다. 마을이 커지면서 안전한 다리가 시급해졌고, 그 결과 스타리 모스트가 생겨났다.

파라데시 시너고그

인도, 케랄라 | 1568년

파라데시 시너고그는 인도에서 가장 오래된 시너고그다. 단순한 건물에는 시계탑이 하나 있고, 내부는 파란색과 흰색 타일로 마감했다. 케랄라주 코친의 옛 시가지에는 유대인 회당이 모두 7채 지어졌지만, 아직도 사용되는 곳은 파라데시 시너고그가 유일하다. 남인도는 유대인에게 비교적 안전한 피난처였고, 말라바르 유대인 공동체는 12세기부터 코친에 정착했다. 이 시너고그는 1492년 알람브라 칙령에 따라 스페인에서 추방된 파라데시(말 그대로 '외부인'이라는 뜻) 유대인을 위해 지어졌다.

파테푸르 시크리

인도, 우타르프라데시 | 1569년

**10년간 무굴제국의 수도였던
인도 이슬람 건축의 기념비적 도시.**

파테푸르 시크리('승리의 도시'라는 뜻)는 무굴제국의 세 번째 황제인 아크바르가 건설했다. 아크바르는 이곳을 행운의 땅이라고 여겨 수도로 삼았다. 기존의 수도였던 아그라에서 40킬로미터 떨어진 파테푸르 시크리는 수피즘 성인이 1569년에 아크바르의 아들 탄생을 예언한 마을에 지어졌다. 모스크와 궁전, 궁전에 딸린 관청, 주택 지구 등을 품에 안은 도시는 웅장한 수도로 거듭났다. 건물은 모두 1571-1573년 붉은 사암으로 건설됐다. 오늘날에도 세련된 무굴 건축의 역작으로 꼽히는 거대한 벽은 역대 최대 규모의 모스크 대열에 드는 자마 마스지드 모스크를 둘러싸고 있다.

아크바르의 새로운 수도에는 물 부족이라는 단점이 있었다. 도시 건설로 물 수요는 대폭 증가했지만, 현지의 수자원으로 해결하기에는 역부족이었다. 결국 황제는 고작 10년 만에 수도를 라호르로 옮겼다. 파테푸르 시크리는 사용되지 않고 버려졌고, 오히려 그 덕분에 유적이 잘 보존됐다.

> "여기서 우리는 건축가의 손에서
> 갓 탄생한 듯한 아크바르의
> 건축적 천재성을 바라본다."
>
> 여행 작가 유스터스 레이놀즈볼, 1907년

↓ 황제는 이곳이 행운의 땅이라고 믿고 열정을 불태워 웅장한 새 수도를 건립했다.

우라니보르 천문대

덴마크, 벤섬 | 1576년

덴마크의 국왕 프레데리크 2세가 후원하고 천문학자 튀코 브라헤가 설계한 우라니보르는 유럽 최초의 주문 제작식 천문대다. 우라니보르가 건설되고 몇 년 후에 두 번째 천문대인 스탸네보르가 추가로 지어졌고, 기구를 바람으로부터 보호하고자 상황에 맞게 조정할 수 있는 독창적인 돔도 설치됐다. 하지만 프레데리크 2세를 뒤이은 왕은 천문대를 후원하지 않았고 브라헤는 1597년에 이곳을 떠났다. 원래 건물은 폐허가 됐지만, 자세한 평면도와 설계도는 살아남았다.

↑ 안타깝게도 1645년 암스테르담에서 출간된 지도책에 실린 성과 전망대 판화가 혁신적인 이 천문대의 유일한 유물이다.

산조르조 마조레 성당

이탈리아, 베네치아 | 1580년

르네상스 건축가 안드레아 팔라디오는 1580년에 세상을 떠나며 고전 양식 건축에 관한 저서 『건축 사서』와 기품 있는 건물을 수없이 남겼다. 팔라디오의 건축 유산 가운데 가장 상징적인 건물은 산조르조 마조레 성당이다. 바실리카 형태의 이 베네딕토회 수도원 성당은 하얀 대리석 파사드를 자랑하는데, 아래쪽 페디먼트가 위쪽 페디먼트를 가운데에 떠받치고 있다. 팔라디오는 공사 도중 사망해 성당을 미완성으로 남겼고, 빈첸초 스카모치가 작업을 이어받아 완성했다.

↑ 산조르조 마조레 성당은 이전 건물 위에 지어졌다. 고대 그리스나 로마의 신전이 떠오르는 자태로, 빛나는 흰 대리석이 석호 위에서 반짝인다.

히메지성

일본, 효고현 | 1581년

에도 시대의 요새 가운데 가장 잘 보존된, 백로를 닮은 성.

히메지성은 14세기에 처음 지어졌지만, 도요토미 히데요시가 에도시대 초인 1581년부터 성을 광범위하게 개조했다. 히데요시는 일본을 통일하고 강력한 권력을 휘두른 봉건영주였을 뿐만 아니라 열정적인 건설가이기도 했다. 히메지성은 난공불락인 동시에 우아한 요새로 거듭났다. 6층짜리 본성은 매우 견고한 석조 기반 위에 목재로 지었고, 경사가 가파른 탑 모양 지붕을 얹었다. 외부에서 본성에 이르려면 요새처럼 강화한 관문과 좁은 돌담 통로가 수없이 얽혀 미로 같은 길을 지나야 했다. 게다가 미로의 중심에 자리 잡은 본성은 외벽 안에 들어선 건물 82채 가운데 하나에 지나지 않았다. 적이 어떤 식으로 성을 공략하든 효과적으로 막아낼 수 있었을 것이다. 아울러 히메지성은 당대의 성 가운데 가장 온전하게 남은 건물이다.

↓ 무척 아름다운 외관은 이 성이 요새로 설계됐다는 사실을 감추고 있다.

우피치 미술관

이탈리아, 피렌체 | 1581년

토스카나 공작 코시모 데메디치는 건축가이자 예술가인 조르조 바사리에게 피렌체의 시 행정 기능을 맡을 관청 단지, 즉 우피치uffizi'('사무실'이나 '임무' 등을 의미하는 옛 이탈리아어―옮긴이)를 지어달라고 의뢰했다. 이후 우피치는 20년에 걸쳐 확장·개조됐고, 메디치 가문의 방대한 회화와 조각 수집품을 보관하는 공간까지 생겼다. 이로써 우피치는 세계 최초로 처음부터 미술관을 목적으로 지어진 건물이 됐다.

↓ 우피치 미술관의 주요 전시 공간인 2개의 긴 회랑 사이에는 지붕으로 완전히 덮이지 않은 안뜰이 있다. 이곳을 '로지아토'라고 한다.

암리차르 황금 사원

인도, 암리차르 | 1589년

펀자브어로 '신의 집'이라는 뜻인 '스리 하르만디르 사히브Sri Harmandir Sahib'는 대개 황금 사원이라고 불린다. 사원의 주춧돌은 1589년에 놓였는데, 아마 시크교의 10대 구루 가운데 다섯 번째인 아르잔의 업적일 것이다. 사원이 세워진 땅은 시크교의 창시자인 구루 나나크가 명상을 하기 위해 고른 호숫가로, 시크교도에게는 가장 신성한 장소다. 사원을 짓느라 자연 호수의 물을 빼서 거대한 인공 호수로 다시 만들었다. 아울러 겸손한 마음가짐을 강조하고자 사원을 강당과 식당 등 주변 건물보다 더 낮게 지었다. 원래 사원 건물은 벽돌로 단순하게 지은 형태였고, 18세기에 아프가니스탄의 잇따른 침략으로 파괴와 재건을 여러 차례 거쳤다. 19세기 초에서야 금박으로 덮인 오늘날의 친숙한 모습을 갖췄다.

파도바대학 해부학 강당

이탈리아, 파도바 | 1595년

세계 최초로 해부학 강의를 위해 지어진 영구적 강당.

르네상스 시대에 인체 해부는 의학에 혁명을 일으켰다. 해부는 수 세기 동안 의학 지식의 원천으로 여겨졌지만, 15세기 중반에야 이동식 목조 '극장'에서 선보이는 공개 해부가 인기를 얻었다. 이런 행사에는 외과의를 비롯한 의사와 학생 같은 전문가뿐만 아니라 관심 있는 대중까지 참여했다. 파도바대학에 상설 해부 극장을 짓는다는 아이디어는 해부학자이자 외과 의사인 지롤라모 파브리치 다쿠아펜덴테가 제안했다. 이 강의실 덕분에 의학 교육에 정기적 해부 실습이 포함됐다. 타원형으로 널찍하게 지은 강당의 중앙에 해부대가 놓였고, 그 주변을 에워싼 객석이 6층이나 있어서 250명을 수용할 수 있었다. 시 당국이 해부용 시신을 공급했는데, 대개는 처형된 범죄자나 병원에서 사망한 환자의 시신이었다. 1872년까지 사용된 파도바 해부학 강당은 유럽 전역에 생겨난 해부학 강당의 모델이 됐다.

> "이곳에서 죽은 사람은 산 사람을 기꺼이 돕는다."
>
> 해부학 강당 입구의 헌사

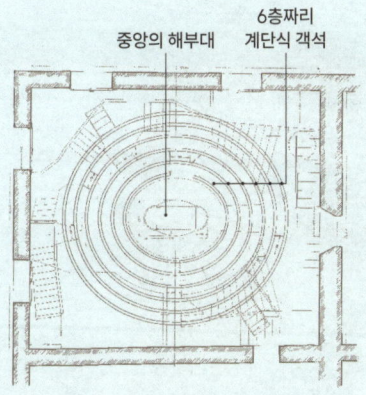

중앙의 해부대 | 6층짜리 계단식 객석

→ 뒤집힌 원뿔 모양 강당에 가파른 계단식 좌석이 층층이 놓였다. 해부대가 가장 잘 보이는 앞쪽의 두세 줄은 해부학을 공부하는 학생이 앉는 자리였고, 관심 있는 일반인은 입장료를 내고 들어와서 뒤쪽의 높은 자리에 앉았다.

가르 궁전

인도, 라자스탄 | 1607년

**무굴제국 황제를 향한
충성심을 보여주는 환상적 궁전.**

1570년, 코타 왕국은 아크바르 대제가 통치하는 무굴제국의 속국이 됐다. 이후 코타의 군주들은 무굴 황제를 얼마나 많이 지원했는지에 따라 호의를 얻거나 잃었다. 이는 곧 왕국의 땅과 권력을 얻거나 잃는다는 의미였다. 코타의 라오 라탄 싱은 무굴제국에 군사 갈등이 터질 때마다 여러 차례 자한기르 황제를 지원했고, 후하게 보상받아 가르 궁전을 건설했다. 번디라는 지역의 깎아지른 듯한 언덕에 들어선

이 비범한 건물은 거의 수직인 암벽을 직접 깎아내 만든 것처럼 보일 만큼 구조공학의 정수를 보여준다. 가파른 길을 오르면 거대한 코끼리가 새겨진 정문이 나타난다. 후대의 통치자들은 번디의 궁전을 확장하고 작은 건물을 여럿 더 추가했다. 18세기의 아름다운 벽화로 장식한 치트라샬라Chitrashala도 추가로 지은 건물이다. 이제 가르 궁전에 사는 사람은 아무도 없지만, 오늘날에도 라자스탄의 라지푸트족이 선보인 건축 가운데 가장 인상적인 작품으로 꼽힌다.

↓ 험준한 지형에 지어진 궁전은 너무나도 근사해서 19세기에 처음으로 궁전을 본 여행객들은 경외감을 느꼈다.

제임스타운

미국, 버지니아주 윌리엄스버그 | 1607년

제임스타운은 영국인이 미국에 처음 정착해 세운 마을이다. 제임스강보다 조금 더 위쪽에 있는 반도에 마을을 세운 덕분에 해안 방향에서 공격받을 가능성을 피하면서도 정착민의 배를 편하게 정박할 수 있었다. 게다가 원주민 포와탄족의 영토에서도 멀리 떨어져 있었다. 하지만 마을은 1세기가 채 지나기 전에 수명을 다했다. 주민들은 여러 차례 재난을 겪다가 1698년에 화재가 나자 결국 윌리엄스버그로 마을을 옮겼다.

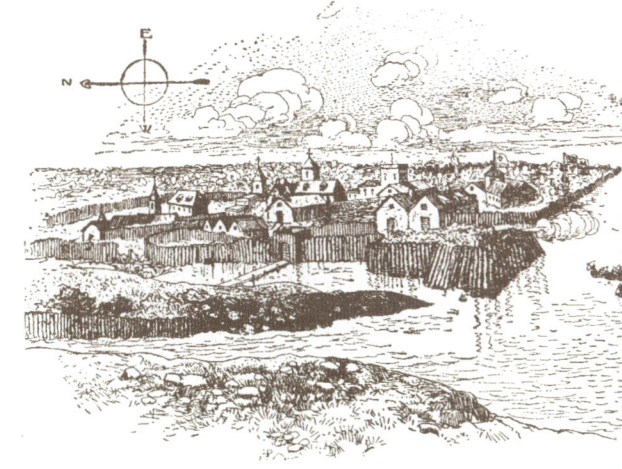

↑ 1698년에 화재가 일어나 의사당과 교도소가 파괴되면서 결국 주민들은 제임스타운을 떠났다.

샌타페이 총독 관저

미국, 뉴멕시코주 샌타페이 | 1610년

나무 기둥으로 외부 회랑을 지탱하는 이 야트막한 어도비 벽돌 건물은 미국에서 가장 오래된 식민지 시대 건물이다. 스페인 식민지 누에보 멕시코의 초대 총독이었던 돈 페드로 데페랄타가 건설했다. 누에보 멕시코는 오늘날 미국의 남부 주에 속한 광대한 지역을 아울렀다. 이 총독 관저는 주인이 스페인에서 멕시코, 미국으로 연달아 바뀌면서 1885년까지 지방 정부의 중심지로 쓰였다.

↑ 현지 원주민인 푸에블로족도 이곳을 사용했고, 남북전쟁 동안에는 남부 연합군이 주둔했다. 1909년부터는 대중에게 공개하고 뉴멕시코역사박물관으로 쓰고 있다.

컴포트곶

미국, 버지니아주 햄턴 | 1619년

노예로 붙잡혀 온 이들이 처음으로 미국 땅에 발을 내디딘 변변찮은 요새.

'컴포트comfort'는 '편안함'이나 '위로'라는 뜻이지만, 체서피크만으로 뻗어 나온 반도 컴포트곶은 간단한 방어 시설을 갖춘 작고 가난한 정착지였다. 방어 시설이라고 해봤자 바다에서 쳐들어오는 침략자를 막기 위해 울타리를 두른 오두막 한 채와 대포 몇 문이 전부였다. 이곳은 네덜란드의 화이트라이언호가 노예로 붙잡힌 아프리카인 20명을 태운 채 정박하면서 역사책에 이름을 올렸다. 이들은 앙골라에서 포르투갈 노예 상인에게 사로잡혀서 노예 무역선에 올랐으나, 이 배가 화이트라이언호에 나포되면서 미국에 끌려왔다. 컴포트곶에 식민지를 세운 주민은 화이트라이언호의 선원에게 식량을 주는 대가로 앙골라인을 노예로 받았고, 노스버지니아 기록관 존 롤프가 거래를 기록했다. 노예제는 이미 라틴아메리카와 카리브해에 널리 퍼져 있었지만, 이 사건으로 컴포트곶은 북아메리카에서 최초로 기록된 노예 거래가 일어난 장소라는 오명을 얻었다.

↑ 처음으로 미국에 노예로 끌려온 이들은 식량과 교환돼 식민지 주민의 손에 넘겨졌다.

↑ 컴포트곶이 처음 언급된 기록은 1624년 출간된 『버지니아, 뉴잉글랜드, 서머제도의 일반 역사』에 수록된 지도다.

난마돌

미크로네시아, 폰페이 | 1628년 이전

산호초 위에 건설된 독특한 섬 도시의 풀리지 않는 수수께끼.

12세기에서 17세기 초반까지 지어진 난마돌은 더 유명한 이스터섬만큼이나 신화가 풍부하다. 난마돌은 폰페이섬에서 살짝 떨어진 산호초 위에 지은 인공섬 93개와 운하 네트워크로 이루어져 있다. 건축 자재는 40킬로미터 떨어진 소케에서 가져온 현무암 '통나무'로, 이 바윗덩어리를 엇갈리게 놓아서 수백 톤이나 나가는 벽을 쌓았다. 난마돌은 사우델라우르 왕조의 정치 및 종교 중심지였다. 통치자와 상류층의 계급과 지위는 엄격하게 지켜진 듯하다. 난마돌은 왕족의 거처와 다양한 의례용 건물을 모두 아울렀으나 1628년에 왕조가 막을 내리면서 서서히 버려졌다.

구전 전통에 의지할 수밖에 없는 고고학자는 여전히 난마돌의 수수께끼를 풀고자 씨름하고 있다. 특히 현대 기술 없이 거대한 현무암 덩어리를 멀리서 옮긴 방법이 무엇보다도 커다란 미스터리다.

↑ 난마돌을 둘러싼 가장 커다란 수수께끼는 불안정한 기반 위에 이처럼 으리으리한 구조물을 어떻게 세웠는가다.

카바

사우디아라비아, 메카 | 1631년

해마다 이슬람교도 수백만 명이 방문하는 가장 신성한 순례지.

카바(아랍어로 '정육면체'를 가리킨다)는 이슬람교가 창시되기 전에 크리스트교와 이슬람교 공통의 예언자인 아브라함과 아들 이스마엘이 최초로 지었다고 한다. 세월이 흘러 608년에 지은 기존 목조 사원은 재건됐지만, 예언자 무함마드가 우상을 모두 없애고 천사 가브리엘이 아브라함에게 줬다고 하는 검은 돌만 남겼다. 이후로 카바는 이슬람교의 중심지이자 가장 신성한 사원으로 발돋움했다.

카바와 인근 일대가 홍수로 파괴되자, 1631년에 지금과 같은 모습으로 사원이 건설됐다. 알마스지드 알하람 모스크의 중앙 안뜰에 자리 잡은 정사각형 화강암 건물은 높이가 15미터이고, 한쪽 모서리에 틀을 씌운 검은 돌

이 박혀 있다. 건물 외벽 전체에 금실로 쿠란 구절을 새긴 검은 비단을 둘렀는데, 이 천을 키스와 kiswa라고 한다. 독실한 이슬람교도라면 평생에 한 번은 핫즈 Hajj, 즉 메카 순례를 떠나야 한다. 카바에 도착한 순례자는 무함마드가 직접 정한 규칙에 따라서 시계 반대 방향으로 카바 둘레를 일곱 바퀴 돈다.

> "성지를 향하라.
> 어디에 있든 성지가 있는 곳을 향하라."
>
> 쿠란 2장 114절, 이슬람교도가 기도할 때
> 메카를 향해야 한다고 지시하는 내용

카바에 관한 사실

1 메카 순례라는 중요한 종교 행사의 중심지
2 이교도 유목민의 사원에서 이슬람교의 중심으로 변모한 오랜 역사
3 모든 이슬람교도가 기도할 때 향하는 곳

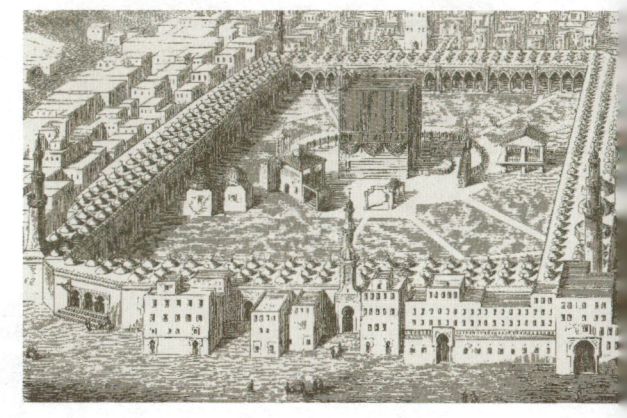

← 연례 핫즈의 절정기에 이른 카바의 풍경.
→ 카바를 둘러싼 모스크의 안뜰과 회랑을 묘사한 19세기 판화.

파실 게비

에티오피아, 곤다르 | 1636년

곤다르는 주택과 성당, 수도원을 품에 안은 요새화한 도시다. 곤다르 중심에는 에티오피아의 크리스트교도 황제 파실리다스가 지은 궁전 파실 게비가 있다. 파실리다스는 자기가 성경 속 솔로몬 왕과 시바 여왕의 직계 후손이라고 주장했다. 파실 게비에는 유럽의 바로크 양식과 무어 양식 등 다양한 건축 양식이 뒤섞여 있다. 이 궁전은 에티오피아의 통치 세력이 과거의 반半유목 생활양식을 버리고 한곳에 정착한 시기를 알려주기도 한다.

↑ 파실 게비는 1864년까지 에티오피아의 정치 중심지였으나 1890년대에 수도가 아디스아바바로 바뀌었다.

포탈라궁

티베트, 라싸 | 1649년

세상에서 가장 높은 궁전에 자리 잡은 티베트 불교의 최고 성지.

포탈라궁은 티베트의 수도 라싸에 있는 성산聖山 마르포리('붉은 산'이라는 뜻)의 사면에 들어섰다. 포탈라궁처럼 성이자 사원, 요새, 행정기관 기능을 두루 갖춘 거대한 단지를 종dzong이라고 한다. 여러 건물 가운데 백궁白宮은 1649년부터 1959년까지 달라이라마의 겨울 거처로 쓰였고, 홍궁紅宮은 종교 연구와 의식이 거행되는 곳이었다.

홍궁은 달라이라마의 영묘이기도 한데, 이곳의 황금 지붕 8개는 달라이라마 8명의 사리

탑을 나타낸다. 5대 달라이라마가 건설한 포탈라궁은 티베트 건축의 걸작이다. 외관은 총 13층이며, 지진에 대비해서 건물을 보호할 수 있게 구리로 기반을 강화했다.

1959년 티베트 봉기가 중국에 진압당하고 14대 달라이라마가 망명을 떠난 후 포탈라궁은 박물관으로 바뀌었다. 하지만 여전히 불교도에게는 지극히 신성한 곳이다.

↑ 1904년 남쪽에서 바라본 포탈라궁.

↓ 백궁 뒤에 있는(백궁에 둘러싸여 있기도 한) 홍궁은 티베트에서 가장 중요한 종교 중심지다.

패리스 풍차

미국, 매사추세츠주 케이프코드 | 1650년

패리스 풍차에 얽힌 이야기는 식민지 초기에 관련 기술이 부족했다는 사실을 알려준다. 17세기 중반에 지어진 풍차는 케이프코드 북쪽의 원래 위치에서 세 번이나 옮겨졌다. 풍차 해체는 간단하지 않았지만, 제분소 전문 건설업자가 부족한 탓에 새로운 제분소를 짓는 것보다 기존 시설을 옮기는 편이 더 나았다. 1936년, 패리스 풍차는 마지막 이사를 떠나서 그린필드빌리지의 헨리포드박물관에 안착했다.

↓ 식민지 시대 미국에 사는 유럽 이민자는 소수였고, 제분소 건설업자 같은 전문 기술자도 부족했다. 현재 박물관의 전시품이 된 패리스 풍차를 찾는 사람은 여전히 많다.

아보메 왕궁

베냉, 아보메 | 1650년

강력하고 조직적인 서아프리카 왕국의 궁전.

베냉 남부 아보메에 있는 궁전 12채는 다호메 왕국의 폰족 왕이 지내는 거처였다. 새로운 왕이 즉위하면 자기만의 궁전을 새로 더 지어서 모두 12채가 됐다. 건물은 짚을 섞은 진흙과 목재로 짓고 옅은 돋을새김 조각으로 외벽을 장식했다. 베냉 남부에는 다양한 부족이 살았지만, 폰족의 규모가 가장 컸다. 폰족은 종종 전쟁을 일으켜서 영토를 넓히고 포로를 사로잡았다. 포로는 농사에 동원하거나 유럽의 노예상에게 팔았는데, 이 노예무역은 다호메 경제에서 중요했다.

17세기 중반부터 다호메 왕은 절대적 권력을 행사했다. 상류층 여성으로 구성된 군단을 포함해서 강력한 군대를 호령했고, 효율적인 관료제도 운용했다. 부부를 분리해서 업무를 맡겼는데, 남자는 궁전 밖에서 재산을 관리했고 여성은 궁전에서 일하며 멀리 나가 있는 짝에게 지시를 내렸다.

↑ 건물 외벽의 판은 돋을새김과 밝은 색깔로 장식했다.

↑ 섬세하게 조각한 왕족 의자를 건물 내부에 전시 중이다.

169 공공 기반 시설과 혁신

카주 다리

이란, 이스파한 | 1650년

벽돌과 석재로 지은 2층 구조의 다리는 사파비 왕조의 7대 샤(페르시아제국의 군주—옮긴이)인 아바스 2세가 건설했다. 자얀데흐강의 흐름을 제어하는 수문을 갖춘 23개의 아치, 교통수단이 다니는 위층, 그늘을 드리워 상인들이 온종일 지내기 좋은 아래층, 황제를 위한 중앙 파빌리온으로 구성됐다. 카주 다리는 여러 기능을 수행하도록 설계된 초기 다리 중 하나로, 품위 있는 자태를 지닌 페르시아 건축의 정점이다. 오늘날 다리는 여전히 쓰이고 있다.

↑ 다목적 다리인 카주 다리는 지금도 사용 중이다. 위로는 차량이 다니고 아래층에는 상가가 북적인다.

170 정치 및 방어 시설

제임스 요새

감비아, 쿤타킨테섬 | 1651년

너른 감비아강 한가운데 자리한 작은 쿤타킨테섬은 상업에 적합한 입지였다. 배가 정박할 수 있고 강을 타고 내륙에서 대서양으로 곧장 나갈 수도 있어서 무역에 안성맞춤이었다. 1651년에 상인이 이곳에 처음 도착하고 10여 년 뒤 제임스 요새가 건설됐다. 단숨에 노예무역의 중심지로 거듭난 이 요새는 네덜란드, 영국, 프랑스의 손에 차례차례 넘겨졌다.

↓ 제임스 요새가 있는 쿤타킨테섬은 작지만, 아프리카 대륙으로 들어가는 주요 진입로의 유용한 정박지다.

타지마할

인도, 우타르프라데시주 아그라 | 1653년

완벽하게 구상하고 실행한 무굴제국 건축의 최고 걸작.

샤 자한은 뛰어난 건축가였다. 1632년에 타지마할 건축을 시작했을 때 이미 델리의 붉은 요새Red Fort를 건설한 경험이 있었고, 웅장한 자마 마스지드 모스크 건설에도 착수한 뒤였다. 황제의 두 번째 부인인 뭄타즈 마할의 영묘이자 부부의 사랑을 기념하는 건물로 지어진 타지마할은 무굴제국의 예술성은 물론이고 건축물을 전체 계획 속의 한 요소로 보는 페르시아 전통 개념을 일깨운다.

영묘를 중심으로 다양한 건물이 완벽한 구상에 따라 배치된 부지에

는 정문을 낸 외벽과 모스크, 자와브(모스크 건너편에서 거울처럼 대칭을 이루는 건물), 수로와 연못, 단을 높인 보행로를 갖춘 정원까지 있다. 영묘는 샤 자한이 막대한 재산을 들여서 다양한 기술을 이용해 꾸몄다. 피에트라 두라(대리석에 문양을 파고 보석을 박는 상감 기법—옮긴이) 장인의 보석 장식부터 거장 서예가가 새긴 쿠란 구절 22줄까지 화려한 장식이 돋보인다.

↓ 타지마할은 드물게도 멀리서 보든 가까이서 보든 감탄이 절로 나오는 건축물이다.

172 주거지

빌리우-스틸-웰페린 하우스

미국, 뉴욕주 스태튼아일랜드 | 1662년

1661년, 피에르 빌리우가 네덜란드의 미국 식민지 니우암스테르담에 도착했다. 종교 박해를 피해 고향 플랑드르에서 도망친 프랑스 위그노(16-17세기 프랑스의 칼뱅파 개신교도—옮긴이) 19명 중 하나였던 그는 니우암스테르담의 총독 페터르 스타위베산트에게서 땅을 받아 자그마한 석조 주택을 지었다. 20년도 채 지나지 않아 영국이 미국에서 네덜란드를 몰아냈고, 니우암스테르담은 뉴욕이 됐다. 그때 빌리우 주택의 주인은 빌리우의 사위이자 영국 식민지 의회의 일원이었던 토머스 스틸웰로 바뀌었다. 스틸웰은 1680년경 집을 증축하면서 입구를 따로 낸 두 번째 석조 주택도 지었다. 18-19세기 초에는 판자 건물이 세 채 더 추가됐다. 현재 이 주택은 네덜란드와 영국의 식민지였던 초창기 뉴욕의 역사가 반영된 유일한 주택이다.

↑ 뉴욕의 초기 역사를 보여주는 빌리우-스틸-웰페린 주택.

173 종교 시설 및 기념물

쿠스코 대성당

페루, 쿠스코 | 1668년

쿠스코 대성당은 고대 잉카 사원이 있던 자리에 들어섰다. 스페인인은 지역 주민을 복종시키고 기존 토착 신앙을 가톨릭으로 바꾸고자 일부러 이 입지를 골라서 성당을 지었다. 르네상스와 바로크 양식으로 거대한 성당을 짓는 데 강제로 동원된 잉카 노동자들은 그들만의 신성한 상징을 건물 이곳저곳에 남겼다. 문에 새겨진 재규어가 대표적이다. 공사는 1559년에 시작됐지만, 대성당이 축성된 것은 1668년에 이르러서였다.

일곱 박공의 집

미국, 매사추세츠주 세일럼 | 1668년

일곱 박공의 집은 미국 작가 너대니얼 호손이 지은 동명의 소설 덕분에 유명해졌지만, 실제 이 집에 얽힌 이야기는 소설과 달리, 번성한 항구와 성공적인 동인도 무역과 관련이 있다. 존 터너는 영국에서 건너온 부모님(원래 이 집의 주인)이 세일럼에 꾸린 소박한 가정에서 1644년에 태어났다. 1668년, 배를 모는 선장이 된 터너는 돈을 벌어서 땅을 산 뒤, 기존 집을 허물고 아내와 함께 살기에 더 알맞은 집을 새로 지었다. 새 집은 터너의 배에 싣는 화물이 오가는 부두와 가까웠다. 터너는 36세에 세상을 뜰 무렵 세일럼에서 손꼽히는 부자였고, 땅 80만 제곱미터, 주택 6채, 배 여러 척을 소유했다. 이후 2세대가 지나는 동안 터너 가문의 후손이 집을 증축해서 오늘날의 모습을 한 주택이 완성됐다.

스키츠보그탑

미국령 버진아일랜드, 세인트토머스 | 1679년

세인트토머스는 카리브해를 호령한 여러 강대국의 손아귀에 차례로 넘어갔다가 1671년에 덴마크의 식민지가 됐다. 덴마크인은 이곳을 식민지로 삼은 직후에 둥근 석탑 스키츠보르('하늘의 탑'이라는 뜻)을 지었다. 17세기 후반은 카리브해 해적의 황금기였다. 거번먼트 언덕 꼭대기에 세워진 탑은 감시 초소 역할을 맡아서 방어 시설을 갖춘 아래의 항구에 미리 경고를 보낼 수 있었다.

↓ 돌을 쌓아서 만든 탑은 방어 체계의 일부였다. 이 탑의 별명은 '검은 수염의 성'이다.

베르사유 궁전

프랑스, 베르사유 | 1682년

태양왕의 권력을 고스란히 보여주는 웅장하고 화려한 궁전.

파리에서 남서쪽으로 20여 킬로미터 떨어진 베르사유에는 루이 13세의 사냥용 별장이 있었다. 뒤이어 왕좌에 오른 루이 14세는 이곳에 넓은 정원으로 에워싼 궁전을 지어 궁정 생활과 정치의 새로운 중심지로 삼고자 했다.

1682년, 궁전이 완공되려면 아직 한참 남았지만 루이 14세는 정부를 파리에서 베르사유로 옮겼다. 그럴 만한 이유가 있었다. 베르사유로 오면 파리의 대중이 품은 불만에서 멀어질 수 있었고, 귀족이 정기적으로 베르사유를 방문해야 하는 탓에 지방에서 반란이 일어날 가능성도 줄어들었다. 아울러 으리으리한 궁전은 군주의 권위를 강력하게 일깨웠다.

마침내 1710년 완공된 베르사유 궁전은 바로크와 로코코 양식을 결합한 새로운 프랑스 고전주의를 탄생시켰다. 대사의 방이나 거울의 방처럼 화려한 공간을 갖춘 궁전을 짓는 데 루이 르보, 프랑수아 도르베, 쥘 아르두앙 망사르 등 당대의 쟁쟁한 건축가들이 참여했다. 기하학적으로 설계된 정원과 드넓은 후원 또한 유명하다.

→ 중앙의 대리석 안뜰에는 보르비콩트성에서 가져온 검은색과 흰색 타일을 깔았다.

↓ 조경사 앙드레 르노트르가 루이 14세를 위해 건축한 바로크 정원.

프레더릭스버그 요새

가나, 프레더릭스버그 | 1683년

아한타 족장의 성채가 된 독일 요새.

브란덴부르크 선제후국의 프리드리히 빌헬름이 지은 프레더릭스버그는 가나의 황금해안 Golden Coast에 있는 유일한 독일 요새다. 당시 이 지역에서는 이미 영국과 네덜란드가 활발하게 무역하고 있었지만, 튼튼한 요새나 방어 시설은 아직 지어지지 않은 상태였다. 1717년에 독일군이 떠나면서 요새를 네덜란드에 매각했지만, 독일의 현지 동맹 중 하나였던 아한타족이 요새를 빠르게 점령했다. 족장의 이름은 기록에 따라 '존 코니John Conny' 또는 '재뉴어리 카누January Canoe' 등으로 다양하다. 네덜란드가 7년 동안 요새를 탈환하려고 애썼지만, 아한타 족장은 번번이 적을 물리쳤다. 아울러 이곳에서 상대의 국가나 소속과 관계없

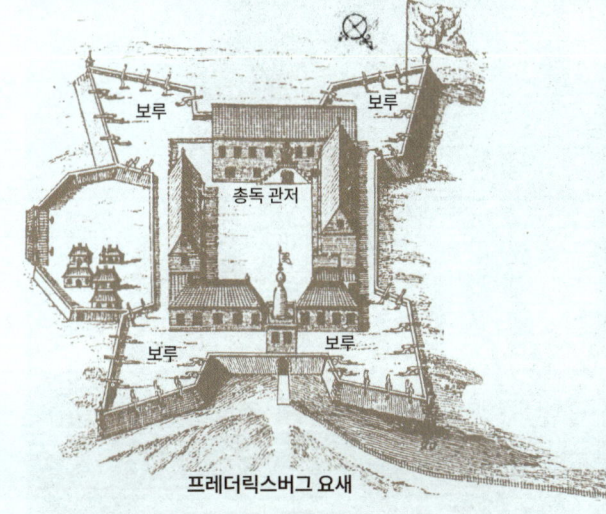

프레더릭스버그 요새

↑ 프레더릭스버그 요새는 사방이 훤히 보이는 자연 지형에 자리 잡은 덕분에 요새를 차지한 유럽인이나 아한타족이 외적을 방어하기에 유리했다.

이 활발하게 무역하며 황금과 노예라는 주력 상품 두 가지를 경쟁력 있는 가격에 내놓았다. 결국 1724년에 네덜란드가 프레더릭스버그를 점령했지만, 이미 족장은 지역 영웅으로 거듭나 있었다. 심지어 오늘날에도 '조니 카누의 날'을 통해 카리브해의 민속 풍습에서 당당하게 한 자리를 차지하고 있다.

탁상 사원

부탄, 파로 | 1692년

**험준한 산속의 부탄왕국에서
가장 신성하고 접근하기 어려운 곳.**

파로의 탁상Taktsang('호랑이의 보금자리'라는 뜻) 사원은 8세기에 인도 불교의 고승 구루 린포체, 다른 이름으로는 파드마삼바바가 히말라야 전역에 불교를 전파했다고 알려진 동굴 주변에 세워졌다. 부처만큼이나 거룩해서 존경받았던 파드마삼바바는 이곳에서 3년 3개월 3일 3시간 동안 명상했다고 한다. 탁상 사원은 파드마삼바바가 명상했던 장소에 들어선 사원 13곳 중 가장 신성하고 유명하다. 전설에 따르면, 파드마삼바바는 호랑이로 변신한 수행자의 등에 타고 파로 골짜기에서 900미터 위에 있는 해발고도 3천 미터의 사원터로 날아갔다고 한다. 이 일로 사원에 호랑이 보금자리라는 이름이 붙었다. 1692년, 부탄의 군주이자 파드마삼바바의 환생으로 여겨진 텐진 랍계가 수도원의 주춧돌을 놓았다. 동굴 주변에는 소박한 사원이 4채 들어섰고, 동굴에는 그림을 장식하고 사리를 보관했다.

17세기에 지은 건물은 1998년 화재로 파괴됐지만, 2005년 부탄 국왕의 후원 덕분에 예전과 똑같은 자재와 설계로 복원됐다.

← 탁상 사원은 쉽게 접근할 수 없는 위치 덕분에 신비로움을 지킬 수 있었다.

세일럼 법원 청사

미국, 매사추세츠주 세일럼 | 1692년

마녀사냥 히스테리가 폭발했던 장소.

→ '마녀들의 왕'으로 고발된
 조지 버로스 목사는 1692년
 8월 19일에 교수형을 당했다.

1692년 5월, 뉴잉글랜드 총독 윌리엄 핍스가 특별재판부를 소집했다. 세일럼 최초의 마녀 재판이 열리고 몇 주간 고발과 기소가 줄지었다. 마녀사냥 히스테리가 지역사회를 집어삼켰다. 마녀사냥이 벌어진 배경은 넓은 맥락에서 살펴야 한다. 세일럼 주민은 스트레스가 극심한 시기를 보냈다. 지난겨울은 혹독했고, 천연두가 유행했으며, 영국의 윌리엄 3세가 프랑스와 일으킨 전쟁 탓에 난민이 늘어 자원 부족에 시달렸다. 소녀 셋이 발작을 일으킨 후 마녀 탓이라며 지역 여성들을 지목한 사건을 시작으로 고발의 불꽃이 타올랐다. 재판에서 는 꿈이나 환상에 나온 '유령 증거'도 받아들였다. 200명이 마녀로 기소됐고, 19명이 교수형을 당했다. 1명은 진술을 거부하다 무거운 돌에 짓눌리는 고문 끝에 사망했다. 집단 광기는 이듬해 가라앉았다. 1697년, 재판관들은 당시 사로잡혔던 공포에 대해 사과했다.

"슬프게도 우리가 속고 착각해
 마땅히 공포를 느꼈음을 선언한다.
 우리 마음은 몹시 걱정스럽고
 괴로우며, 이에 삼가 용서를 빈다."

세일럼 배심원단의 사과문, 1697년

↑ 재판이 시작되자, 히스테리에 찬 고발이 쏟아졌다. 원한이 있는 이에게 앙갚음하려고 고발한 경우도 있었을 것이다.

카스틸로 데 샌마르코스

미국, 플로리다주 세인트 오거스틴 | 1695년

미국 본토에서 가장 오래된 석조 요새인 샌마르코스는 세인트오거스틴을 건설한 스페인 식민지 주민이 지었다. 현지에서 나는 부드러운 석회암 코키나coquina를 사용했는데, 코키나는 방어 시설용 자재로 인기를 끌었다. 충격을 흡수해서 산산이 조각나지 않기 때문에 포격을 효과적으로 방어할 수 있었다. 스페인이 미국에 플로리다를 양도한 이후 요새는 영국과 미국에 차례대로 점령됐지만, 결코 완전히 함락당하지는 않았다.

산이그나시오 미니 예수회 선교원

아르헨티나, 미시오네스 | 1696년

산이그나시오 미니는 파라과이 지방(현재 아르헨티나와 브라질, 파라과이의 일부 지역을 아우른다)에 설립된 예수회 선교원 30여 곳 가운데 하나다. 스페인 바로크 양식으로 짓고 현지 과라나 문화의 모티프로 장식한 이 건물은 학교와 병원, 성당을 통합했다. 예수회는 이 일대에서 대체로 성공을 거뒀고, 선교원은 기독교 문헌을 과라니어로 인쇄하는 인쇄소까지 갖췄다.

↑ 부드러운 코키나는 포격을 놀랍도록 효과적으로 견뎠다.

↑ 선교원에서 3,300여 명이 생활했을 것이다. 중앙 광장과 성당, 사제관, 묘지, 주거지 유적이 여전히 보인다.

냐타폴라 사원

네팔, 바크타푸르 | 1702년

신성한 싸움이 벌어진 곳에 세워져 수차례 지진을 견딘 사원.

바크타푸르의 중앙 광장에 우뚝 솟은 이 힌두교 사원은 네팔에서 높이가 가장 높다. 벽돌과 목재로 지은 사원은 섬세하고 우아한 겉모습과 달리 3세기 동안 강진을 여러 차례 견뎌냈다. 5층 탑은 호전적인 두르가 여신의 화신인 시디 락슈미에게 바쳐졌다. 지역 전설에 따르면, 바로 이곳에서 락슈미가 바이라바(파괴의 신 시바의 화신—옮긴이)를 물리쳤다고 한다. 중앙 광장에는 바이라바를 모시는 사원도 있다. 바이라바가 분노해서 인류를 말살하고 문명을 종식하겠다고 나서자, 락슈미가 위협해 바이라바의 의지를 꺾어놓았다. 락슈미의 사원이 훨씬 더 강력했기 때문에 가능한 일이었다. 이 전설 때문에 냐타폴라 사원은 지극히 신성한 곳으로 여겨져 오직 승려만이 내부 성소에 들어갈 수 있다.

↑ 네팔 사람들은 냐타폴라 사원이 성스러운 내력 덕분에 지진을 이겨낸다고 믿는다. 사원은 사진에서 왼쪽에 있는 건물이다.

세인트 폴 대성당

잉글랜드, 런던 | 1710년

런던의 스카이라인을 바꾼 잉글랜드 바로크 양식의 걸작.

1666년 런던 대화재로 고딕 성당이 파손되자, 건축가 크리스토퍼 렌은 새로운 성당을 짓는 작업을 맡았다. 이때 렌은 수도의 다른 성당 51곳을 재건축하는 일도 담당했다. 새로운 세인트 폴 대성당을 짓는 데는 35년이 걸렸다. 기초공사는 1675년 6월 첫 삽을 떴지만, 건물을 올리는 내내 설계의 여러 요소가 끊임없이 수정됐다. 예를 들어, 안정성을 강화하고 기둥 사이 간격을 늘리고자 1690-1695년 내부 돔과 외부 돔 사이에 벽돌을 쌓은 원뿔형 구조물을 넣는 공사를 했다. 마지막으로 지은 서쪽 탑은 1710년에야 완공됐다.

대성당과 다른 도심 속 성당들은 런던을 근대적인 도시로 재창조하며 도시의 실루엣을 완전히 바꿨다. 렌이 지은 다른 성당의 탑과 첨탑이 이룬 숲 위로 111미터나 솟아오른 세인트 폴 대성당은 런던 어디에서든 볼 수 있다. 이 건물의 완공으로 영국 건축은 로마, 프랑스 건축과 어깨를 나란히 하게 됐다.

↓ 이탈리아 화가 카날레토가 1750-1751년 그린 〈서머셋 하우스 테라스에서 바라본 템스강〉의 세부. 새로 완공된 세인트 폴 대성당이 도시 경관에 얼마나 큰 영향을 미쳤는지 잘 보여준다.

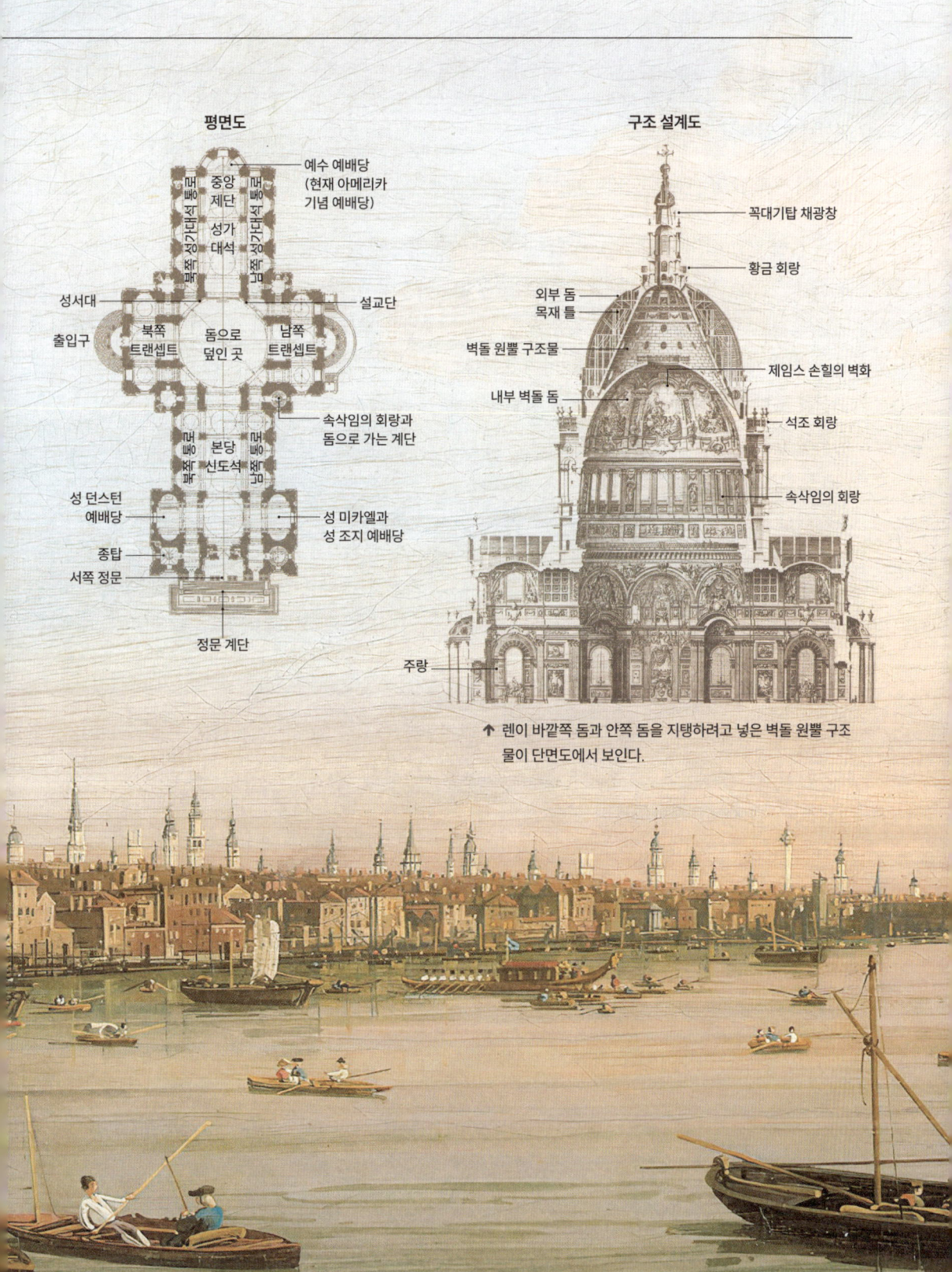

평면도

예수 예배당
(현재 아메리카
기념 예배당)

중앙
제단

성가
대석

성서대

설교단

출입구

북쪽
트랜셉트

돔으로
덮인 곳

남쪽
트랜셉트

속삭임의 회랑과
돔으로 가는 계단

본당
신도석

성 던스턴
예배당

성 미카엘과
성 조지 예배당

종탑

서쪽 정문

정문 계단

구조 설계도

꼭대기탑 채광창

황금 회랑

외부 돔
목재 틀

벽돌 원뿔 구조물

내부 벽돌 돔

제임스 손힐의 벽화

석조 회랑

속삭임의 회랑

주랑

↑ 렌이 바깥쪽 돔과 안쪽 돔을 지탱하려고 넣은 벽돌 원뿔 구조
물이 단면도에서 보인다.

예수 변모 성당

러시아, 키지섬 | 1714년

러시아 전통 교회 건축의 탁월한 모범.

작은 섬에 있는 이 성당을 찾는 신도는 카렐리야 지방의 오네가호 주변 농촌에서 드문드문 흩어져 살아가는 사람들이었다. 표트르대제가 스웨덴을 물리친 사건을 기념하고자 지은 성당으로, 지붕널을 포개어 만든 돔 22개를 자랑하는 이 건물은 러시아의 문화유산에서 아주 중요한 목조건축 분야의 역작이다. 그야말로 철두철미한 장인들이 못을 전혀 사용하지 않고 건물을 완성했다.

명장 네스토르가 성당을 지은 뒤 홀연히 사라졌다는 전설 덕분에 키지섬 성당의 목공 기술이 초자연적이라는 설이 더욱 힘을 얻었다.

세인트루이스 요새

캐나다, 카나와케 | 1725년

카나와케 지역에 자리 잡은 예수회 선교원은 오늘날 퀘벡 외곽의 로런스강을 굽어본다. 선교단은 완전히 정착하기 전에 크리스트교로 개종한 원주민 이로쿼이족과 함께 여러 차례 이주했다. 이로쿼이족은 농지가 고갈되면 떠나는 반‡유목민이었다. 프랑스 정부는 예수회에 토지를 관리하고 개종자를 보호하는 권한을 부여했지만, 사실 선교단은 지주나 다름없었다. 선교단은 유럽에서 온 정착민에게 땅을 주는 대가로 수수료를 받았다. 그러자 지역 주민과 유입 정착민을 포함해 여러 집단 사이에서 갈등이 벌어졌다. 몇 년 뒤, 이로쿼이족은 처음에는 나무 울타리를, 나중에는 돌담을 쌓아서 주거지와 예수회 선교원, 성당, 학교를 둘러싸 보호했다.

모건 루이스 풍차

바베이도스, 세인트앤드루 | 1727년

17세기 후반, 노예 노동에 의존하던 영국 식민지 바베이도스는 주요 작물을 담배에서 사탕수수로 바꾸고 유럽에 설탕을 공급했다. 모건 루이스 풍차는 이 시기에 수두룩하게 세워진 풍차 가운데 하나다. 거칠게 잘라낸 돌을 쌓고, 산호 가루와 달걀흰자를 섞어서 만든 현지의 모르타르를 '시멘트'처럼 써서 지었다. 이 풍차는 사탕수수에서 즙을 추출하는 압착기로 쓰였고, 여전히 온전한 상태로 남아 있다.

↓ 예수회 선교사와 이로쿼이족 개종자를 보호하고자 지은 요새.

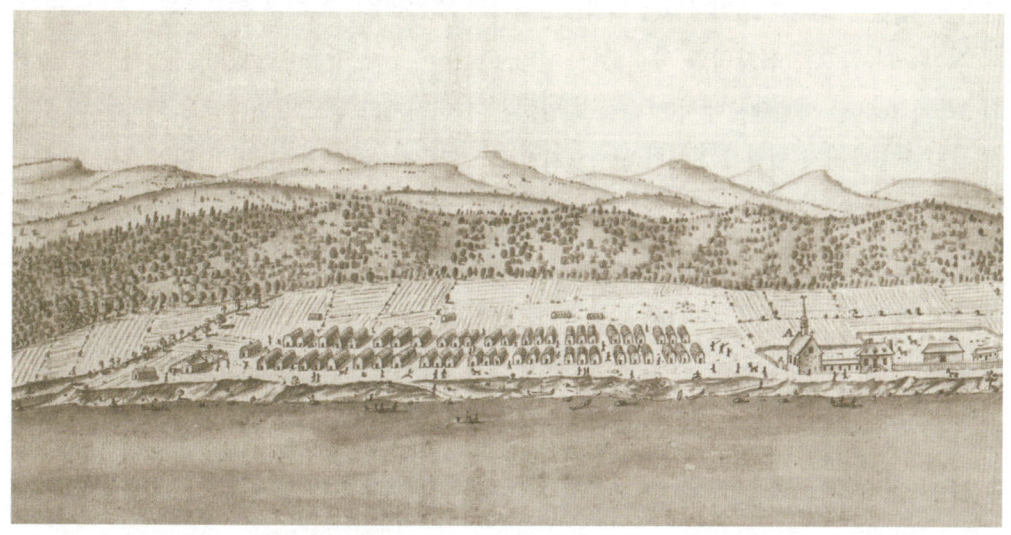

187 예술과 문화 공간

트리니티 칼리지
더블린 도서관

아일랜드, 더블린 | 1732년

트리니티 칼리지는 더블린에서 가장 유서 깊은 학술 기관이다. 그런데 1680년대 자코바이트(영국의 명예혁명 이후 스튜어트 왕조의 복위를 주장한 정치 세력—옮긴이) 봉기가 일어나면서 제임스 2세의 점령군이 학교를 심각하게 파손했다. 윌리엄 3세가 1690년 아일랜드에서 반란을 진압하며 트리니티 칼리지 재건이 천천히 진행됐지만, 런던 의회는 결국 새로운 도서관 건립에 자금을 지원하기로 했다. 옛 세관 건물을 포함해 더블린에 유명한 건축물을 여럿 지은 토머스 버그가 건축을 맡아 웅장하고 인상적인 도서관을 지었다.

↑ 새로 지은 도서관은 무척이나 장엄해서 기존 도서관을 압도했다.

188 공공 기반 시설과 혁신

산타 마리아 데
로레토 성당

칠레, 아차오 | 1740년

칠로에군도를 이루는 수많은 섬은 18세기 전반에 스페인의 예수회 선교단이 심혈을 기울여 선교했던 곳이다. 선교사들은 군도 이곳저곳으로 기운차게 여행했고, 대개 한 곳에 오래 머물지 않았다. 개종자 수가 늘면서 사제와 신도가 비바람을 피하는 데 썼던 단순한 초가집이 지역 주민의 목공 기술을 자랑하는 목조 성당으로 거듭났다. 킨차오섬에 있는 산타 마리아 데 로레토 성당은 당대 지어진 성당 가운데 가장 온전하게 보존된 편이다. 오로지 목재와 나무못만 사용해 절묘하게 지었다.

↑ 이 성당은 예수회가 칠로에군도에 미친 영향력의 유산을 일깨운다.

퍼네일 홀

미국, 매사추세츠주 보스턴 | 1742년

퍼네일 홀은 보스턴에 이 건물을 선사한 부유한 노예 상인 피터 퍼네일에게서 이름을 따왔다. 이곳은 중앙 시장이자 만남의 장소였다. 1층은 야외 시장이었고 2층은 회의장으로 쓰였다. 1760년대와 1770년대에는 '자유의 요람'이라는 별명으로도 불렸다. 새뮤얼 애덤스와 제임스 오티스를 포함해 저명한 자유의아들단(영국의 식민 통치에 반대하며 독립운동을 지지한 단체─옮긴이) 인사가 독립 전쟁 전날 이곳에서 모임을 열었기 때문이다.

상수시 궁전

독일, 포츠담 | 1747년

상수시 궁전은 장식 요소가 빼곡히 들어찬 정원 속에 자리한 우아한 로코코 양식 궁전이다. 상수시는 '근심 걱정이 없다'라는 뜻으로, 프로이센의 프리드리히대왕이 편히 쉴 곳을 마련하고자 이 궁전을 지었다. 프리드리히는 이 휴양지에서 휴식을 즐기고, 예술을 향한 열정에 푹 빠지며, 당대의 위대한 사상가와 즐겁게 어울렸다(프랑스 작가 볼테르가 머물 방도 만들었지만, 그는 결코 이 궁을 찾지 않았다). 종종 베르사유 궁전과 비교되기도 하는데, 더 아담한 규모와 생기발랄한 분위기 덕분에 그 자체로 독보적인 건물이다.

↓ 포도나무와 무화과를 심은 테라스와 중국풍 정자 등 이국적인 특징이 묻어나는 상수시의 정원은 프리드리히에게 궁전만큼이나 중요했다.

191 업무 공간

야코프 호이

네덜란드, 암스테르담 | 1747년

야코프 호이가 암스테르담의 니우마르크트 시장에 처음 노점을 열고 주방과 약품 상자를 채울 각종 향신료를 판매했을 때, 네덜란드 동인도회사는 이미 150년 가까이 무역에 매진하던 중이었다. 하지만 유럽 향신료 무역의 중요한 허브 도시에서 향신료 상점은 호이의 작은 가게 하나뿐이었다. 1747년, 야코프 호이는 클로베니르스뷔르흐발 12번지에 정식 점포를 냈다. 여전히 영업 중인 이 가게는 유럽에서 가장 오래된 향신료 상점이다.

192 주거지

게트라이데가세 9번지

오스트리아, 잘츠부르크 | 1756년

볼프강 아마데우스 모차르트는 잘츠부르크 대주교구 게트라이데가세 9번지에 있는 소박한 연립주택 2층에서 태어났다. 아버지 레오폴트는 궁정의 음악 교사였다. 모차르트는 아주 어려서부터 천재로 소문나 8살이 되기도 전에 유럽 궁정을 순회했다. 그는 잘츠부르크를 시골로 낮잡아 보고 빈을 훨씬 더 좋아했다. 하지만 그가 세상을 떠나자, 잘츠부르크는 이 음악가를 총애하는 아들로 삼으며 모차르트의 도시로 거듭났다.

193 예술과 문화 공간

파인애플 온실

스코틀랜드, 던모어 | 1761년

지붕을 파인애플 모양으로 꾸민 정원 건물은 던모어 백작의 유리온실에 특별히 세련된 감각을 더했다. 이 온실은 식탁에 올릴 별미를 재배하는 데 쓰였다. 파인애플은 유럽 북부에서 몹시 귀했다. 1668년, 찰스 2세는 프랑스 대사 앞에서 과시하고자 저녁 식사에 파인애플을 내기도 했다. 수입하는 데 비용도 많이 들고 재배하기도 어려운 탓에 파인애플은 18세기 중반까지 높은 지위의 상징이었다. 귀족은 유리온실에서 파인애플을 길렀고, 파인애플을 살 만큼 형편이 넉넉하지 않은 사람들은 특별한 행사가 있을 때 하나씩 빌리고는 했다.

알카사르

스페인, 세고비아 | 1762년

15세기 중반에 현재의 모습을 갖춘 알카사르는 독특하게도 선박 모양으로 지은 크고 튼튼한 중세 성이다. 1762년, 스페인 국왕 카를로스 3세는 유럽 전역에 퍼진 추세를 따라 알카사르에 군사훈련 학교를 열었다. 17세기 말 유럽 국가 대부분은 병사를 징집하는 대신 상비군을 운용하기 시작했고, 따라서 군사학을 교육할 기관이 필요해졌다.

← 전문 군인을 양성하는 군사학교는 18세기 후반에 새롭게 발전했다.

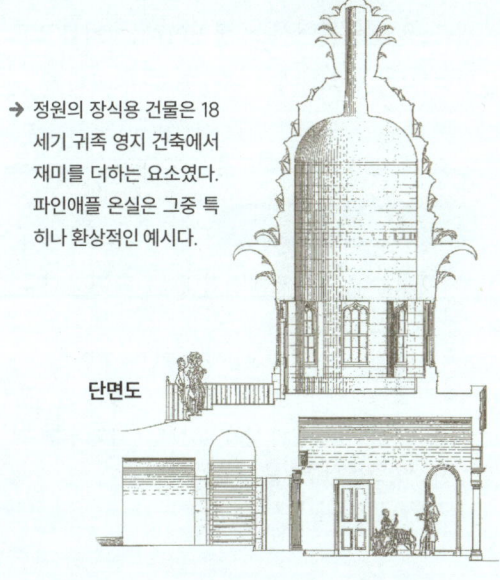

→ 정원의 장식용 건물은 18세기 귀족 영지 건축에서 재미를 더하는 요소였다. 파인애플 온실은 그중 특히나 환상적인 예시다.

단면도

프런시스 태번

미국, 뉴욕시 맨해튼 | 1762년

미국독립전쟁에서 중요한 역할을 맡은 뉴욕 선술집.

1762년, 새뮤얼 프런시스는 펄가 54번지에 퀸스헤드Queen's Head라는 술집을 열었다. 원래는 1719년에 부유한 상인이 지은 주택 건물이었다. 당시에 선술집은 사회·정치 문제를 토론하는 공공 광장이나 다름없었고, 퀸스헤드는 금세 인기를 얻었다. 최초의 뉴욕 상공회의소가 1768년 이곳에서 회의를 열면서 설립됐고, 미국독립전쟁의 양측을 포함해 수많은 조직이 이 술집에서 회의를 했다. 1774년 무렵에는 독립 찬성파가 즐겨 찾는 곳이 되어 자유의아들단이 정기 모임을 열기도 했다.

　뉴욕은 미국독립전쟁이 끝나고 영국이 마지막으로 떠난 도시였다. 독립을 쟁취한 미국인은 오늘날 프런시스 태번이라는 이름으로 알려진 이 선술집에서 대규모 축하 파티를 열

었다. 1783년 12월 4일에는 조지 워싱턴이 버지니아로 돌아가기 전에 이곳의 롱룸LongRoom에서 장교단과 작별 만찬을 즐기기도 했다. 새뮤얼 프런시스와 워싱턴의 인연은 여기서 끝나지 않았다. 워싱턴은 1789년에 미국 초대 대통령으로 취임하고 이 선술집에서 축하 자리를 마련했다. 1787년, 프런시스는 워싱턴의 집사가 되며 건물을 팔았고, 처음에는 뉴욕에서 그다음에는 필라델피아에서 워싱턴을 보좌했다.

→ 이 선술집은 당대 수많은 선술집과 마찬가지로 개인 주택 건물에 둥지를 틀었다.

↓ 워싱턴이 프런시스 태번에서 장교에게 작별 인사를 건네는 모습을 담은 상상화.

프런시스 태번에 관한 사실

1 1770년대 독립운동 단체 사이에서 인기 있던 만남의 장소

2 독립 전쟁이 끝나고 워싱턴이 장교단에 고별 연설을 한 곳

3 1780년대에 워싱턴이 잠시 뉴욕에서 새 정부를 꾸렸을 때 임시 사무실을 제공함

"사랑과 감사로 가득한 마음으로 이제 여러분께 작별 인사를 드립니다.
여러분의 마지막 날들이 영광스럽고 명예로웠던 지난날처럼
번영하고 행복하기를 간절하게 바랍니다."

조지 워싱턴이 1783년 프런시스 태번에서
장교들에게 전한 작별 인사

에레클레 2세 궁전

조지아, 텔라비 | 1762년

에레클레 2세(헤라클리우스 2세) 때 개조된 이 궁전은 조지아에서 유일하게 오늘날까지 살아남은 왕궁이다. 오스만제국과 크리스트교의 영향이 혼재해 있는데, 이 작은 나라의 동부 지역에서 전형적으로 보이는 특징이다. 조지아는 두 이슬람 세력인 오스만제국과 사파비 왕조의 영토 분쟁에 직면해서 크리스트교 정체성을 유지하려고 고군분투했다. 1783년, 마침내 에레클레 2세는 정교회를 믿는 러시아와 보호조약을 맺어 영토를 지켰다.

화이트채플 종 주조소

잉글랜드, 런던 | 1770년경

운송 중 금이 간 자유의 종

영국에서 가장 오래된 종 제작소는 역사가 적어도 1570년으로 거슬러 올라간다. 공장은 1740년경에 이곳으로 이전했고, 1770년경에 현재와 같은 간판을 달았다. 이곳에서 주조한 종은 대체로 교회에서 쓰는 용도였고, 일부 상품은 아주 먼 곳에 팔리기도 했다. 런던의 빅벤에 설치될 종도 만들었고, 1752년에는 필라델피아에 있는 펜실베이니아주 의회 의사당에 올릴 자유의 종 원본도 주조했다.

↑ 왕궁 단지 내 일부 건물은 고전적인 로마 바실리카를 닮았다.

↑ 오늘날 주조소의 미래는 위기에 처했다.

크롬포드 밀

잉글랜드, 더비셔 | 1771년

발명가 리처드 아크라이트는 새로 고안한 수력 방직기를 설치하려고 인근의 납 광산에서 데워진 물이 흘러나오는 곳에 크롬포드 밀을 건설했다. 이 방직 공장은 노동자 200명을 고용해 12시간 간격을 두고 2교대로 기계를 돌렸다. 노동자는 대체로 여성과 어린이였다. 공장의 생산성은 매우 높았고, 산업혁명이 점차 퍼져나가면서 공장 운영의 모델이 됐다. 영국의 초기 산업혁명을 대표하는 건물이다.

↓ 크롬포드 밀을 건설한 리처드 아크라이트는 최초로 노동자에게 숙박 시설을 제공한 고용주다.

몬티셀로

미국, 버지니아주 샬러츠빌 | 1772년경

신고전주의 양식 건물 몬티셀로는 40년 넘는 세월 동안 버지니아 사유지를 개조한 끝에 막대한 빚을 지고 죽은 토머스 제퍼슨이 설계했다. 제퍼슨의 버지니아 땅은 노예를 부리는 플랜테이션 농장으로 쓰였다. 그는 미국독립선언문을 작성한 주요 인물이었고, 버지니아대학교를 설립했으며, 종교의 자유를 장려했고, 노예제를 '도덕적 타락'이라고 비난했다. 하지만 정작 자신이 노예주라는 모순은 끝내 해결하지 못했다.

피서산장 문진각

중국, 허베이성 청더 | 1773년경

문진각은 청나라 황실이 여름을 보내던 청더 행궁(피서산장)에 건륭제가 세운 장서각이다. 이 황실 도서관에서 소장한 책은 많았지만, 특히 철학, 역사, 고전, 문학 분야의 문헌을 백과사전식으로 묶은 『사고전서』가 중요했다. 단 7부밖에 없는 『사고전서』는 문학과 학문에 심취했던 건륭제의 지시로 편찬됐다.

올드 사우스 집회소

미국, 매사추세츠주 보스턴 | 1773년경

보스턴 차 사건을 계획한 모임이 열렸던 장소.

1729년, 청교도 모임 장소로 지어진 이 아름다운 벽돌 건물은 곧 퍼네일 홀(167쪽 참고)보다 규모가 훨씬 더 큰 집회소로 발돋움했다. 1773년 12월 16일, 정치활동가 새뮤얼 애덤스가 5천 명에 이르는 군중 앞에서 연설한 곳이기도 하다. 애덤스는 영국 의회가 동인도회사에 차 무역 독점권을 주고 미국 식민지로 수입된 차에 세금을 매기는 법안을 통과시킨 데 반대해 목소리를 높였다. 그때까지 미국은 대체로 세금이 안 붙는 네덜란드 차를 수입해왔다. 연설이 끝나자, 애덤스가 이끄는 '자유의아들단'은 그리핀 부두로 행진해 배에 올라타 차 상자 342개를 바다에 던졌다. 영국 의회는 '참을 수 없는 법'(본국에 대항하는 미국 식민지를 징벌하고자 제정한 법—옮긴이)을 통과시켜 보복에 나섰다. 이 법안으로 매사추세츠의 자치권이 박탈됐고, 보스턴의 무역도 중단됐다. 결국 상황은 미국독립전쟁에 한 걸음 더 가까워졌다. 올드 사우스 집회소는 미국 건축사에서 식민 양식의 끝자락에 지어져, 연방 양식으로의 이행을 예고하는 건물이기도 하다.

← 오늘날 이 집회소는 주변의 고층 건물에 둘러싸여 몹시 작아 보인다. 1770년대 초반 보스턴에서 가장 커다란 건물이었다는 사실이 믿기지 않을 정도다.

펜실베이니아주 의회 의사당

미국, 펜실베이니아주 필라델피아 | 1776년

오랜 전쟁 끝에 미국독립선언문에 서명이 이루어진 곳.

미국 연방 양식의 출발점이라 할 수 있는 펜실베이니아주 의회 의사당은 1753년 완공됐다. 1776년 7월 4일, 미국 식민지 13개 주의 대표로 구성된 제2차 대륙 회의는 이곳에서 미국독립선언문에 서명했다. 의사당은 독립 기념관으로 더 유명해졌다. 몰려든 군중 앞에서 독립선언문을 처음 낭독한 건물 바깥 공간은 '독립 광장'이라는 이름을 얻었다.

하지만 미국 의회는 곧바로 독립을 얻지 못했다. 1775년 설립된 의회는 '대륙군'을 조직해 조지 워싱턴을 지도자로 삼았지만, 여전히 영국과 평화적으로 문제를 해결하기를 바랐다. 영국의 조지 3세에게 무력 충돌을 피하자고 직접 청원서도 보냈지만(이를 '올리브 가지 청원'이라고 부른다), 왕은 식민지가 반란을 일으켰다고 선포했다. 영국 왕이 독일 용병을 고용해 파병하자, 의회는 독립 전쟁만이 유일한 길임을 깨달았다.

↓ 1787년 9월 17일, 펜실베이니아주 의사당에서 미국 헌법이 공포됐다.

아이언 브리지

잉글랜드, 슈롭셔 | 1779년

산업혁명에서 중요한 진전을 알린 철의 혁신적 사용.

1709년, 영국 서부 광산 지역인 콜브룩데일의 에이브러햄 더비는 비싼 숯 대신 코크스를 사용해 철을 제련하는 기술을 터득했다. 이 공정을 활용하면 철을 훨씬 더 많이 생산할 수 있었다. 그런데 콜브룩데일 지역은 세번강이 흐르는 협곡으로 쪼개져 있어 주로 양쪽을 오가는 바지선으로 물품을 날랐다. 하지만 겨울에는 강물이 지나치게 세차게 흘렀고 여름에는 수위가 너무 낮아서 배를 몰기가 어려웠다.

1773년, 슈루즈베리의 건축가 토머스 프리처드는 협곡을 가로지르는 철교를 지어 통행에 사용하고 지역 상품을 홍보하자고 제안했다. 프리처드는 길이 30미터짜리 경간 하나만 있는 교량을 설계했다. 1777년 그가 사망하고, 에이브러햄 더비의 손자인 에이브러햄 더비 3세가 건설 프로젝트를 이어받았다. 다리는 1779년 완공됐고, 2년이 더 지나 개통했다. 이 다리는 널리 호평받았고, '아이언 브리지'라는 이름은 다리뿐 아니라 인근 마을을 칭하는 이름이 됐다. 또한, 건설에 철재를 사용하는 새로운 시대를 열었다. 다리가 완공되고 6년 뒤에 철재로 만든 최초의 바지선도 세번강에 나타났다.

1 세계 최초의 철교
2 대중에게 철이 건축 자재로 쓰일 수 있다는 사실을 널리 알림
3 훨씬 더 커다란 건축물에 쓰일 철재 주조 공정 개발을 촉진함

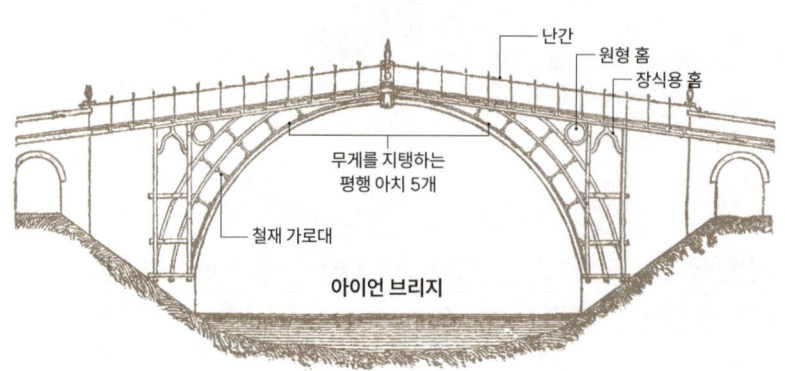

난간
원형 홈
장식용 홈
무게를 지탱하는 평행 아치 5개
철재 가로대

아이언 브리지

→ 울창한 숲이 우거진 가파른 협곡을 가로지르는 이 다리는 철재를 쓴 덕분에 많은 교통량을 견딜 만큼 안정적이고 튼튼하다.

"다리는 너비 30미터, 높이 16미터,
폭 5.5미터인 아치 하나로 이루어져 있다.
모두 주철로 만들었고, 무게가 수백 톤에 달한다.
로도스의 거상보다 훨씬 더 무거울지도 모른다."

신학자 존 웨슬리, 1779년

왕비의 마을

프랑스, 베르사유 | 1783년

프랑스의 젊은 왕비를 위해 지은 판타지 마을.

마리 앙투아네트

1783년, 마리 앙투아네트는 궁정 건축가 리샤르 미크에게 베르사유의 프티 트리아농 부지에 이상적인 마을을 지어달라고 부탁했다. 마침내 1786년에 왕비의 마을 건물 13채가 작은 인공 호수 기슭을 따라 들어섰다. 작은 마을을 짓겠다는 아이디어를 떠올린 사람은 앙투아네트만이 아니었다. 당시 귀족 사이에는 재미로 소박한 시골 마을을 짓는 일이 유행이었다. 샹티이성에도 비슷한 마을이 지어졌다. 국왕 부부의 시골 마을에는 방앗간, 오두막, 실제로 쓰이는 낙농장과 보여주기식 낙농장 등이 있었다. 이곳은 친구를 초대해서 접대하는 비공식적 장소로 사용됐다. 마을의 낙농장은

신선한 우유와 크림을 공급했고, 왕실의 아이들이 즐겁게 노는 놀이터가 되기도 했다. 마리 앙투아네트는 엄격한 베르사유 궁전 생활에서 벗어나 이 시골 마을로 쉬러 가고는 했다. 프랑스혁명이 터지기 직전, 왕비의 마을은 백성이 굶주리는데 왕비가 소젖 짜는 장난이나 치던 곳이라며 앙투아네트를 비난하는 구실로 쓰였다.

↓ 대규모 영지를 소유한 왕족과 귀족 사이에서 소규모 시골 마을 짓는 일은 드물지 않은 오락거리였다. 하지만 마리 앙투아네트는 용서받지 못할 만큼 경솔하게 쾌락을 좇는다고 낙인이 찍혔다.

205 주거지/종교 시설 및 기념물

에지수 베세아세

가나, 쿠마시 | 1780년대경

아샨티제국은 18세기 초에서 19세기 중반까지 서아프리카에서 강력한 위용을 뽐내던 제국이었다. 이 제국의 전통 주택과 사원 건물에는 공통된 기능이 있었다. 바로 주거 기능이다. 신을 위한 공간이든 사람을 위한 공간이든, 경사가 가파른 초가지붕을 얹은 건물에는 개별 방들이 중앙 안뜰을 둘러싸고 있었다. 에지수 베세아세는 아샨티 사원 중 마지막까지 살아남은 몇 안 되는 건물이다. 정기적으로 보수하는 흙벽은 아샨티족이 쓰는 아딘크라어를 돋을새김한 상징으로 뒤덮여 있다.

206 주거지

다리아 다울라트 바그

인도, 카르나카타주 스리랑가파트나 | 1784년경

다리아 다울라트 바그는 마이소르왕국의 강력한 군주로서 영국의 지배에 완강히 저항했던 '마이소르의 호랑이' 티푸 술탄이 지은 궁전 7곳 중 하나다. 티크로 지은 직사각형 건물에는 1780년 폴릴루르 전투에서 영국 동인도회사와 맞붙은 티푸 술탄의 승리를 묘사한 벽화가 있다. 티푸 술탄은 1799년 스리랑가파트나 공방전에서 영국군과 싸우다 전사했다.

↑ 인도의 수많은 여름 궁전처럼 다리아 다울라트 바그도 공간 대부분이 야외로 트여 있다. 격자 모양으로 만든 벽은 햇빛이 작열하는 날씨에 그늘을 드리우며 바람도 잘 통한다.

파리 카타콤

프랑스, 파리 | 1785년

관광객을 끌어당기는 명소가 된 지하 묘지.

15-18세기, 파리가 너무나 빠르게 성장하는 바람에 공동묘지가 금세 가득 찼다. 시민은 묘지에서 악취가 난다고 불평하기 시작했다. 1780년 생 이노상 공동묘지의 벽이 허물어져 시신들이 거리로 나뒹굴자, 마지막까지 남아 있던 인내심마저 무너졌다.

해결책은 15세기 이후로 버려진 파리 지하의 석회암 채석장이었다. 1785년, 시신을 안치할 수 있도록 수 킬로미터나 되는 지하 터널을 정비하는 작업이 시작됐다. 터널에는 카타콤(원래는 초기 크리스트교 시대의 비밀 묘지이자 예배 장소를 가리킨다—옮긴이)이라는 이름이 새로붙었다. 그 후로 12년에 걸쳐 유골 600만여 구가 (밤에) 옮겨져 카타콤 통로에 차곡차곡 쌓였다. 1789-1799년 프랑스혁명 시기에는 수많은 시신이 이곳으로 곧장 운반됐다.

카타콤은 19세기 초에 관광 명소로 탈바꿈했다. 최초의 관광객은 1809년에 입장했다. 마치 벽을 장식하듯 층층이 쌓인 유골이 정교한 패턴을 이루며 터널을 따라 이어져 있었다.

↑ 카타콤이 1809년 대중에 공개되기 전, 카타콤 관리 및 정비 총책임자였던 드 투리는 유골을 보기 좋게 일제히 정리했다.

바스티유 감옥

프랑스, 파리 | 1789년

프랑스혁명의 시작을 알린 감옥 습격 사건이 벌어진 곳.

바스티유의 수명은 18세기 말에 이미 끝나가고 있었다. 거대한 중세 요새로 지어진 이 건물은 국왕의 권력에 도전하는 이들을 가두는 감옥으로 수백 년 동안 쓰였다. 백성의 눈에는 부르봉 왕조의 폭정을 상징하는 건물이었다. 1789년 여름, 바스티유에 투옥된 사람은 대중이 잘 모르는 수감자 단 7명뿐이었지만, 혁명가에게 이곳은 두 가지 이유에서 무척 중요했다. 우선 바스티유는 무너뜨려야 하는 모든 체제의 상징이었고, 더욱이 화약 창고로도 알려져 있었다. 7월 14일, 이미 파리의 군 병원인 앵발리드를 약탈한 시민들은 감춰져 있던 소총과 대포 여러 문을 탈취해서 바스티유를 포위했다.

교도소장은 중재를 시도했지만, 군중은 벽을 기어 올라가 건물을 점거했다. 바스티유 함락은 혁명의 시발점으로 여겨진다. 이곳이 시민의 손에 넘어가고 겨우 3년 뒤에 왕정이 폐지됐다.

↑ 당대의 미술가 장루이 프리외가 바스티유 함락 장면을 묘사한 판화.

↓ 북동쪽에서 바라본 바스티유와 생앙투안 문을 그린 상상도. 1789년 바스티유 습격 이후 건물은 완전히 철거됐고, 오늘날 바스티유 광장이 그 자리를 차지하고 있다.

브란덴부르크 문

독일, 베를린 | 1791년

독일 정체성을 상징하는 국가 기념물.

프로이센 국왕이 지은 브란덴부르크 문은 도리스 양식 기둥을 두 줄로 세운 그리스 부흥 양식으로 설계됐다. 문 위에는 쿼드리가quadriga, 즉 말 4필이 끄는 이륜 전차 조각상이 올라가 있다. 여러 정권과 권력자가 이 쿼드리가를 권위의 상징으로 사용했고, 나폴레옹은 베를린을 점령했을 때 파리로 가져가기까지 했다(1814년 전쟁에서 패배해 몰락했을 때 되돌려놓았다). 세월이 더 흐르고 브란덴부르크 문은 나치의 열병식에서도 중심 무대가 됐다. 제2차 세계대전이 끝나고 베를린이 분단될 때 이 문은 출입 금지 구역이 됐지만, 1989년 이후로는 독일 재통일의 상징으로 거듭났다.

↑ 나폴레옹이 전리품으로 가져간 이 쿼드리가는 1814년에 다시 베를린으로 돌아왔다.

↓ 신고전주의 양식의 힘차고 깔끔한 선이 돋보이는 이 문은 건축가 카를 고타르트 랑한스와 조각가 요한 고트프리트 샤도브의 협업으로 완성됐다. 이는 18세기 후반 유럽에서 고대 로마의 개선문·기념문을 모방하던 유행을 따른 것이다.

엘리자베스 팜

오스트레일리아, 뉴사우스웨일스 | 1793년

존 맥아더가 1793년에 짓고 아내의 이름을 붙인 엘리자베스 팜은 오스트레일리아에서 가장 오래된 유럽식 주택이다. 부부는 집에 툇마루를 길게 내서 지역 기후에 맞게 조정했고, 여러 차례 집을 확장했다. 존이 우여곡절로 가득한 삶을 사는 내내 엘리자베스는 이 집에 살며 주변 땅을 관리했다. 존은 패러매타 지역에서 유럽인의 사업에 깊이 관여했다. 그러던 중 처음에는 결투에 나선 일 때문에, 그 다음에는 무장 반란을 일으켜 식민지 총독 윌리엄 블라이의 정부를 전복하려고 시도한 일 때문에 두 번이나 영국으로 돌아가서 재판을 받았다. 1817년, 집으로 돌아온 그는 오스트레일리아에서 새롭게 양모 사업을 일구는 데 집중했고, 결국 뉴사우스웨일스에서 손꼽히는 부자가 됐다.

↓ 오스트레일리아에서 가장 오래된 유럽식 주택으로, 오스트레일리아 역사상 유일한 군사 쿠데타를 조직한 인물이 지었다.

도브 코티지

잉글랜드, 그래스미어 | 1799년경

1799년, 29세의 낭만주의 시인 윌리엄 워즈워스는 여동생 도로시와 함께 레이크디스트릭트에 있는 도브 코티지를 빌렸다. 그는 이미 시인 새뮤얼 테일러 콜리지와 함께 『서정시집』을 집필했고, 참신하면서도 단순한 문체로 점점 이름을 알리던 중이었다. 워즈워스 남매는 9년 동안 도브 코티지에서 지냈다. 그러는 사이에 윌리엄은 주변 풍경에서 영감을 받아 〈서곡〉〈의무의 부〉 등 가장 유명한 작품과 수많은 소네트를 썼다.

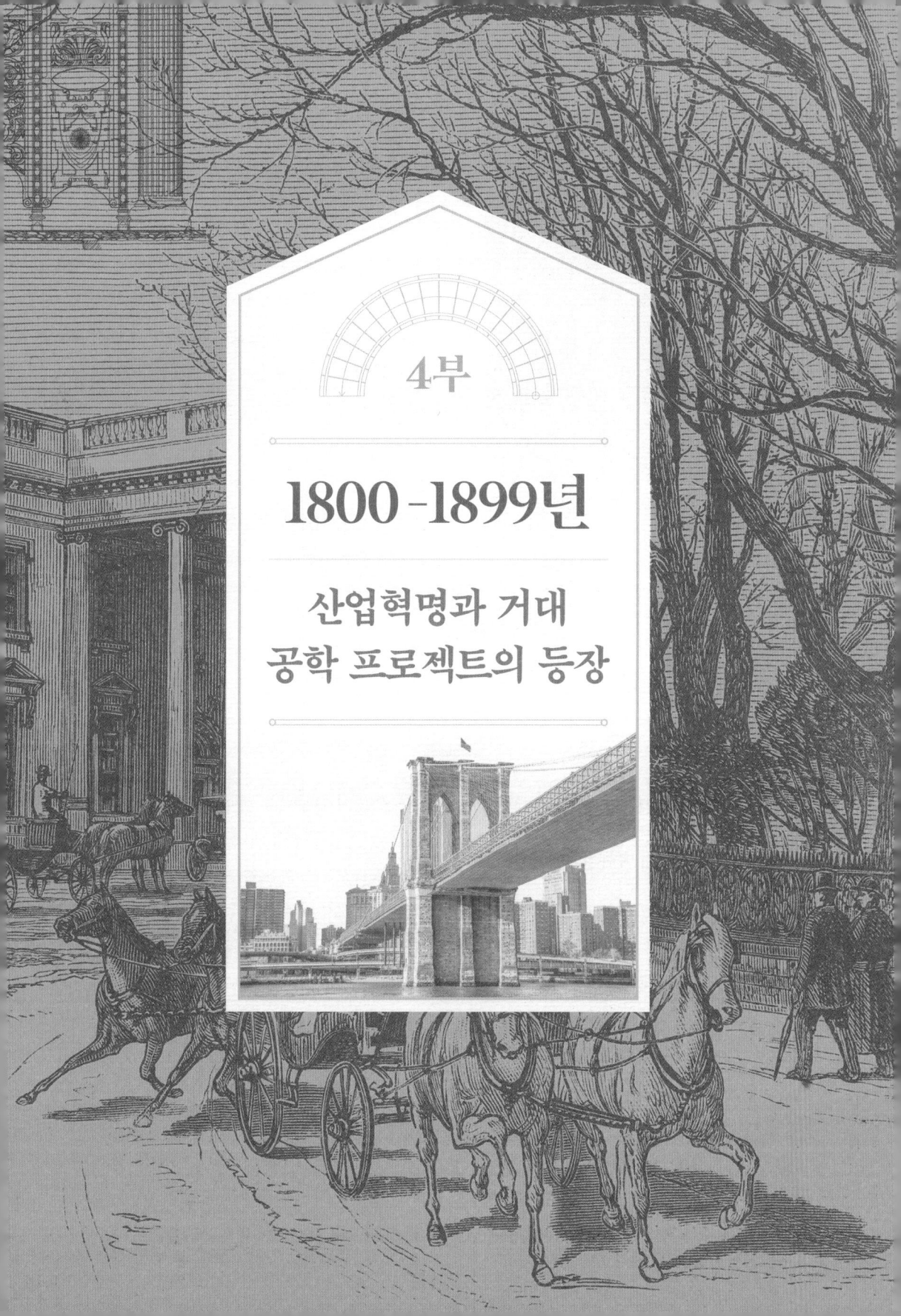

4부

1800-1899년

산업혁명과 거대
공학 프로젝트의 등장

백악관

미국, 워싱턴 D.C. | 1800년

조지 워싱턴은 미국의 새로운 수도를 세울 곳을 선택하면서 백악관의 위치와 외관도 함께 결정했다. 수도는 그 어떤 주와도 관련 없는 도시에서 새롭게 출발할 터였다. 백악관은 아일랜드 태생의 건축가 제임스 호번이 설계했고, 건설에 동원된 인력은 노예와 지역의 장인, 이민자를 모두 아울렀다. 처음에는 그저 '대통령 관저'라고 불렸던 이 신고전주의 양식 건물은 더블린에 있는 아일랜드 의회 건물 렌스터 하우스Leinster House를 본떴다.

↑ 백악관의 남쪽과 북쪽 현관은 1820년대에 추가됐다.

허미티지

미국, 테네시주 데이비드슨 카운티 | 1804년

미국 제7대 대통령의 면화 농장과 저택.

앤드루 잭슨은 변호사이자 전쟁 영웅이며 1829-1837년 재임한 미국의 7대 대통령이다. 그는 사업 거래로 재앙과 같은 실패를 맛봤고, 파산을 피하고자 1804년 기존 부동산보다 훨씬 작은 농장을 사들였다. 면적 1.7제곱킬로미터인 농장의 이름은 허미티지였다. 농장에 처음 지은 집은 단순한 통나무 오두막이었지만, 1821년 근사한 연방 양식 벽돌집으로 바뀌었다. 잭슨이 대통령을 지내는 동안 벽돌집은 오늘날의 신고전주의 저택으로 변신했다.

시간이 흐르고 농장 부지가 늘어나면서 허미티지는 수익성 좋은 면화 농장으로 성장했다. 잭슨이 세상을 떠난 1845년에는 노예 노동자가 160여 명 있었고, 잭슨은 노예제 폐지를 격렬하게 반대했다. 오늘날 잭슨은 '자유주의' 가치를 지닌 인물로 인식되지만, 허미티지의 역사는 이와 상충한다. 잭슨의 시대에 이런 모순은 흔한 일이었다.

↑ 설비를 갖추고 잘 정비된 초턴 코티지는 제인 오스틴의 오빠 에드워드의 소유였다. 에드워드도 근처의 초튼 하우스에 살았다.

초턴 코티지

잉글랜드, 햄프셔 ㅣ 1809년

작가 제인 오스틴은 부유한 오빠의 땅에 있는 이 널찍한 집에서 임대료 없이 지내며 생애 마지막(이자 가장 생산적인) 시간을 보냈다. 어머니와 언니 커샌드라, 친구 마사 로이드와 함께 살면서 하찮은 가사 노동을 중심으로 글을 썼다. 이곳에서 지내는 8년 동안 『이성과 감성』『오만과 편견』을 출판했고, 『맨스필드 파크』와 『에마』『설득』을 집필했다. 오스틴은 1817년 병에 걸려 초턴을 떠났고, 결국 숨을 거뒀다.

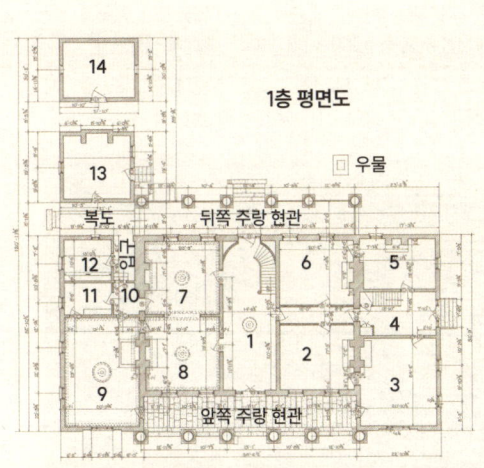

1층 평면도

☐ 우물

복도   뒤쪽 주랑 현관

앞쪽 주랑 현관

1 현관홀 2 잭슨 장군의 방 3 잭슨 장군의 서재 4 서비스 홀
5 집사의 방 6 드루 잭슨 주니어의 방 7 뒤쪽 응접실
8 앞쪽 응접실 9 식당 10 홀 11 그릇 보관실
12 식료품 저장실 13 주방 14 훈연실

↑ 1820년대 농장에 있던 아주 소박한 오두막은 점차 대통령에 어울리는 웅장한 저택으로 변했다.

야스나야 폴랴나

러시아, 툴라 | 1810년

영감의 원천이었던 톨스토이의 고향 영지.

야스나야 폴랴나는 모스크바 남쪽으로 190킬로미터 떨어진, 19세기 러시아의 전형적인 시골 영지다. 레프 톨스토이의 조부가 1810년 본관을 지었다. 16제곱킬로미터 면적의 주변 농지는 소작농 350명이 경작했다. 톨스토이는 소박한 생활이 러시아를 가장 잘 보여주는 예시라고 여겼다. 그는 크림전쟁에 참전했다가 1851년 야스나야 폴랴나로 돌아와 결혼했다. 이후 48년간 거의 고향 땅에 머물며 아내와 함께 대가족을 돌보고 글을 썼다. 『전쟁과 평화』 『안나 카레니나』도 이곳에서 썼다. 소설에 나오는 볼콘스키 공작 영지와 레빈과 키티의 집은 이곳을 바탕으로 쓴 것이다. 만년에 그는 신념이 확고해져 평화주의와 교육의 중요성을 강조했고, 전통 종교를 거부했다. 마지막 소설 『부활』이 출판되자 정교회에서 파문됐고, 극단적 견해로 아내와 불화했다. 1910년 임종 당시에는 세속적 삶에서 벗어나고자 고향 영지를 떠난 뒤였다. 집을 떠나 곧 폐렴에 걸려 숨을 거뒀지만, 그의 신념은 마하트마 간디와 여러 자유사상가에게 영향을 미쳤다. 시신은 영지 내 숲속에 묻혔다.

야스나야 폴랴나에 관한 사실

1 톨스토이가 이상적으로 묘사한 러시아 시골 생활을 대표함
2 위대한 러시아 소설 2편에 등장함
3 러시아혁명 이전 시골 영지가 온전히 보전된 희귀 사례

→ 야스나야 폴랴나에는 건물이 수없이 많았지만, 톨스토이는 웅장한 저택의 비교적 소박한 부속 건물에서 생활했다.
↓ 톨스토이는 꽃밭, 채소밭, 과수원, 주변의 자작나무 숲까지 영지의 드넓은 땅에 세심한 애착을 보였다.

"야스나야 폴랴나가 없다면,
러시아와 러시아를 향한 내 태도가 어떨지
상상조차 하지 못할 것이다."

레프 톨스토이

파라과이 독립 기념관

파라과이, 아순시온 | 1811년

**파라과이 혁명가들의
비밀 회동 장소가 된 소박한 건물.**

지금은 박물관이 된 이 작은 어도비 벽돌집은 아순시온에서 보기 드문 식민지 시대 건물이다. 19세기 초에는 이런 주택이 가장 흔했다. 안토니오 사엔스는 이 집에서 가정을 꾸렸다. 그의 아들 세바스티안 안토니오와 파울로 파블로는 파라과이에서 점점 세력을 키우던 독립운동에 가담했고, 사엔스의 집은 리오데라플라타(오늘날 파라과이, 우루과이, 볼리비아, 아르헨티나 대부분을 포함하는 방대한 지역. 당시에는 아르헨티나의 한 지역으로만 여겨졌다) 부왕령의 통치와 스페인의 식민 지배를 전복하려는 이들의 비밀스러운 회동 장소가 됐다.

1811년 5월 14일, 독립운동 단체는 사엔스의 집을 떠나 근처의 벨라스코 총독 관저로 향했고, 총독에게 평화롭게 사임하라고 설득했다. 6월 17일, 혁명가 5인이 일으킨 군사정부가 새롭게 정권을 잡았다.

↑ 혁명가들이 벨라스코 총독에게 권리를 넘기라고 요구하는 모습을 묘사한 장면.
↓ 단순한 어도비 벽돌 건물은 1800년대 초 아순시온에서 가장 전형적인 주택이었으나, 이제는 희귀한 유적이 됐다.

로드 크리켓 경기장

잉글랜드, 런던 | 1814년

세상에서 가장 유명한 크리켓 경기장의 출발지.

18세기 말, 크리켓 클럽은 경기에서 그 중요성이 점점 더 커지고 있었다. 그중 하나인 화이트 콘딧 클럽은 경기를 치르던 공공 경기장에서 그 이름을 따왔다. 그런데 1787년 리치먼드 공작과 윈첼시 백작을 포함해 일부 클럽 회원이 프로 선수 토머스 로드에게 공공 경기장보다 더 사적인 공간을 찾아달라고 부탁했다.

로드가 처음 마련한 곳은 메릴본에 있는 도싯 경기장이었다. 이후 1809년 리슨그로브에 있는 새 경기장으로 옮겼지만, 리젠트 운하 건설 탓에 세인트존스우드로 다시 이전했다. 메릴본 크리켓 클럽(화이트 콘딧 클럽의 새로운 이름)은 세인트존스우드의 새 구장을 사들이면서 로드 크리켓 경기장이라는 옛 이름을 그대로 가져와 썼다. 이후로 이곳은 '크리켓의 본고장'으로 불렸다.

> "영적인 민족은 아닌 영국인이 영원이라는 개념을 이해하고자 만든 게임."
>
> 맨크로프트 경, 『귓가에서 끝없이 떠드는 소리』, 1979년

↑ 새 경기장에서 가장 오래된 건물은 선수와 관중이 휴식을 즐기는 선술집이었다. 경기장 옆 부속 건물은 증축한 건물로, 1890년 현재 모습을 갖췄다.

빌라 디오다티

스위스, 제네바주 콜로니 | 1816년

200년 만에 가장 추운 여름이 찾아오자, 스 캔들을 피해 영국에서 도망쳐 나온 바이런 경은 의사인 존 폴리도리와 함께 빌라 디 오다티를 빌렸다. 저택은 바이런과 폴리도 리, 시인 퍼시 비시 셸리, 메리 셸리가 참여 한 유령 이야기 대회의 무대로 변했다. 문학 사에서 굉장히 중요한 순간이었다. 바로 이 곳에서 메리 셸리는 1818년에 출간할 소설 『프랑켄슈타인』의 줄거리를 구상했다.

롱우드 하우스

세인트헬레나 | 1821년

나폴레옹의 유배 생활은 워털루 전투에서 패배 하며 시작해 1821년 5월 죽음으로 끝났다. 남대 서양의 외딴섬 세인트헬레나에서 나폴레옹이 머 물던 롱우드 하우스는 동인도회사 소유의 농가 로, 장엄한 궁전과는 거리가 멀었다. 나폴레옹의 죽음을 둘러싼 음모론은 수없이 많은데, 롱우드 하우스의 벽지에 들어 있던 비소가 사망 원인이 라는 설도 있다. 하지만 위암으로 사망했다는 설 이 가장 유력하다.

로열 파빌리온

잉글랜드, 브라이턴 | 1823년

훗날 조지 4세가 되는 왕세자의 시골 휴양지 로 열 파빌리온은 30년에 걸쳐 조금씩 지어졌고, 훗날 버킹엄 궁전(197쪽 참고)을 지은 존 내시가 1823년에 완공했다. 18세기 중반부터 영국에서 유행했던 동양적 양식을 극단적으로 표현한 파빌 리온은 19세기 내내 (건축이든 실내 장식이든) '이국 적인' 스타일이 대중에게 폭넓게 퍼지는 데 커다 란 공을 세웠다.

← 당시 브라이트헬름스턴으로 불리던 해안 휴양지는 빠르게 성장 했다. 하지만 당시 사람들은 이곳에 지어진 로열 파빌리온의 이국 적 모습을 기이하게 여겼다.

↑ 페트로프스키 극장이 1853년 화재로 소실되고 겨우 2년 뒤, 같은 위치에 볼쇼이 극장이 문을 열어 오늘날까지 자리를 지키고 있다.

↑ 원래 랭리 요새에는 망루를 4개 갖춘 튼튼한 말뚝 울타리 안에 피난처와 저장고 건물 여러 채가 있었다.

221 예술과 문화 공간

볼쇼이 극장

러시아, 모스크바 | 1825년

18세기 후반 모스크바에서는 여러 사립 극단이 활동했는데, 공연 무대를 마련할 때면 자주 귀족의 도움에 의지했다. 1806년에 차르 알렉산드르 1세가 모스크바 제국 극장을 설립했지만, 여전히 오페라와 발레, 연극 극단은 여러 장소를 전전하며 공연했다. 마침내 1825년 1월에 개장한 볼쇼이 페트로프스키 극장(볼쇼이는 '크다'는 뜻)이 다양한 공연 예술을 아우르는 위풍당당한 현대식 무대를 제공했다.

222 업무 공간

랭리 요새

캐나다, 브리티시컬럼비아 | 1826년

19세기 초, 영국이 소유한 허드슨베이 회사는 북아메리카에서 모피를 널리 거래했다. 본부인 랭리 요새는 프레이저강 남쪽 기슭에 있었다. 당시에는 캐나다와 미국의 국경이 완전히 정해지지 않았기 때문에 미국 정부가 권리를 주장하지 못하도록 캐나다 영토가 될 가능성이 높았던 쪽에 세워졌다.

원형 석조 외양간

미국, 매사추세츠주 핸콕 | 1826년

간편하고 위생적인 축산업을 위한 혁신적 설계.

셰이커교(공식 명칭은 '그리스도 재림을 믿는 신자 연합')는 1747년에 창설됐다. 이 종교 단체는 예배 중 몸을 흔드는 격렬한 춤과 독신주의, 평등주의, 공동체를 중시하는 단순한 생활 방식으로 유명하다. 셰이커교의 우아하면서도 편안한 설계는 늘 찬사를 받았다. 셰이커교도가 모여 살던 핸콕 빌리지의 유일한 원형 외양간은 가구나 가정용품만큼이나 셰이커교도의 설계 철학을 잘 보여준다.

원형 외양간은 직사각형 외양간보다 건축 자재를 덜 써서 지을 수 있으므로 경제적이었다. 그런데 핸콕의 외양간은 곡선에 다른 기능도 추가했다. 외부 경사로를 통해 짐마차가 위층에 도착해 짐을 내린 다음, 반대 방향으로 뒤돌지 않고도 원을 그리며 출구까지 나갈 수 있게 한 것이다. 창문이 많아서 건물 내부는 밝고 바람도 잘 통했다. 아래층의 한가운데는 움푹 파였고, 이 공간을 고리처럼 둘러싸 건초

를 보관했다. 바깥쪽으로는 가축을 들였는데, 가축이 지내는 칸마다 바닥에 작은 문을 내서 분변을 지하로 떨어지게 했고 필요하면 바깥의 뜰로 분변을 옮겼다. 이토록 실용적이지만, 이상하게도 핸콕 빌리지에 원형 외양간은 1개밖에 없다. 다른 셰이커교 마을에도 원형 외양간이 아예 없다. 미국 각지에는 원형 외양간이 여럿 있지만, 핸콕 외양간만의 특별한 요소는 어디에서도 찾을 수 없다.

1 아름답고 진보적인 설계로 지은 실용적 건물
2 셰이커교의 발전한 농업 수준을 보여줌
3 북아메리카의 원형 석조 외양간 가운데 가장 오래되고 정교함

↑ 내부는 건초를 보관하고 소젖을 짜기에 알맞았다.

→ 원형 구조 덕분에 짐을 싣고 내리는 작업이 수월했고, 창문이 많아서 바람도 잘 통했다. 기존 외양간은 1864년에 불타버렸지만, 빠르게 원래 설계대로 재건됐다.

"천 년을 살 것처럼,
그리고 내일 죽을 것처럼 일하라."

셰이커교 속담

베를린 구박물관

독일, 베를린 | 1830년

베를린 구박물관은 카를 프리드리히 싱켈이 설계한 웅장한 그리스 부흥 양식의 신고전주의 건물이다. 프로이센의 프리드리히 빌헬름 3세의 명령으로 왕실 미술 컬렉션을 대중에게 공개하기 위해 건설했다. 1830년 5월에 개관하자마자 성공을 거뒀고, 지금은 대중을 위한 예술 및 과학 교육 현장인 박물관 섬Museuminsel의 중심으로 우뚝 서 있다.

알라모

미국, 텍사스주 샌안토니오 | 1836년

알라모는 원래 요새처럼 방어 시설을 갖춘 프란시스코회 선교원이었다. 그런데 1835년 말, 멕시코 정부에 대항해 텍사스 독립 전쟁이 일어나면서 텍사스 의용병이 주둔하는 군사기지로 변했다. 샌안토니오까지 진군한 멕시코군을 피해 의용병이 알라모로 철수했고, 결국 13일간의 포위가 시작됐다. 오랜 전투 끝에 요새의 의용군은 모두 전사하고 말았다. 하지만 텍사스의 격렬한 저항은 계속 이어졌고 전투도 두 번 더 벌어졌다. 마침내 1836년 4월 22일, 텍사스는 공화국 지위를 얻었다. 알라모 전투는 극복할 수 없을 것 같은 역경에 맞선 용기의 상징으로 떠올랐다.

↓ 텍사스 독립 전쟁의 핵심이었던 알라모 전투가 벌어진 요새의 유적.

버킹엄 궁전

잉글랜드, 런던 | 1837년

왕궁으로 바뀐 귀족의 런던 도시 주택.

버킹엄 공작이 1703년에 지은 이 건물은 원래 '버킹엄 하우스'로 불렸다. 이후 조지 3세가 부인 샬럿 왕비를 위해 건물을 사들였다. 조지 4세가 즉위하면서 건축가 존 내시 (192쪽 참고)와 에드워드 블로어가 이곳을 개조했고, 1837년 빅토리아 여왕이 왕좌에 오른 뒤 이곳은 영국 군주가 런던에서 늘 머무는 왕궁으로 발돋움했다. 빅토리아 여왕은 런던의 세인트 제임스 궁전과 켄싱턴 궁전 대신 이곳을 집으로 택했다.

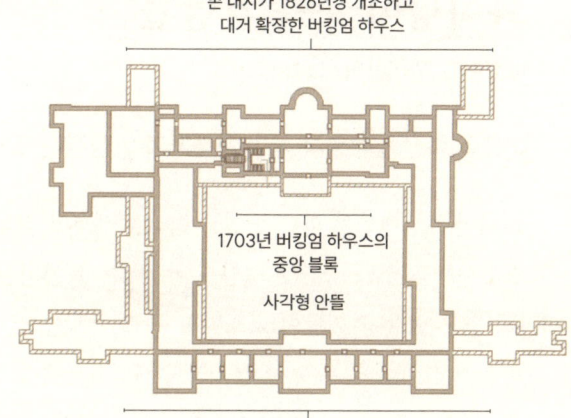

존 내시가 1826년경 개조하고 대거 확장한 버킹엄 하우스

1703년 버킹엄 하우스의 중앙 블록

사각형 안뜰

1847년경 에드워드 블로어가 더 몰을 바라보도록 짓고, 1913년 애스턴 웹이 개조한 동쪽 파사드

↑ 평면도를 살펴보면 1703년에 비교적 소박하게 지어진 버킹엄 하우스와 '정원' 파사드, 1826년에 존 내시가 추가한 공간이 보인다. 오늘날 가장 잘 알려진 모습인 동쪽 정면은 19세기 중반에 추가됐고, 20세기 초에 증축됐다.

↓ 더 몰을 마주 보는 동쪽 정면은 1847년에 개조됐고, 왕실이 대중에 모습을 드러낼 수 있도록 발코니도 추가로 지어졌다.

와이탕이 조약 기념관

뉴질랜드, 와이탕이 ㅣ 1840년

마오리 족장들과 영국 식민 지배자가 논쟁적인 조약을 체결한 곳.

1833년 뉴질랜드로 파견된 영국 변리 공사(외교 사절 중 전권 대사와 전권 공사 다음 서열—옮긴이) 제임스 버스비는 북섬의 베이오브아일랜즈를 내려다보는 와이탕이의 소박한 목조 주택을 거처로 정했다. 버스비는 여러 마오리 족장이 영국의 윌리엄 4세에게 보호를 요청한 이후, 그 직책을 맡고 뉴질랜드로 건너갔다. 당시 마오리족은 영국에서 이주한 정착민의 악행과 프랑스의 식민 계획에 걱정이 많았다. 버스비는 새로 임명된 부총독 윌리엄 홉슨과 함께 와이탕이 조약의 초안을 작성했다.

홉슨이 뉴질랜드로 부임하고 며칠 지난 1840년 2월 6일, 일부 마오리 족장이 버스비의 사택(나중에 조약 기념관이 된다)에서 조약에 서명했다. 이후 조약문을 전국으로 보내 다른 족장들에게도 서명을 받았다. 하지만 마오리 지도자 전원이 서명하지도 않았고, 일부 내용은 조약 체결 이후로 계속 유효성을 의심받았다.

He iwi tahi tatou
"우리는 한 민족이다."

뉴질랜드 부총독 윌리엄 홉슨과
와이탕이 조약에 서명하며

↓ 와이탕이 조약 기념관은 19세기 중반에 지어졌을 때와 거의 같은 모습으로 보존됐다.

228 주거지

카이핑 댜오러우

중국, 광둥 | 1840년경부터

중국 주강 삼각주의 도시 카이핑에 들어선 고층 누각 댜오러우碉樓는 오로지 방어를 위한 건축물이었다. 창문이 작고 벽이 두꺼워서 농부들이 몸을 숨기고 논을 살필 수 있었고, 침수가 벌어질 때도 피신할 수 있었다. 그런데 해외로 나갔던 주민이 19세기 중반부터 귀향하며 외국에서 본 건축 방식으로 이 실용적인 건축물을 짓기 시작했다. 고딕 양식과 고전주의 양식을 품은 댜오러우는 건물주의 폭넓은 세상 경험을 반영한다.

229 종교 시설 및 기념물

벙커힐 기념탑

미국, 매사추세츠주 보스턴 | 1843년

1775년 6월 17일에 벌어진 벙커힐 전투는 미국독립전쟁의 첫 번째 격전이었다. 미국군은 극심한 수적 열세를 극복하고 영국군을 1천 명 이상 죽였다. 전사한 미국군은 100명 정도였다. 미국은 1794년에 나무 기둥으로 기념비를 세워서 미국군의 영웅인 조지프 워런 박사에게 헌정했다. 49년 후, 존 타일러 대통령이 행사를 열고 화강암 오벨리스크로 만든 영구적 기념물을 다시 세웠다.

↑ 전통적인 누각은 세월이 흐르며 건물주가 해외에서 경험한 건축양식으로 안팎이 장식됐다.

소로의 오두막

미국, 매사추세츠주 월든 호수 | 1845년

초월주의 문학의 고전을 낳은 생활 실험.

미국의 작가이자 수필가 헨리 데이비드 소로는 친구이자 후원자인 시인 랠프 월도 에머슨의 땅에 있는 숲속에 작은 오두막집을 직접 지어 2년간 살았다. 확고한 신념과 계획에 따른 일이었다. 당시 그는 28세였고, 에머슨처럼 초월주의 운동(인간의 직관과 개성, 자연과의 합일을 중시한 19세기 미국의 이상주의적 사상운동—옮긴이)을 열렬히 지지했다. 1830년대, 비슷한 가치관으로 느슨하게 뭉친 초월주의 작가와 사상가는 지적 철학보다 상상력과 직관을 믿었다. 소로는 월든 호숫가에서 홀로 지내며 자연 속에 고립된 환경에서 개인적 경험에 의지하면 무엇이 나오는지 실험했다. 그 결과물이 1854년 출간된 『월든』이다. 18편의 에세이를 엮은 이 책은 자연 수필의 고전이자 가장 유명한 작품으로, 개성의 본질에 관한 더 넓은 문제를 탐구했다.

> "나는 의지에 따라 살고자,
> 삶에서 중요한 사실만 마주하고자,
> 삶이 무엇을 가르쳐주는지
> 배우고자 숲으로 갔다.
> 죽을 때가 되어서야 내가 제대로
> 살지 않았음을 깨닫는 일은
> 없기를 바랐다."
>
> 헨리 데이비드 소로, 『월든』

↑ 월든 공원 주립 보호구역의 원본 건물 근처에는 세부 사항까지 정확하게 재현한 소로의 오두막 복제 건물이 있다.

파르타가스 시가 공장

쿠바, 아바나 | 1845년

엄청난 수익을 올렸던 시가 무역의 성공담.

전 세계에서 손꼽히는 담배 생산국인 쿠바에는 19세기 중반까지 담배 농장이 1만 개 정도 있었다. 시가 공장 역시 섬 전체를 뒤덮었다. 시가 사업으로 부를 거머쥐고자 카리브해로 건너온 수많은 카탈루냐인 중에는 하이메 파르타가스도 있었다. 파르타가스는 1831년 14살의 나이로 스페인 바르셀로나에서 쿠바로 이주했다. 그는 이후 14년 동안 시가 사업에 몸담았다. 1838년에는 첫 매장을 열었고, 1840년에는 창고를 지었으며, 1845년에는 국회의사당 건너편 인두스트리아 거리에 붉은

색과 크림색이 어우러진 웅장한 공장을 세웠다. 파르타가스는 사업가일 뿐 아니라 혁신가이기도 해서 담배를 혼합하고 잎의 발효 과정을 개선하는 방법도 실험했다.

파르타가스는 1868년에 살해당했지만, 그의 사업은 꾸준히 번창했다. 1960년에 피델 카스트로가 담배 사업을 국유화한 이후에도 파르타가스 담배는 성공 가도를 달렸다.

↓ 파르타가스 담배는 2013년에 생산 공장을 이전했다. 하지만 이 상징적인 건물은 이따금 박물관으로 개방된다.

232 업무 공간

매사추세츠 종합병원 에테르 돔

미국, 매사추세츠주 보스턴 | 1846년

에테르를 마취제로 처음 투여한 사건을 기념하고자 매사추세츠 종합병원에 있는 원형 강당 형태의 수술실에 에테르 돔이라는 이름이 붙었다. 1846년 10월 16일, 치과의사 윌리엄 T. G. 모턴이 청중 앞에서 환자에게 에테르를 투여해 마취했고, 이어서 외과의가 환자의 턱에서 종양을 제거했다.

233 업무 공간/공공 기반 시설과 혁신

로열 앨버트 독

잉글랜드, 리버풀 | 1846년

1840년대에 리버풀은 전 세계 무역량의 40퍼센트가량을 처리할 만큼 몹시 분주한 항구였다. 이때 개장한 로열 앨버트 독은 진정으로 혁신적인 발전을 보여줬다. 부두는 목재를 모조리 배제하고 석재와 벽돌, 주철로만 건설해 화재 위험을 크게 줄였다. 2년 후에는 세계 최초의 유압 크레인을 도입해 화물 적재에 걸리는 시간을 절반으로 줄였다.

↑ 과거에는 수술하는 외과 의사가 자연광을 최대한 받을 수 있도록 수술실을 건물 최상층에 지었다.

↑ 나무를 사용하지 않고 지은 최초의 부두. 화재 위험이 극적으로 줄어들어 노동자가 안전하게 일할 수 있었다.

콜로벵 선교원

보츠와나, 콜로벵 | 1847년

콜로벵 선교원은 스코틀랜드 선교사 데이비드 리빙스턴이 세 번째이자 마지막으로 세운 선교원이다. 그러나 이 선교원의 수명은 그리 길지 않았다. 1848년 가뭄이 찾아오자, 콜로벵의 바크웨나족 족장인 세첼레 1세가 리빙스턴에게 책임을 물었기 때문이다. 리빙스턴은 그동안 기우제를 지내는 전통 주술사의 활동을 막고 새로운 관개 시스템을 권고했었다. 4년 뒤 보어인(남아프리카의 네덜란드계 백인—옮긴이) 농부들이 바크웨나족에 전쟁을 선포했고, 리빙스턴은 선교원을 완전히 떠났다.

프리맨틀 감옥

오스트레일리아, 프리맨틀 | 1850년

1787년 이래 영국 법원은 유죄를 선고받은 죄수를 오스트레일리아 동부 해안으로 이송하라고 판결했다. 죄수 75명과 선원을 태우고 포츠머스에서 출항한 신디언호가 오스트레일리아 서부 해안의 프리맨틀에 닿았을 때 오스트레일리아의 여러 감옥은 이미 가득 찬 상태였다. 결국 죄수들은 직접 죄인 수감 시설(1867년에 '프리맨틀 감옥'으로 이름을 바꿨다)을 짓는 데 투입됐다. 1868년 오스트레일리아로 죄수를 수송하는 일이 중단되기까지 거의 1만 명이나 되는 수감자가 이곳을 거쳐 갔다.

↑ 리빙스턴이 세운 교회와 선교 건물은 오늘날 터만 남아 있다.

↑ 죄수 수송이 중단되고도 오랜 기간 프리맨틀 감옥은 보안 등급이 높고 경비가 삼엄한 교도소였고, 1991년 폐쇄됐다.

소팔라 잡화점

오스트레일리아, 뉴사우스웨일스 | 1851년

잠시 반짝한 오스트레일리아의 골드러시 시기에 광부들을 위해 지은 상점.

1851년 2월, 광부 에드워드 하그레이브스는 시드니에서 북서쪽으로 230킬로미터 떨어진 루이스폰즈크릭에서 금 조각 몇 개를 발견했다. 3개월도 채 지나지 않아 희망에 부푼 광부들이 텐트촌을 세웠고, 8월 무렵 소팔라는 읍구township로 지정됐다. 소팔라로 몰려온 고객을 위해 각종 가게와 술집, 숙박 시설이 빠르게 생겨났고, 새로운 이름을 얻은 잡화점이 같은 해 말에 문을 열었다. 하지만 골드러시는 오래가지 못했다. 광부 대다수가 1-2년 안에 떠났고, 소팔라에 잠시 머물던 인구도 차츰 줄었다(한때 이 마을에는 호텔이 40개나 있었다). 현재 관광객에게 인기 있는 작은 마을 소팔라는 인구가 수백 명 정도이며, 거리도 3개뿐이다. 겉치레로 꾸민 정면 외관, 큰 창문, 그림 같은 철제 발코니가 있는 잡화점은 여전히 영업 중이다. 이 판자 건물은 소팔라의 골드러시 시기부터 지금까지 살아남은 건물 18채 중 하나다.

↑ 1990년대까지만 해도 소팔라의 골드러시 시대 건물은 열악한 상태였다. 지난 10년 동안 건물 상당수가 새로 단장했고, 작은 마을은 관광지로 변신했다.

수정궁

잉글랜드, 런던 시드넘 | 1851년

모듈식 건설 기술의 발전으로 완성한 성공작.

하이드파크에 들어선 수정궁은 '만국산업박람회'를 위해 만들어진 건물로, 19세기 박람회를 향한 열광이 시작된 곳이다. 박람회 조직 위원회는 박람회장 설계를 놓고 논쟁을 벌이며 건물은 감각적인 동시에 저렴하고 쉽게 철거할 수 있어야 한다고 강조했다. 결국 건축가이자 식물학자인 조지프 팩스턴이 제안한 거대 온실이 경쟁에서 승리했다. 팩스턴은 데번셔 공작의 영지 채츠워스에 있는 커다란 온실 스토브에서 일했는데, 이곳에서 혁신적인 '연결식 온실' 구조를 실험했다. 팩스턴은 구조 엔지니어 찰스 폭스의 도움으로 8개월 만에 길이 560미터에 이르는 건물을 완공했다. 모듈식으로 만든 철제 골조를 현장에서 접합하고, 판유리 29만 3천 장을 달았다. 이렇게 완성된 수정궁은 걸작으로 찬사받았다. 박람회가 끝나고서는 해체해 런던 남부의 시드넘힐에 다시 세웠지만, 1936년 불타 없어지고 말았다.

"선구적인 이 건축물은 조립 공법과 유리를 사용한 기둥 없는 넓은 공간으로 현대건축의 탄생을 알렸다."

건축가 노먼 포스터, 건축 잡지 『디진』, 2019년

↓ 혁신적인 모듈 구조 덕분에 건축 일정에 맞춰 현장에서 곧바로 수정궁을 건설할 수 있었다.

봉마르셰 백화점

프랑스, 파리 | 1852년

쇼핑을 오락으로 만든 파리 최초의 백화점.

19세기 중반 사람들은 특정 상품을 사려고 특정 상점을 둘러보고는 했지만, 쇼핑을 여가 활동으로 여기는 생각은 아직 자리 잡지 않았다. 아스트리드와 마그리트 부시코 부부는 1852년 파리에 중간 규모쯤 되는 남성복 겸 직물 가게를 열면서 쇼핑을 더욱 신나고 흥미진진하게 바꿀 수 있겠다고 생각했다. 부시코 부부는 다양한 상품을 모두 정가로 판매했고, 마진을 줄여 가격 경쟁력을 유지했으며, 반품

봉마르셰 백화점에 관한 사실

1 삶에 필요한 물품 전반을 판매하는 '라이프 스타일' 가게의 초창기 형태
2 직원의 생활을 지원하는 배려심 많은 사업장
3 최초로 우편 주문 카탈로그 도입

과 환불, 계절별 세일, 심지어 고객이 신문을 훑어볼 독서 공간 등을 포함해 방대한 광고와 참신한 서비스를 도입했다. 아울러 직원을 위해 건강관리와 강의, 오락 시설까지 마련했고, 더 큰 매장을 지었을 때는 (특히 젊은 여성 직원이 지낼) 구내 기숙사까지 만들었다.

봉마르셰('좋은 거래' 또는 '좋은 시장'이라는 뜻)는 빠르게 성공을 거뒀다. 1863년 부시코 부부는 매장에 대한 권리를 모두 사들였고, 1869년에는 그야말로 모든 상품을 판매하는 새 건물을 설계했다. 심지어 1872년 귀스타브 에펠의 설계 사무소에 의뢰해 매장을 더욱 확장했다. 에펠은 실내를 밝게 유지하는 데 도움이 되는 구조를 고안했다. 새 건물은 다시 한 번 봉마르셰의 새 출발을 알렸다.

19세기 말이 되자, 봉마르셰는 오늘날과 매우 비슷한 모습을 갖췄고, 어느 주요 도시에서든 백화점이 생겨났다.

← 봉마르셰 백화점의 최종 형태는 쇼핑객이 원하는 물건이 무엇이든 한 지붕 아래서 찾아야 한다는 생각을 실현했다.
→ 내부에 조명등을 더 많이 설치하고 상품을 공개적으로 전시한 봉마르셰는 충동구매를 장려한 최초의 매장이었다.

포트아서 교도소

태즈메이니아, 포트아서 | 1854년

포트아서 교도소 시스템의
초석이 된 개조 건물.

입면도

경찰과 교도관 막사 　　　　　 주방과 제빵소

장작 헛간 보일러실 엔진실 수직 및 원형 톱 제분기

원래 이 건물은 밀가루 공장으로 지어졌으나 사업이 실패해 1854년 감옥으로 전환됐다. 1830년대부터 죄수를 보내는 유형지였던 포트아서는 잔혹함으로 악명을 떨쳤다. 태즈메이니아의 주도 호바트에서 남동쪽으로 96킬로미터 떨어진 포트아서는 외진 지역이라 탈옥이 거의 불가능했다. 가장 가혹한 곳은 이른바 '격리 감옥'으로, 포트아서로 들어오는 새로운 죄수라면 누구나 다른 교도소로 재배치되기 전에 일정 기간 여기서 복역했다. 교도소 자체는 격리 감옥만큼 극단적이지는 않았지만, 교정이 어렵다고 판단한 수감자 136명은 독방에 따로 수용했다. 위층 감방에는 348명이 지낼 수 있었다. 체벌이 흔했고, 죄수를 노역에 부릴 때 자주 사슬에 묶었다.

벽지로 유배 보내는 형벌이 1853년에 끝나면서 포트아서로 들어오는 죄수가 점차 줄었다. 기존 수감자도 나이가 들어 더 일할 수 없으면 다른 곳으로 보냈다. 마침내 1877년, 포트아서는 죄수 유형지라는 임무에서 벗어났다. 1897년 화재로 교도소 내부가 파괴됐고, 오늘날에는 폐허로 변한 껍데기만 남아 있다.

↑ 이 교도소는 육지와 연결된 목 부분이 좁은 반도에 들어선 탓에 탈출할 수 없는 곳으로 여겨졌다. 필수 시설은 모두 교도소 내에 있었고, 수감자는 근처에서 노역했다.

↓ 태즈메이니아에서 여전히 건설에 목재를 주로 사용하던 시기에 이 교도소는 석재로 지어 견고하다고 칭송받았다.

240 주거지

티롤 코트

바베이도스, 세인트마이클 | 1854년

티롤 코트는 1854년에 바베이도스 건축가 윌리엄 파넘이 지은 건물 본채이자 주변 마을의 이름이다. 이 마을을 이루는 건물은 대개 이동식 목조 가옥이었다. 오늘날 박물관으로 쓰이는 이 단순한 목조 주택에는 플랜테이션 농장의 노동자들이 살았다. 건축할 토대를 닦고 건물을 올리는 대신 건축용 블록 위에다 집을 지었기 때문에 현장에서 필요할 때마다 쉽게 통째로 이동할 수 있었다.

241 정치 및 방어 시설

유레카 방책

오스트레일리아, 빅토리아 | 1854년

유레카 방책은 빅토리아주 밸러랫의 금광 주변에 지어진 방어 시설이다. 식민지 당국의 가혹한 법률에 맞선 봉기를 진압하러 군대가 들어왔을 때 광부들이 광산의 목재로 황급히 세웠다. 1854년 12월 3일에 결국 충돌이 일어나서 사상자가 제법 나왔다. 피해를 본 측은 대개 광부 쪽이었지만, 이 사태로 광부의 권리가 개선됐고 궁극적으로는 선거 개혁까지 이루어졌다.

↑ 이동식 목조 주택은 해체하고 재조립하기가 간단하고 시간이 적게 들어 필요한 곳으로 편하게 옮길 수 있었다.

↑ 유레카 방책 사건으로 광부 22명이 사망한 것으로 추정된다. 이 사건으로 오스트레일리아 광부의 권리를 개선하는 길이 열렸다.

뉴욕 타임스 사옥

미국, 뉴욕시 맨해튼 | 1857년

1851년 창간된 『뉴욕 타임스』는 1857년에 파크로 거리 41번지에 있는 맞춤형 본사 건물로 이전했다. 이 건물은 신문사 전용으로 주문 설계해 건설한 것으로, 신문 업계 최초의 일이었다. 다른 신문사도 근처로 몰려들면서 파크로 거리는 신문사 거리Newspaper Row라는 별명으로 알려졌다. 이 거리는 날마다 기삿감이 쏟아지는 시청과 가까워서 신문사에 유리한 입지였다. 『뉴욕 타임스』는 갈수록 늘어나는 직원을 수용하고자 건물을 대폭 확장했다가 1903년 원타임스스퀘어로 다시 이전했다.

↓ 『뉴욕 타임스』는 처음부터 특별히 신문사에 맞게 지어진 최초의 건물인 파크로 사옥에 50년 가까이 머물렀다.

할런드앤드울프 조선소

북아일랜드, 벨파스트 | 1858년

할런드앤드울프 조선소는 기업가 에드워드 할런드와 구스타프 볼프가 설립했다. 할런드는 로버트 힉슨이 소유한 작은 조선소에서 일을 시작했고, 볼프(영어식으로 발음하면 울프)는 조선업이 발달한 독일 함부르크에서 북아일랜드로 10대 시절에 건너와 할런드의 조수로 일했다. 1858년 할런드가 힉슨의 조선소를 매입하고 1860년 볼프가 조수에서 사업 파트너로 승진하면서 1861년 할런드앤드울프가 탄생했다. 그 후 30년 동안 회사는 눈부시게 성장했다. 1861년 설립 당시 직원은 100명이었지만, 1890년대 초에는 1만 명이 넘었다. 할런드앤드울프는 다양한 혁신을 일궈냈는데, 가장 성공적인 사례는 목재 대신 철재로 상부 갑판을 만들어 훨씬 더 튼튼한 배를 만드는 공정이었다. 아울러 할런드앤드울프는 대형 여객선으로 특히 유명해졌다. 올림픽호와 브리태닉호, 결국 불운한 파멸을 맞은 타이태닉호를 비롯해 화이트 스타 라인 해운사의 여객선은 대부분 할런드앤드울프에서 건조했다.

↑ 이 혁신적인 조선소는 화이트 스타 라인의 RMS 타이태닉을 비롯해 당대 최고의 해양 여객선을 생산했다.

네드 켈리 생가

오스트레일리아, 베버리지 | 1859년

오스트레일리아 오지의 악명 높은 무법자 네드 켈리는 1880년 교수형을 당하며 짧은 생애를 비참하게 마감했지만, 오스트레일리아 민속사에서 중요한 자리를 차지한다. 그는 경찰의 공격을 막고자 집에서 용접한 갑옷을 입은 모습으로 오스트레일리아 예술가 시드니 놀런의 유명한 연작에 등장한다. 이 갑옷은 빅토리아 국립 도서관에서 전시 중이다. 아버지 존 '레드' 켈리가 지은 생가를 보면 켈리 가족의 힘겨운 삶이 떠올라 안타까워진다. 주변에서 목재를 모아 만든 방 3개짜리 집은 너무나 초라하다.

레드 하우스

잉글랜드, 켄트주 벡슬리히스 | 1859년

안팎으로 미술 공예 운동을 구현한 집.

레드 하우스는 윌리엄 모리스가 1859년 건축가 필립 웹에게 의뢰해 지은 건물이다. 미술 공예 운동(기계 생산 방식을 부정하고 중세의 수공예 생산 방식과 고딕 정신의 부활을 주장한 운동—옮긴이)을 주창한 모리스는 자기 집이 실용성과 아름다움을 결합한 현대 생활 방식의 중심지가 되기를 바랐다. 모리스의 레드 하우스에는 장인 정신을 찬양하고 대량생산을 혐오하는 태도가 깃들었다. 영국의 화가이자 시인 단테이 게이브리얼 로세티는 이 건물이 "집이라기보다는 시에 가깝다"라고 평했다. 따뜻한 느낌이 나는 붉은 벽돌과 중세 분위기가 감도는 공간은 미술 공예 운동의 정신을 잘 보여준다. 로제티와 에드워드 번존스 같은 화가의 그림과 가구로 꾸민 실내 역시 마찬가지였다. 레드 하우스에 고무된 모리스는 1861년 동료와 함께 '모리스마셜포크너 회사'를 세우고 공예 디자인을 상품으로 냈다. 이들의 꿈은 지나치게 비쌌고, 모리스와 아내는 1866년까지만 레드 하우스에서 살다가 떠났다. 하지만 미술 공예 운동의 이상은 유럽과 미국 전역에 퍼졌고, 이들의 작품과 열망은 여전히 널리 존경받고 있다.

← 레드하우스는 툭 튀어나온 창을 단 지붕, 높다란 굴뚝, 기와지붕을 얹은 우물 등 낭만적인 과거의 모습을 세심하게 재현하며 윌리엄 모리스가 품은 이상을 충실하게 반영했다.

해리엇 터브먼의 집

미국, 뉴욕주 오번 | 1859년

지칠 줄 모르고 자유를 부르짖은 '노예들의 모세'가 살던 집.

해리엇 터브먼은 메릴랜드에서 노예로 태어났으나, 1849년 지하철도를 통해 탈출에 성공했고, 저명한 노예제 폐지론자이자 노예 해방 운동가가 되어 같은 방법으로 노예 수백 명을 탈출시켰다. 1859년, 그는 동료 노예제 폐지론자 프랜시스 시워드에게서 오번 외곽의 플레밍 마을에 있는 주택과 땅 2만 8천 제곱킬로미터를 샀다. 이 거래는 불법이었다. 노예 신분에서 해방된 사람에게는 부동산을 판매할 수 없었기 때문이다. 하지만 오번은 노예제를 반대하는 자유주의 지역이어서 이 거래는 끝까지 들키지 않았다. 터브먼은 대가족과 함께 이곳을 수익성 좋은 농장으로 가꿨다. 아울러 오번의 집은 1913년 그가 눈감을 때까지 노예 구출 기지로 쓰였다. 그는 죽기 직전까지 노예 해방 운동가로 살았다. 남북전쟁에서는 북군 정찰병으로 활약하며 남부 지역을 여러 번 드나들었다. 만년에는 자신의 땅에 '흑인 노약자를 위한 집'도 세웠다.

↓ 남북전쟁 위기가 임박했을 때 터브먼이 사들인 집으로, 그가 오래 집을 비울 때 남은 대가족이 노예 구출 기지로 사용했다.

초원의 집

미국, 위스콘신주 페핀 | 1860년

작가 로라 잉걸스 와일더는 19세기 후반 개척 시대에 몸소 겪은 일을 이야기로 펴냈다. 개척민의 거칠고 힘겹지만 슬기로운 삶을 담은 연재물은 거의 1세기 가까이 인기를 끌었다. 페핀 근처의 작은 통나무집은 와일더가 태어나서 7년 동안 살았던 곳이자, 초원의 집 시리즈의 첫 책 『큰 숲속의 작은 집』(비룡소, 2005)에서 다루는 주제이기도 하다. 원래 건물은 사라지고 없지만, 근처에 복제 건물이 생겨났다.

포트 윌스

오스트레일리아, 퀸즐랜드 | 1861년

1850년대 오스트레일리아에서는 원주민조차 제대로 파악하지 못했던 내륙을 탐험하려는 움직임이 거세졌다. 1860년, 로버트 버크와 윌리엄 윌스는 탐험대를 꾸리고 멜버른에서 북쪽으로 카펀테리아만까지 가는 길을 조사해 지도를 그렸다. 버크와 윌스는 쿠퍼크릭의 보급 기지에 '포트 윌스'라는 이름을 붙였다. 이곳은 이들이 북쪽으로 떠나며 지도에 마지막으로 표시한 위치다. 탐험은 성공적이었지만, 버크와 윌스는 계산 착오 때문에 식량을 충분히 준비하지 못해 귀환하던 도중 쿠퍼크릭 근처에서 죽음을 맞았다.

↓ 로버트 버크와 윌리엄 윌스는 북쪽 바다로 가는 길을 찾는 데 성공했지만, 지원팀이 이들을 찾다가 너무 일찍 포기하는 바람에 굶어 죽었다.

나폴레옹 묘소

프랑스, 파리 | 1861년

"내 유해가 센강 변에, 내가 그토록 사랑했던
프랑스 시민들 사이에 안치되기를 바란다."

나폴레옹 보나파르트의 유언, 1821년 4월 16일

나폴레옹은 1821년 사망해 세인트헬레나에 묻혔
다(192쪽 참고). 프랑스에서 재집권한 부르봉 왕조
군주들은 나폴레옹의 유해와 그의 유언에 무심했
다. 오를레앙 공작으로서 1830년 왕위를 차지해 '시
민 왕'이라는 별명을 얻은 루이 필리프는 나폴레옹
의 묘를 파리로 이장하면 두 정치 파벌(오를레앙파와
보나파르트파)이 화해하는 데 도움이 되리라고 판단
했다. 묘지는 루이 14세가 파리 시내에 지은 앵발
리드 돔 교회 지하로 정해졌다. 1840년 나폴레옹의
관은 성대한 팡파르를 울리며 파리로 돌아왔다. 하
지만 묘지 설계를 두고 벌어진 경쟁으로 건설이 지
연됐고, 나폴레옹은 1861년에야 영원한 안식에 들
수 있었다. 석관은 희귀한 석재들로 만들었는데, 카
렐리야 석영을 들여오느라 러시아의 차르 니콜라
이에게 특별 허가까지 받았다. 1861년에는 프랑스
의 군주가 바뀌어 있었고, 나폴레옹의 안장식에는
조카 나폴레옹 3세(프랑스의 새로운 황제)와 외제니
황후, 고위 관리 일부가 참석했다.

→ 파리의 앵발리드 지하에 있는 웅장한 석관은 나폴레옹의 열두 차례
   에 걸친 빛나는 승전을 묘사하는 돋을새김 조각이 뒤덮고 있다.

재럿의 집

미국, 버지니아주 피터즈버그 | 1862년

피터즈버그 포카혼타스아일랜드에 있는 이 연방 양식의 단순한 벽돌집은 원래 1820년경에 어느 백인 상인이 지었다. 그런데 19세기 전반에 걸쳐 포카혼타스아일랜드는 차츰 흑인 거주 지역으로 변했다. 남북전쟁이 터지기 이전에도 피터즈버그는 버지니아주에서 자유 신분의 아프리카계 미국인이 가장 많이 사는 지역이었고, 여러 원주민 부족과도 긴밀한 관계였다. 이 주택의 내력은 번영하던 주변 지역의 역사를 고스란히 반영한다. 1853년에 러비니어 심슨이라는 원주민이(아프리카계 혼혈이었을 가능성도 있다) 집의 절반을 샀고, 1862년에는 나머지 절반까지 사들여서 단독 소유주가 됐다. 1870년대에는 지역사회에서 영향력이 큰 흑인 가족 재럿 집안이 이 집을 사서 1990년대까지 보유했다.

페트로폴리스 황궁

브라질, 페트로폴리스 | 1862년

브라질의 두 번째이자 마지막 황제인 페드루 2세는 자기 이름을 딴 도시에 분홍색과 흰색이 어우러진 웅장한 신고전주의 여름 궁전을 지었다. 궁전보다 겨우 20년 전에 건설된 페트로폴리스는 남아메리카의 다양한 상업 호황이 주도한 신도시 프로젝트의 일환이었다. 궁전과 황제의 존재 덕분에 페트로폴리스는 즉시 명성을 얻었고, 잠시 리우데자네이루주의 주도 자리까지 차지했다.

↓ 페트로폴리스는 1903년까지 리우데자네이루주의 주도였다. 서늘한 산악기후 덕분에 여름철 더위를 피할 수 있는 휴양지로 인기를 끌었다.

252 주거지

오보크 총독 관저

지부티, 오보크스 | 1862년

19세기 중반, 에티오피아의 술탄 아파르는 프랑스에 오보크 지역 땅을 매각했다. 프랑스는 이곳에 새로운 항구도시를 지을 계획이었다. 오보크는 프랑스 식민 계획의 초창기 전초기지로 발돋움했고, 최초의 프랑스 총독인 레옹스 라가르드가 지낼 품위 있는 저택도 만들어졌다. 지부티는 홍해에 인접했기 때문에 무역에 안성맞춤인 입지였고, 1869년에 수에즈 운하가 건설된 이후로는 무역로에서 특히나 중요해졌다(220쪽 참고).

253 예술과 문화 공간

큐 왕립 식물원 온대식물 온실

잉글랜드, 서리주 큐 | 1863년

데시머스 버턴이 설계한 이 건물은 당대에 지어져서 지금까지 살아남은 온실 가운데 규모가 가장 크다. 버턴은 이전에도 큐 식물원에 규모가 더 작은 야자나무 온실Palm House을 만든 이력이 있다. 이 온실을 보고 있으면 19세기 후반에 온실과 겨울 정원 같은 유리 건축물이 얼마나 유행이었는지 알 수 있다. 교육과 여가 목적을 결합한 식물원은 당시에 유달리 인기가 많았다. 유럽의 주요 도시는 물론이고 유럽 바깥에도 식물원이 우후죽순으로 생겨났다.

↑ 큐 식물원의 온대 온실은 1863년 초기 형태를 갖췄고, 1899년 지금의 모습에 이르렀다. 전 세계에서 가장 큰 빅토리아시대 온실이다.

254 예술과 문화 공간

포드 극장

미국, 워싱턴 D.C. | 1865년

건축가 찰스 레시그가 설계한 포드 극장은 1863년에 문을 열었고, 2년 후 에이브러햄 링컨 대통령이 암살당할 당시에도 이미 인기가 높았다. 암살 사건 때문에 극장 영업이 불가능해지자, 미국 정부가 사무실 건물로 사용하고자 매입했다. 1932년에서 1968년까지는 링컨 박물관으로 운영됐고, 1968년에 역사 투어를 겸하는 극장으로 재개장했다.

255 주거지

매클레인 하우스

미국, 버지니아주 애퍼매톡스 | 1865년

1865년 4월 9일, 거의 4년 동안 이어진 전쟁에서 60만여 명이 사망한 끝에 남군의 로버트 E. 리 장군이 매클레인 하우스의 응접실에서 북군의 율리시스 S. 그랜트 장군에게 항복하며 남북전쟁이 막을 내렸다. 항복 조건에는 남부를 징벌하는 내용이 없었다. 북군 측은 '국가의 상처를 치유'하겠다고 선언했다. 개인 주택이었던 매클레인 하우스는 '항복의 집'이라는 별명이 붙었다.

↑ 그랜트 장군은 남북전쟁을 끝낸 협정에 서명하면서 "전쟁은 끝났다. 반군은 다시 우리 국민이 됐다"라고 선언했다.

버셀턴 부두

오스트레일리아, 웨스턴오스트레일리아주 버셀턴 | 1865년

버셀턴이라는 외딴 마을이 생겨나고 30년쯤 지나자, 지역에 화물을 운송하기 위한 최초의 목조 부두가 만들어졌다. 시간이 흐르며 수심이 더 깊은 곳만 다닐 수 있는 대형 선박까지 버셀턴 부두를 이용하게 됐다. 부두는 9번 이상 확장 공사를 거쳤고, 마침내 1894년에는 1.8킬로미터라는 기록적인 길이에 이르렀다. 아울러 화물을 부두에서 뭍으로 나를 수 있도록 기다란 부두를 따라 철도도 건설됐다.

↑ 부두를 내려다보는 노티컬 레이디 등대는 1981년에 워터슬라이드로 개조됐다가 2015년에 철거됐다.

↓ 대형 선박이 더 자주 정박하게 되자, 버셀턴 부두는 바다 쪽으로 점점 더 멀리 뻗어나갔다.

수에즈 운하

이집트 | 1869년

국제 해상 운송의 속도를 바꿔놓은 수로.

운하를 파서 지중해와 홍해를 연결하고 아프리카 대륙을 빙 도는 고된 뱃길을 피한다는 야심 찬 아이디어는 1850년대에 드디어 실현 가능해졌다. 프랑스의 사업가 페르디낭 드레셉스는 이집트 부왕 사이드 파샤와 계약을 맺어 운하 회사의 주식을 국제시장에 팔고 운하 건설 프로젝트를 시작했다. 처음에는 열악한 환경에서 수로를 팔 현지 노동력을 강제로 모집했지만, 사이드 파샤의 후임인 이스마일 파샤가 1863년에 이 관행을 중단시켰다. 이미 공사 도중 수천 명이 사망한 뒤였다. 길이 190킬로미터, 폭 56미터에 이르는 운하는 1869년 개통했다. 처음에는 운영이 위태로웠지만, 끝내 국내 및 국제 무역을 활성화하는 데 이바지했다. 운하를 통과하면 유럽에서 아프리카 동부 해안과 아시아로 더 수월하게 갈 수 있었다. 즉, 유럽이 아프리카를 빠르게 정복하고 영국이 인도를 지배하는 데도 도움이 됐다.

> "이집트와 세상에 번영을 가져다주는 동맥…."
>
> 1869년 11월 17일 개통식 연설에서 묘사한 운하

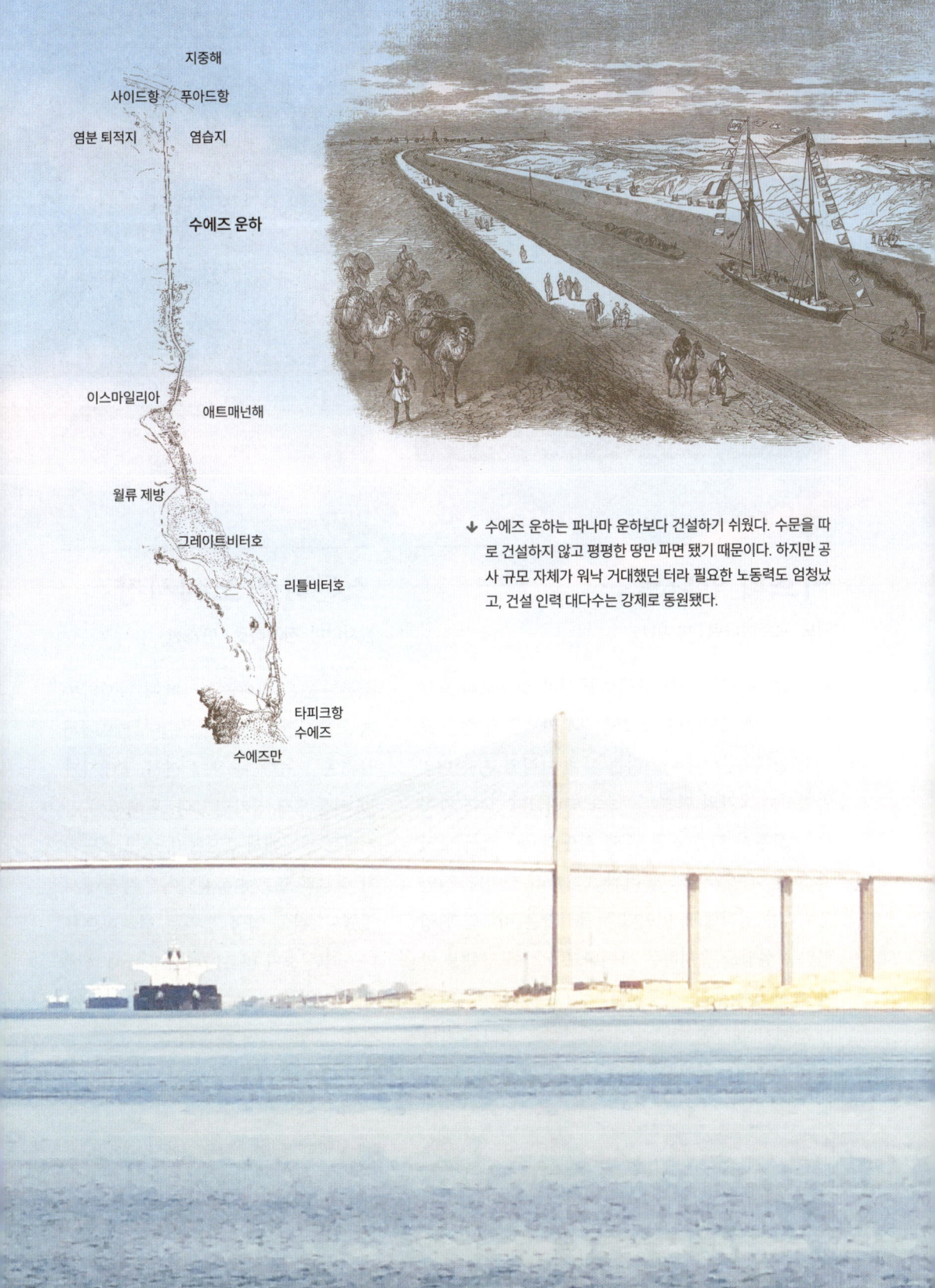

지중해

사이드항   푸아드항

염분 퇴적지   염습지

수에즈 운하

이스마일리아   애트맨넌해

월류 제방

그레이트비터호

리틀비터호

타피크항
수에즈

수에즈만

↴ 수에즈 운하는 파나마 운하보다 건설하기 쉬웠다. 수문을 따로 건설하지 않고 평평한 땅만 파면 됐기 때문이다. 하지만 공사 규모 자체가 워낙 거대했던 터라 필요한 노동력도 엄청났고, 건설 인력 대다수는 강제로 동원됐다.

258 주거지

키르티 만디르

인도, 포르반다르 | 1869년

마하트마 간디는 인도 북서부의 작은 항구도시 포르반다르에서 태어났다. 오늘날 구자라트주에 속한 포르반다르는 왕자가 다스리는 작은 나라였고, 간디의 아버지는 국가의 디완diwan, 즉 총리였다. 간디 가족은 증조부가 지은 전통 주택 하벨리haveli에서 살았다. 하벨리는 안뜰을 둘러싼 3층짜리 집이다. 집안 분위기는 엄격했고, 어머니 푸틀리발은 비폭력과 생명의 신성함을 중시하는 자이나교에 깊이 영향을 받아 몹시 독실했다. 푸틀리발은 겨우 47세의 나이로 이 집에서 세상을 떠났다. 아들 간디를 기리는 사당에 비하면 생가 키르티 만디르는 왜소해 보인다.

↑ 간디의 생가는 현재 간디 부부를 기념하는 작은 박물관이 됐다.

259 업무 공간

스톤타운 노예시장

탄자니아, 잔지바르 | 1873년

스톤타운은 동아프리카에서 마지막까지 노예시장이 열리던 곳이다. 본토에서 끌려온 노예는 광장에 서서 구매자가 될 이들에게 평가받았다. 노예제는 잔지바르 경제에서 중요했다. 수많은 노예가 정향과 코코넛 플랜테이션 농장에서 일했다. 결국 영국 정부는 잔지바르를 다스리던 술탄 바르가시에게 노예 매매를 폐지하라고 압력을 넣었고, 노예시장은 1873년 문을 닫았다.

↑ 노예시장 기념관에는 족쇄를 찬 채 구덩이에 들어가서 있는 인물상이 5점 있다. 스톤타운의 과거를 일깨우는 음울한 기념물이다.

마크 트웨인의 집

미국, 코네티컷주 하트퍼드 | 1874년

미국의 유명 작가가 지낸 세련된 가족 주택.

마크 트웨인이라는 필명으로 더 잘 알려진 새뮤얼 클레멘스와 아내 리비는 건축가 에드워드 터커먼 포터에게 가족 주택 설계를 의뢰했다. 포터가 완성한 미국 고딕 양식의 주택은 외관에 발코니와 베란다, 박공 같은 세부 요소가 풍부했고, 실내의 방 25개에 각종 현대적 편의 시설을 빠짐없이 갖췄다. 마크 트웨인 가족은 이 집에서 17년 동안 행복하게 살았다. 이곳에서 트웨인은 1876년 『톰 소여의 모험』과 1884년 『허클베리 핀의 모험』을 출판하며 왕성하게 활동했다. 하지만 재정 위기가 찾아와 트웨인 가족은 1891년 유럽으로 떠났다. 1896년에는 트웨인 부부가 여행을 떠나 있는 동안 딸 수지가 뇌막염으로 이 집에서 세상을 떠났다. 부부는 너무나 고통스러워서 차마 이 집에서 지내지 못하고 1903년에 집을 팔았다. 현재 주택은 마크 트웨인 박물관으로 쓰인다.

> "우리에게 집은 아무것도 느끼지 못하는 물건이 아니었네. 집에는 마음과 영혼, 우리를 바라볼 눈이 있었지."
>
> 마크 트웨인, 딸이 사망한 뒤
> 1897년에 친구에게 편지를 보내며

↑ 마크 트웨인의 집은 19세기의 마지막 20-30년에 유행했던 대로 지붕널과 돌림무늬 세공, 베란다, 피서용 정자 등 정교한 목조 건축을 자랑한다.

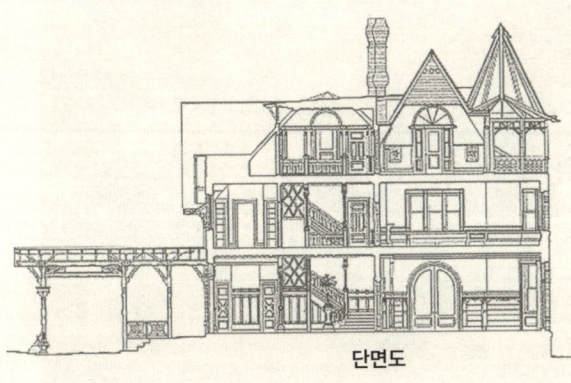

단면도

로크스드리프트 보급기지

남아프리카공화국, 로크스드리프트 | 1879년

훨씬 더 커다란 패배를 가린 승리의 프로파간다.

1879년 1월, 영국의 침략군이 줄루랜드에 당도했다. 영국군은 줄루랜드의 왕 세츠와요를 무찌르고 땅을 식민지로 삼을 작정이었다. 지나치게 자신만만했던 영국군 사령관 첼름스퍼드 경은 주력 부대를 내세워 밀어붙였고, 이산들와나에서 세츠와요의 군대와 맞붙었다. 영국군은 대참패를 당했고, 첼름스퍼드가 이끌던 병사 1,700명이 대부분 사망했다. 승리를 거둔 줄루족 전사 4천 명은 영국군이 주둔지와 병원을 세워둔 로크스드리프트의 작은 보급소로 진군했다. 기지를 지키던 영국군 50명은 12시간 넘게 공격을 막아냈다. 이들의 영웅적 분투는 이산들와나에서 맛본 끔찍한 패배와 달리 영국 본토에 긍정적인 메시지를 전했다. 이산들와나 전투의 승패는 세츠와요의 미래에 큰 도움이 되지 못했고, 영국의 식민 야욕을 꺾지도 못했다. 줄루족은 7월에 벌어진 울룬디 전투에서 패했고, 1887년 줄루랜드는 영국의 손아귀에 들어갔다.

"영국군의 정력과 용기는 줄어들지 않았습니다."

영국 총리 벤저민 디즈레일리, 1879년 2월 13일 의회 연설에서 로크스드리프트 전투의 군인들을 칭송하며

↓ 로크스드리프트 전투를 다윗과 골리앗의 싸움에 빗대 지극히 낭만적으로 묘사한 빅토리아시대 그림. 사실, 로크스드리프트 전투 이야기는 영국이 이산들와나에서 줄루족에게 패배한 사실을 가리는 데 이용됐다.

바이로이트 축제 극장

독일, 바이에른주 바이로이트 | 1876년

바이로이트의 축제 극장은 리하르트 바그너가 자기 작품을 공연하기 위해 고안하고 설계했다. 오늘날 바이로이트 축제의 중심지로 우뚝 선 축제 극장은 숨어 있는 오케스트라 피트(오케스트라가 연주하는 자리—옮긴이)나 하나의 면으로 이루어진 완만한 곡선형 객석 등 독특한 점이 많다. 바그너의 열렬한 팬이었던 바이에른왕국의 루트비히 2세가 건설 자금을 일부 기부했지만, 바그너는 끝내 파산하고 말았고 1883년에 눈을 감았다.

라이터스 빌딩

인도, 콜카타 | 1879년

라이터스(이렇게 짧은 이름으로 자주 불린다)는 '글 쓰는 사람들의 건물'이라는 뜻이지만, 사실 세계에서 가장 큰 사무실 건물로 손꼽힌다. 이 건물에서 근무하는 이들은 바로 콜카타시와 서벵골주 행정 공무원이다. 이곳은 동인도회사의 사무원 또는 '서기writer'가 사용할 건물로 1777년에 처음 지어졌고, 이후 확장을 거듭해 결국 13개 블록을 차지했다. B. B. D. 바그 광장을 마주 보는 붉은색과 크림색의 파사드는 1879년에 추가됐다.

라플라타 대성당

아르헨티나, 라플라타 | 1880년

라플라타는 기존과는 전혀 다른 새로운 주도로 야심 차게 건설된 도시다. 원래는 부에노스아이레스가 주도였지만, 아르헨티나의 수도 역할과 겸할 수 없었기에 새 주도가 필요했다. 당국은 고딕 양식 탑을 올린 거대한 성당을 중심으로 빈틈없는 격자 체계 도시를 계획했다. 하지만 이는 실행되지 못했다. 대성당은 1932년에야 완공됐고, 탑은 1999년 겨우 추가됐다.

↓ 이 대성당은 1세기 넘게 걸려 완공됐고, 여전히 아르헨티나에서 가장 큰 성당이다.

멜버른 왕립 전시관

오스트레일리아, 멜버른 | 1880년

오랜 역사를 자랑하는 국제 전시관이 세심하게 복원되다.

국제박람회의 전성기였던 19세기에는 전 세계에 전시장이 들어섰다. 멜버른의 전시관도 온 세상에 자랑할 만한 독창성을 선보이는 건물로 설계됐다. 1880년 만국박람회를 개최한 장소로, 르네상스와 비잔틴, 로마네스크 양식이 절묘하게 섞여 있다. 중앙에는 으리으리한 그레이트 홀이 서 있고, 주변으로 칼턴 정원이 계획에 맞춰 배치됐다.

↑↓ 호화로운 건물을 둘러싼 정원 역시 건물 못지않게 인상적이다. 양식을 갖춰서 꾸민 화단과 높이 자란 나무, 장식용 호수 2개를 품은 정원 또한 박람회를 위해 특별히 설계됐다.

266 예술과 문화 공간

화이트호스 태번

미국, 뉴욕주 맨해튼 | 1880년

1880년에 문을 연 이 선술집은 허드슨가와 11가가 만나는 모퉁이에 있다. 첫 손님은 허드슨강의 분주한 부두에서 일하는 인부들이었다. 화이트호스 태번이 위치한 동네는 전위적 예술가들이 모여 살던 그리니치빌리지였고, 따라서 1950-1960년대 이곳은 문학계 보헤미안에게 인기 있는 술집이 됐다. 잭 케루악과 제임스 볼드윈, 아나이스 닌, 노먼 메일러 같은 작가가 이 술집을 즐겨 찾았다. 1953년에 뉴욕을 마지막으로 방문한 딜런 토머스가 생전 마지막 위스키를 마신 곳으로도 유명하다. 토머스는 알코올중독으로 악화한 폐렴 때문에 화이트호스를 방문하고 며칠 뒤에 쓰러져 숨을 거뒀다. 1955년에는 뉴욕의 반체제 주간지 『빌리지 보이스』가 이곳에서 탄생했다.

267 업무 공간

켄윈 하우스

세이셸공화국, 빅토리아 | 1880년

원래 이 건물은 프랑스가 식민 통치 중이던 1855년 외과 의사의 집으로 지어졌다. 1880년대에 집주인이 이스턴 전신 회사로 바뀌었고, 해저 전신 케이블을 담당하던 엔지니어들이 건물을 사용했다. 이윽고 1880-1890년대 전 세계 해저에 전신 통신용 케이블이 깔렸다. 1922년에 세이셸이 현재 스리랑카 수도인 콜롬보와 연결되면서 최초의 글로벌 통신망이 완성됐다.

↑ 화이트호스 태번은 외관과 실내 모두 예전 모습을 거의 그대로 보존했다. 요즘에는 지난날 보헤미안 손님들의 이름을 딴 칵테일도 판다.

움베르스토네 초석 작업장

칠레, 팜파스 | 1880년

지구상 가장 황량한 풍경에 자리 잡은 주요 광물 광산.

아타카마 사막에는 질산나트륨 비료와 화약 생산에 필수인 천연 질산칼륨이 대량 매장돼 있다. 1870년대 후반, 영국 출신 엔지니어 제임스 '산티아고' 험버스톤은 질산염을 추출하는 새로운 시스템을 도입했다. 이 일로 험버스톤이 일하던 페루 질산염 공장은 1880년에 이 엔지니어의 이름을 따서 개명했다(험버스톤을 스페인어로 읽으면 '움베르스토네'다—옮긴이). 움베르스토네는 사막 곳곳에 흩어진 작업장 200여 곳 중 하나일 뿐이었지만, 칠레와 볼리비아, 페루에서 온 노동자 수천 명이 근무했다. 질산염은 각 작업장을 연결하는 철도를 타고 이키케 항구로 운송됐고, 이곳에서 다시 전 세계로 건너갔다. 1930년대에 암모니아 합성 공정이 발명되면서 질산나트륨 수요가 줄어들었다. 결국 1960년대에 접어들면서 공장과 마을 모두 버려졌고, 이 일대에서 성장했던 산업과 문화 모두 사라지고 말았다.

↑↓ 제임스 험버스톤(별명은 '산티아고')은 질산칼륨 공장의 엔지니어이자 관리자였다. 험버스톤이 광석에서 질산염을 추출하는 '샹크스' 공법을 개발하자, 공장은 이름을 '움베르스토네'로 바꿨다(원래 이름은 '라팔마'였다).

다르질링 히말라야 철도

인도, 서벵골 | 1881년

철도가 생기기 전까지는 평원에서 다르질링까지 90킬로미터쯤 되는 구불구불한 급경사 길을 수레와 짐을 실은 동물로만 오갈 수 있었다. 1878년, 동부 벵골 철도의 대리인 프랭클린 프레스티지가 험난한 지형에 맞춰 작은 철도 제작을 제안했고, 이로 인해 1879년 철로 건설을 관리할 회사가 설립됐다. 몇 년이 흘러 1881년 7월, 지형을 따라 지그재그로 오르거나 빙 둘러 오르는 협궤 철도가 개통했다. 다르질링 철도는 외관이 장난감처럼 보였지만, 큰 성공을 거뒀고 곧 다른 노선이 2개 더 생겼다. 타밀나두의 언덕을 오르내리는 닐기리 산악 철도와 히말라야 산기슭을 오가는 칼카-심라 철도까지 포함해 이 철도들을 인도 산악 철도라고 부른다.

↓ 급격하게 커브를 돌며 복잡하게 나아가는 지그재그 철도 위의 작은 '장난감' 기차는 놀라울 만큼 잘 작동했다.

메트로폴리탄 미술관

미국, 뉴욕시 맨해튼 | 1880년

1870년에 자선가 단체는 센트럴파크의 79가와 84가 사이 부지에 메트로폴리탄 미술관을 세우기로 계획했다. 작업을 의뢰받은 건축가 캘버트 보는 단순한 네오고딕 양식 건물을 완성했고, 1880년에 미술관이 개관했다. 이후 메트로폴리탄 미술관은 수없이 증축 공사를 거쳐서 뉴욕 최대의 미술관으로 발돋움했다. 오늘날 5번가에서 만나는 친숙한 파사드는 1926년에 지어졌다.

캐나다 통조림 공장

캐나다, 온타리오주 픽턴 | 1882년

통조림은 원래 나폴레옹 군대에 식량을 보급하고자 고안됐지만, 가정에서 즐기는 간편식으로 자리 잡았다. 하지만 1880년대까지만 해도 통조림은 뉴욕시보다 더 북쪽으로 퍼지지 못했다. 마침내 사업가 조지 더닝이 농부 웰링턴 볼터와 협력해서 에드워드 카운티에 캐나다 최초의 통조림 공장을 세운 후에야 통조림이 캐나다 전역으로 빠르게 전파됐다. 3년 만에 전국 곳곳에 통조림 공장이 들어섰고, 픽턴의 공장은 통조림 산업의 중심지로 거듭났다.

사그라다 파밀리아 대성당

스페인, 바르셀로나 | 1882년

바르셀로나의 개성이 담긴 건축물이자 미완성된 가우디의 걸작.

바르셀로나의 가톨릭 성당인 사그라다 파밀리아 대성당은 개인 기부금으로 공사 자금을 조달했다. 19세기 카탈루냐 예술과 공예 르네상스의 주역인 건축가 안토니 가우디가 1883년 프로젝트 책임자로 임명됐다. 1926년 가우디가 사망하고 스페인 내전으로 기존 설계도와 모형이 손실됐지만, 공사는 몇 차례 중단된 때 외에는 꾸준히 이어졌다.

가우디는 카탈루냐 모더니즘과 곡선미가 돋보이는 유기적 고딕 양식을 독특하게 뒤섞은 거대한 건물을 구상했다. 그 배경에는 당시 유럽 전역에 불던 중세주의(고딕 부흥) 운동의 영향도 있었다. 대성당의 첨탑은 모두 18개로, 사도와 전도사, 성모마리아, 예수그리스도에게 하나씩 봉헌했다. 가장 높은 마지막 첨탑이 그리스도를 위한 것이다. 성당은 아직 미완성이지만, 2010년 교황 베네딕토 16세가 축성했다. 완공되면 세계에서 가장 높은 성당이 될 것이다.

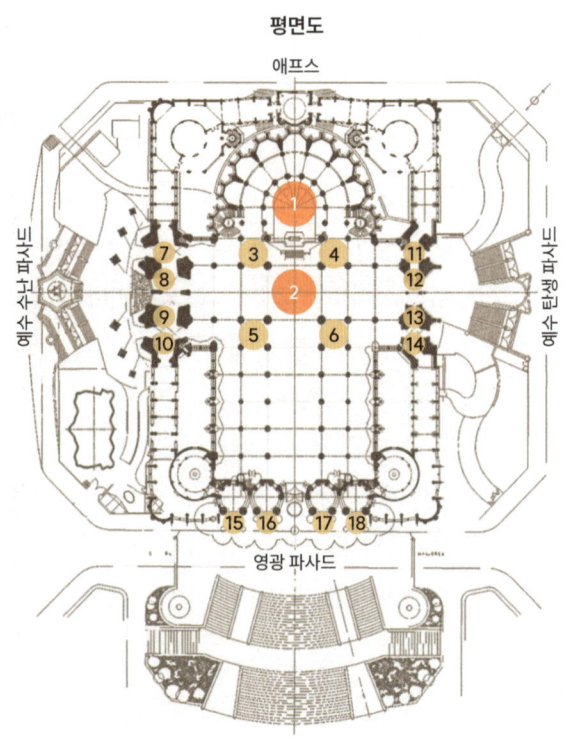

평면도

애프스

첨탑 18개: 1 성모 마리아 2 예수 3 마르코 4 루가 5 마태오 6 요한 7 소야고보 8 바르톨로메오 9 토마스 10 필립보 11 마티아 12 유다 13 시몬 14 바르나바 15 안드레아 16 베드로 17 바오로 18 대야고보

사그라다 파밀리아 대성당에 관한 사실

1 스스로 자라는 것처럼 보이는 독특하고 유기적인 디자인
2 이미 1세기 넘게 진행 중인 공사
3 다른 무엇보다도 바르셀로나를 대표하는 랜드마크

➔ 대성당의 초석은 1882년에 놓였다.

"직선은 사람에게 속하고,
곡선은 신에게 속한다."

안토니 가우디

브루클린 브리지

미국, 뉴욕주 브루클린 | 1883년

뉴욕의 다섯 번째 자치구를 만든 다리.

1869년 착공해 1883년 준공된 브루클린 브리지는 이스트 강을 가로지르며 맨해튼섬과 브루클린을 잇는다. 이 다리 덕분에 브루클린은 뉴욕시의 자치구가 됐고, 상품과 노동력이 두 대도시권을 안전하게 오갈 수 있었다. 교량의 경간은 486미터로, 이전에 지어진 어떤 다리보다 20퍼센트 이상 더 길다. 현재 차량 14만 대가 날마다 다리를 오간다.

"인간의 정신이 계획을 세울 때는 1천 명을 몇 년 동안 고용해야 할 만큼 커다란 일을 몇 시간 만에 생각할 수 있다."

엔지니어 워싱턴 로블링

브루클린 브리지를 설계한 사람은 토목 기술자 존 오거스트 로블링이다. 그가 1869년에 사고로 세상을 뜨자 아들 워싱턴이 건설 프로젝트를 이어받았다.

이 다리는 공학의 눈부신 업적으로 인정받았다. 땅을 뚫어서 기반을 다지는 데 최초로 다이너마이트를 이용했고, 기존 현수교에서 쓰던 사슬과 단단한 막대 대신 혁신적 자재인 강철 케이블을 사용했다. 아울러 케이슨과 정착구를 활용해 더 크고 튼튼한 교량을 건설할 수 있었다.

브루클린 브리지는 1978년 영화《토요일 밤의 열기》와 2001년 영화《바닐라 스카이》등에 등장하며 뉴욕의 상징이 됐다. 1900년대 초 사기꾼 조지 C. 파커가 브루클린 브리지를 팔겠다고 속여서 돈을 뜯어내는 사기 행각을 여러 차례 저지른 뒤에는 '브루클린 브리지를 팔다'라는 말이 남을 속여 먹는다는 뜻의 관용구가 됐다.

↓ 다리 양쪽 끝에 목재와 강철로 만든 거대한 상자(케이슨)를 가라앉혀서 압력을 가했다. 케이슨이 공기를 보내고 물이 솟지 않도록 막은 덕분에 인부들이 땅을 팔 수 있었다. 인부들이 단단한 기반암에 도달하면, 케이슨을 콘크리트와 벽돌로 채워서 위에 구조물을 올릴 견고한 토대로 사용했다.

모네의 집

프랑스, 지베르니 | 1883년

위대한 인상파 화가의 작품으로 친숙한 집과 정원.

1883년에 클로드 모네가 새집에 들어왔을 때, 집과 정원은 소박하고 그다지 볼품이 없었다. 시간이 흐르며 모네는 집을 가족이 살기에 알맞게 확장했고, 헛간을 작업실로 개조했다. 게다가 모네는 원예에 열정을 불태웠던 동료 화가 귀스타브 카유보트와 작가 옥타브 미르보에게서 영향을 받아 열렬한 정원사가 됐다. 당시 유행하던 일본 미술에 영감을 받아 수초 정원도 새롭게 가꿨다. 작은 연못에는 일본식 홍예다리를 놓고 수련을 심으며 점점 규모를 키워나갔다. 모네는 생의 마지막 30년 동안 250번 가까이 정원의 수련을 그렸다. 이리저리 변하는 빛을 포착한 수련 그림은 모네의 가장 훌륭한 작품으로 널리 알려졌다.

> "아마도 나는 꽃 덕분에 화가가 됐지 싶다."
>
> 클로드 모네

↑ 모네의 집(특히 정원)은 그의 작품에서 가장 자주 등장하는 주제였다.

홈 인슈어런스 빌딩

미국, 일리노이주 시카고 | 1885년

철과 강철로 골조를 만든 최초의 마천루.

1871년 시카고 대화재 이후, 시카고에 건설 붐이 일어나면서 도시경제가 활기를 띠었고 스카이라인이 크게 변했다. 새로운 건물은 목재 대신 석재와 철, 그리고 무엇보다도 새로운 자재였던 강철로 만들어졌다. 바로 이때 건축가 윌리엄 제니가 세계 최초의 마천루를 설계했다. 10층짜리 홈 인슈어런스 빌딩은 높이가 42미터였고, 오티스 엘리베이터 등 새롭게 발전한 기술을 활용했다. 최초로 내력벽 대신 철과 강철로 내화성fireproof 내부 골조를 쓴 건물이며, 역시 최초로 강철을 구조재로 사용한 건물이다. 땅값이 치솟는 상황에서도 제니의 혁신적 설계 덕분에 도시는 바깥이 아니라 하늘을 향해서 성장할 수 있었다.

↓ 최초로 철골 구조를 사용한 건물의 부분 평면도.

은행 평면도

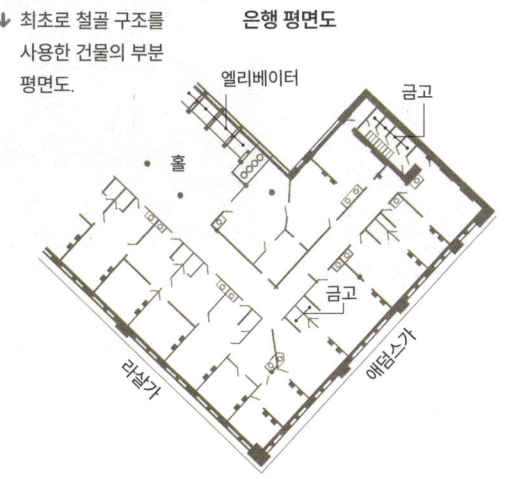

엘리베이터
금고
홀
금고
라살가
애덤스가

↑ 높이 때문에 건물이 무너지지 않게 건설을 잠시 중단하며 조치를 취하기도 했던 홈 인슈어런스 빌딩은 현대 고층 건물의 출발을 연 '시카고 스쿨'을 대표하는 건물 중 하나다.

만달레이 왕궁

미얀마 | 1885년

미얀마 마지막 왕조의 몰락을 목격한 왕궁.

1885년 11월 28일, 영국의 공격 함대가 미얀마의 수도 만달레이에 당도했다. 인도 출신 병사를 가득 태운 전함은 아무런 저항에 부딪히지 않고 벵골만을 건너 이라와디강을 거슬러 올랐다. 미얀마 침략을 지휘하던 사령관 슬레이든 대령은 화려한 목조 궁전으로 들어와서 티바 왕에게 폐위를 통보했다. 미얀마를 두고 벌어졌던 기나긴 패권 경쟁이 끝나는 순간이었다. 그동안 영국은 다른 강대국이 미얀마 무역을 장악하고 은밀히 중국에 접근할까 봐 우려했다. 끝내 프랑스에 여러 권리가 넘어가자, 영국은 최후통첩으로 미얀마가 들어줄 수 없는 사항을 요구했고 만달레이로 함대를 보냈다. 미얀마 북부 지역이 합병된 후, 꼰바웅 왕조의 마지막 왕 티바는 인도로 망명해서 여생을 보냈다.

↑ 미얀마의 마지막 왕 티바가 왕좌를 빼앗겼을 때, 이 목조 궁전은 지어진 지 30여 년밖에 되지 않았다. 원래 건물은 제2차 세계대전 중에 파괴당했고, 현대에 들어서 기존의 티크 대신 콘크리트로 복제 건물이 지어졌다.

↑ 타이트가는 예술가와 작가들 사이에서 인기 있는 지역이었다. 화가 제임스 애벗 맥닐 휘슬러와 존 싱어 사전트도 이곳에 살았다.

타이트가 16번지

잉글랜드, 런던 | 1885년

아일랜드 작가 오스카 와일드와 아내가 타이트가 16번지(현재는 34번지)로 이사했을 때, 이 거리는 보헤미안이 가득하던 첼시에서 새롭게 떠오르던 세련된 지역이었다. 와일드는 이곳에서 유행을 충실히 따른 실내 장식에 둘러싸인 채 1895년에 초연한 희곡 〈진지함의 중요성〉을 비롯해 성공작 여러 편을 완성했다. 그런데 1895년에 와일드가 동성애 혐의로 재판을 받은 끝에 '중대 외설'이라는 죄목으로 감옥에 갇혔다. 타이트가 집의 가재도구는 빚을 갚느라 경매로 넘어갔다.

노이슈반슈타인성

독일, 바이에른 | 1886년

바이에른의 루트비히 2세는 오페라와 건축을 사랑하는 괴짜였다. 그는 웅장한 건물을 여럿 지었는데, 특히나 낭만적인 노이슈반슈타인성은 바그너의 오페라와 중세 전설을 향한 애정에서 영감을 얻었다. 그런데 10년이 걸려 성을 완공한 직후, 루트비히 2세가 물에 빠져서 사망한 채로 발견됐다(당시는 폐위된 상태였다). 노이슈반슈타인성은 월트 디즈니가 애니메이션 《잠자는 숲속의 공주》에 나오는 성을 디자인하는 데 영감을 준 곳이기도 하다.

↓ 이 성은 배관 시설처럼 현대적인 편의 설비를 갖췄다. 반면 중세풍의 첨탑은 아무 기능도 없는 장식이다.

자유의 여신상

미국, 뉴욕주 리버티섬 | 1886년

미국의 자유를 상징하는 아이콘.

프랑스 조각가 프레데리크오귀스트 바르톨디는 원래 횃불을 든 거대한 인물상을 수에즈 운하 입구에 세울 등대로 제안했다. 이 제안은 거절당했지만, 웅장한 인물상을 제작한다는 아이디어는 죽지 않았다(바르톨디의 친구이자 학자인 에두아르 드라불레가 처음 떠올린 생각이었다). 바르톨디는 미국을 방문했을 때 독립 100주년을 기념하는 프랑스의 선물로 으리으리한 조각상을 제작하자고 다시 제안했다. 프랑스에서 제작 자금을 모으는 일은 바르톨디와 드라불레가 맡았고, 미국에서는 인물상을 올릴 받침대를 만들기로 했다. 조각상이 자리 잡을 곳은 뉴욕항의 베들로섬으로 정해졌다. 구리판을 써서 제작한 동상 〈자유의 여신이 세상을 비추다〉는 귀스타브 에펠이 설계한 철제 골격 위에 올라갔다가, 1885년 해체된 상태로 미국에 건너갔다. 그런데 조각상을 기다리고 있어야 할 받침대가 완성되지 않은 탓에 자유의 여신상은 1886년 10월 28일에야 커다란 관심과 환호 속에서 세상에 공개됐다.

"그저 넋을 잃고 반했다고
　말할 수밖에 없습니다.
　우리가 세상을 떠난 뒤에도 이 작품은
　영원히 살아 있을 것입니다."

　　　　프레데리크오귀스트 바르톨디, 동상 제막식에서

→ '자유의 여신'은 프랑스에서 구상·제작된 후 미국으로 건너갔다.

테와이로아

뉴질랜드, 북섬 | 1886년

선교단이 일군 주택 단지가 화산 분출로 사라지다.

테와이로아는 미국 선교사이자 목사 시모어 스펜서가 세운 마을이다. 스펜서는 아내와 함께 유럽식 마을을 만들고 마오리족을 크리스트교로 개종시키는 데 힘썼다. 그런데 1886년 6월 10일에 인근의 타라웨라 화산이 폭발하면서 마오리 양식과 유럽식 건물이 기이하게 뒤섞인 이 마을이 완전히 파묻혔고, 100여 명이 사망했다. 선교 정착촌이 온전하게 남은 경우가 매우 드물어서 테와이로아는 매몰촌Buried Village이라고 불리며 고고학계의 관심을 끌었다. 소박한 호텔, 마오리족의 와레(주택)와 파타카(창고) 등이 발굴됐고, 카누에서 가구와 조리 도구에 이르기까지 다양한 유물도 나왔다.

↑ 화산 분출 때문에 정착촌의 건물 대다수가 무너졌고 결국 완전히 버려졌다.

빅토리아 터미널

인도, 뭄바이 | 1887년

빅토리아 여왕의 즉위 60주년을 기념하고자 빅토리아라는 이름을 붙인 이 역은 건설하는 데 거의 10년이나 걸렸다. 그레이트인디언페닌슐라 철도 회사의 본사로도 쓰이며, 인도에서 가장 분주한 역으로 손꼽힌다. 프레더릭 스티븐이 설계한 파사드는 인도와 사라센, 고딕, 복고 양식이 절묘하게 뒤섞여 있다. 새로운 건물은 인도와 서양의 전통을 혼합해야 한다는 정부 지침을 준수한 결과다. 2017년에 차트라파티 시바지 마하라지Chhatrapati Shivaji Maharaj 터미널로 이름이 바뀌었다.

베이커가 221B번지

잉글랜드, 런던 | 1887년

셜록 홈스가 문학계에 처음 등장했을 때, 홈스의 집은 아직 허구 속 세계에 머물러 있었다. 1887년 소설 『주홍색 연구』에서 명탐정이 사는 집 주소는 실제로 존재하지 않았다. 하지만 코난 도일이 창조한 캐릭터의 인기와 엄청나게 쏟아지는 팬레터, 끊임없는 팬의 방문 덕분에 결국 셜록 홈스 박물관이 베이커가 221B번지 B호에 들어섰다. 사실 박물관의 실제 위치는 베이커가 237번지와 241번지 사이다.

↓ 새로 지은 드넓은 역의 정문은 영국과 인도를 상징하는 사자와 호랑이로 장식했다.

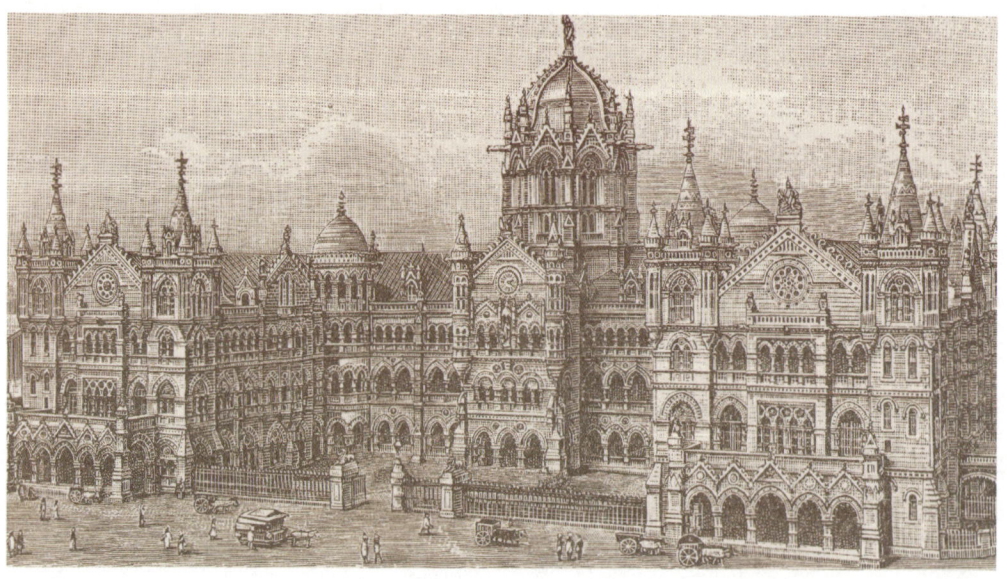

283 업무 공간

밴프 스프링 호텔

캐나다, 밴프 | 1888년

캐나다의 동해안과 서해안을 잇고자 건설된 캐나다 퍼시픽 철도 덕분에 교역과 사업이 가능해졌고 노동자가 전국을 이동할 수 있게 됐다. 철도 회사는 관광에도 관심을 보였고, 철도 노선을 따라 호텔을 지어서 확실하게 보장된 성공을 누렸다. 로키 산맥의 그림처럼 아름다운 풍경 속에 자리 잡은 밴프 스프링 호텔도 철도 회사가 세운 호텔이다.

> "풍경을 수출할 수 없다면
> 관광객을 수입합시다."

캐나다 퍼시픽 철도 회사 회장, 윌리엄 밴 혼

284 업무 공간

프랭크 로이드 라이트의 집과 스튜디오

미국, 일리노이주 오크파크 | 1889년

건축가 프랭크 로이드 라이트는 고작 22살의 나이에 고용주 루이스 설리번에게 5천 달러를 빌려서 가족 주택을 지었다. 이 집은 라이트가 완전히 통제권을 발휘해서 설계한 최초의 건물이었다. 라이트는 수없이 설계를 바꾸면서 탁 트인 생활 공간, 천연 자재, 기하학 형태를 아우르는 미학을 발전시켰다. 아울러 당시 최첨단 기술이었던 전기와 전화까지 집에 설치했다.

↓ 프랭크 로이드 라이트의 집에도 그의 후기 작품에서 전형적으로 나타나는 수평선이 보인다.

← 밴프 스프링스 호텔은 캐나다 철도 회사가 지은 호텔의 초기 사례다. 1880년대부터 1930년대까지 이와 비슷한 대규모 호텔이 30채 넘게 지어졌다.

↑ 고흐가 1889년에 그린 이 작품은 그가 1890년 5월까지 1년 동안 스스로 입원했던 생폴 드 모솔 정신병원을 보여준다.

↑ 다양한 청중을 끌어모은 교외의 뮤직홀.

285 예술과 문화 공간

생폴 드 모솔 정신병원

프랑스, 생레미 드 프로방스 | 1889년

1889년 5월 8일, 36세의 빈센트 반 고흐는 생폴 드 모솔 정신병원에 입원했다. 그가 극심한 신경쇠약에 빠지자, 친구들이 전문적인 치료가 필요하다고 조언했고, 그는 병원에서 1년 넘게 머물렀다. 고흐는 입원해서 심각한 발작을 3번 겪었지만, 동시에 창의성이 폭발한 시기이기도 했다. 이곳에서 〈별이 빛나는 밤〉과 〈꽃피는 아몬드 나무〉〈삼나무가 있는 밀밭〉을 비롯해 가장 찬사를 많이 받은 대표작 상당수를 그렸다.

286 예술과 문화 공간

물랭루주

프랑스, 파리 | 1889년

물랭루주를 설립한 사업가 샤를 지들러와 조제프 올레르는 새로운 뮤직홀을 지을 입지로 특별히 유행하는 동네를 찾지 않았다. 오히려 당시 파리에서 가장 외진 18구의 몽마르트르를 택했다. 이들은 어떤 볼거리가 필요한지 알았다. 입구는 붉은 풍차로 장식해 쉽게 알아볼 수 있었고, 실내는 거울 벽과 샹들리에를 설치해 반짝이는 빛으로 가득했다. 캉캉을 포함해 무용 공연을 주로 선보였고, 다른 공연도 다양했다. 1889년 10월 6일 개장한 물랭루주는 즉시 성공을 거뒀다. 파리지앵과 고향을 떠나온 외지인이 이곳에서 즐거움을 찾았다. 물랭루주의 화려한 순간은 화가 앙리 드 툴루즈로트레크가 포착해 후세에 남겼다.

에펠탑

프랑스, 파리 | 1889년

에펠탑은 1889년 파리에서 열린 만국박람회에서 핵심이 될 건축물이었다. 금속 고가 다리와 교량이 전문 분야였던 엔지니어 귀스타브 에펠이 설계를 맡았다. 에펠은 작업장에서 탑을 구성하는 철제 구조물을 모듈식으로 만들어 현장에서 조립했다. 건설하는 데 2년 넘게 걸린 이 탑은 1930년에 크라이슬러 빌딩(283쪽 참고)이 나타나기 전까지는 세계에서 가장 높은 건물이었다. 원래 예상했던 수명은 20년이었지만, 무선통신 실험에 유용해 철거가 유예됐고, 결국 사랑받는 랜드마크로 거듭났다.

크라이슬러 빌딩
공식 높이
(안테나 포함)
318.9미터

에펠탑
공식 높이
(안테나 미포함)
300미터

2022년에 방송 안테나를 설치해서 전체 높이가 330미터로 늘어났다.

→ '임시' 구조물로 설치된 에펠탑은 파리의 영원한 상징으로 자리 잡았다.

산세바스티안 성당

필리핀, 마닐라 | 1891년

19세기 말 마닐라에 가톨릭 신도가 크게 늘면서 예배를 드릴 드넓은 공간이 절실해졌다. 화재나 지진으로 성당 몇 채가 잇달아 파손된 끝에 건축계는 내화성 철골 구조라는 해결책을 찾았다. 산세바스티안 성당은 네오고딕 양식으로 설계됐지만, 벨기에에서 조립된 부품을 쓴 현대식 건물이다. 스테인드글라스 창문은 독일에서 수입했다.

브래드버리 빌딩

미국, 캘리포니아주 로스앤젤레스 | 1893년

은광 사업으로 백만장자가 된 루이스 브래드버리는 건축가 섬너 헌트에게 브래드버리 빌딩 설계를 의뢰했다. 헌터의 작업실에서 일하던 제도사 조지 와이먼이 수없이 수정한 끝에 마침내 도면이 완성됐다. 브래드버리 빌딩은 로스앤젤레스 도심에서 가장 오래된 상업 건물로, 깜짝 놀랄 만큼 혁신적이라고 평가받았다. 단순한 외관 너머에는 15미터 높이로 솟아오른 유리 지붕 아트리움이 숨어 있고, 아르누보 양식의 난간을 두른 대리석 계단과 당시에는 참신했던 개방형 케이지 엘리베이터를 외벽 주위에 배치했다.

↓ 브래드버리 빌딩은 감탄이 나올 만큼 정교한 세부 장식과 기술 혁신으로 유명했다.

계단의 세부 모습

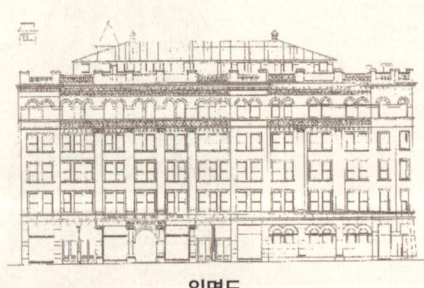

입면도

단면도

보그드 칸 궁전 박물관

몽골, 울란바토르 | 1893년

1893년에 착공해서 1903년에 완공한 이 궁궐 단지는 외몽골의 마지막 칸이자 영적 지도자인 보그드 칸이 지내던 여름 궁전과 겨울 궁전을 아우른다. 몽골에 공산주의 정권이 들어섰을 때 비슷한 건물은 대부분 파괴됐지만, 보그드 칸 궁전은 살아남았다. 달라이라마와 판첸라마 다음으로 높은 위상을 지닌 8대 젭춘담바 후툭투(몽골 티베트의 불교 지도자 직위—옮긴이)가 된 그는 1922년에 몽골 공산당에 실권을 내줬고, 2년 뒤 사망했다.

5월 대로

아르헨티나, 부에노스아이레스 | 1894년

1880년, 부에노스아이레스는 아르헨티나의 수도가 됐다. 초대 시장 토르쿠아토 데알베아르는 파리를 이상적 목표로 삼아 넓은 대로가 곳곳에서 뻗어 있는 세련된 도시를 만들겠다는 목표를 세웠다. 5월 대로도 도시 당국이 구상한 대로 가운데 하나다. 대통령궁에서 의사당까지 이어지는 이 거리의 이름은 아르헨티나 독립을 상징하는 5월 혁명에서 따왔다. 거리가 생겨나자마자 벨 에포크 양식 아파트와 극장, 카페 등이 들어섰다.

분리파 전시관

오스트리아, 빈 | 1896년

구스타프 클림트가 이끄는 전위적 예술 유파 '분리파'는 예술원과 학술원의 영향을 받은 고루한 예술에 반기를 들며 결성됐다. 분리파 설립에 참여한 젊은 건축가 요제프 마리아 올브리히는 2년에 걸쳐 전시관을 지어서 1898년에 공개했다. 분리파 전시관은 이 예술운동이 대중에게 드러내는 얼굴이나 다름없었다. 금박 월계수 잎으로 만든 구형 조형물을 꼭대기에 올린 뭉툭한 흰색 파사드는 현대미술의 성전이 어떤 모습이어야 하는지 보여준다.

→ 얇은 철제 잎에 금박을 입혀서 만든 돔이 언제나 감탄만 자아내지는 않았다. 지역 주민은 돔을 보고 '황금 양배추'라는 별명을 붙였다.

5부

1900–1999년

전쟁이 남긴 상흔과
대중문화의 번성

293 종교 시설 및 기념물

정령의 집

파푸아뉴기니, 동세픽 | 1900년경

파푸아뉴기니의 아벨람족은 세픽강을 따라 세운 전통 삼각형 건물에서 회합, 통과의례, 구전 등 다양한 활동을 한다. 건물 높이는 최대 30미터다. 열대 덩굴식물로 만든 밧줄로 고정하고, 전통 상징과 문양으로 거듭 장식한다. 특히 생존에 중요한 작물인 얌 문양을 많이 사용한다. 가장 오래된 건물은 1세기 이상 되었고, 모든 건물을 개조·보수하고 있다.

294 주거지

탄텡니아 저택

싱가포르 | 1900년경

싱가포르의 리틀인디아 지구에 유일하게 남아 있는 이 중국 상인의 저택은 20세기 초 이 지역 곳곳에 자리 잡았던 영세한 중국 공장과 상점을 상기시킨다. 리틀인디아가 완전히 재개발되면서 전부 사라졌다. 탄텡니아 저택은 사탕 공장 주인의 집이었으며, 1층 외부에는 지붕을 씌운 회랑이 원래 모습 그대로 아직까지 남아 있다.

↑ 세픽에는 여러 부족이 살아가는데, 각자 정령의 집을 짓고 독특한 스타일로 장식한다.

캐벗 타워

캐나다, 뉴펀들랜드주 세인트존스 | 1901년

세계 최초의 대서양 무선 신호 수신 기지.

캐벗 타워는 15세기 후반 뉴펀들랜드에 도착한 최초의 유럽인인 이탈리아 탐험가 조반니 캐벗의 이름을 땄다. 1897년에 빅토리아 여왕의 즉위 60주년과 캐벗의 항해 400주년을 기념하고자 시그널힐에 성채 모양 구조물로 지어졌다. 4년 후인 1901년 12월 12일, 굴리엘모 마르코니(이탈리아의 발명가이자 기업가로, 무선통신을 최초로 성공시키고 실용화했다—옮긴이)가 이곳에서 안테나를 단 연을 날린 일로 캐벗 타워가 국제적으로 유명해졌다. 마르코니의 안테나는 영국 콘월의 폴두에서 보낸 최초의 대서양 무선 신호(모스부호로 'S'를 의미하는 '…')를 성공적으로 수신했다. 이 실험은 지구의 곡률 때문에 전파가 전달될 수 없다는 당대 과학계의 예측을 깨뜨렸다.

↓ 캐벗 타워는 굴리엘모 마르코니가 대서양 통신을 향한 첫걸음을 내디딘 순간을 지켜보았다. 이 사건은 1900년대 초반의 흥미진진한 과학 발견 중 하나로 손꼽힌다.

오 라팽 아질

프랑스, 파리 | 1902년

오 라팽 아질은 몽마르트르에 있는 허름하고 낡은 카바레로, 카바레 공연가이자 사업가였던 아스트리드 브뤼앙이 이곳을 인수했다. 카바레는 파블로 피카소, 아메데오 모딜리아니, 모리스 위트릴로 같은 예술가 사이에서 특히나 인기를 끌었는데, 단골 예술가 대다수가 근처의 저렴한 원룸 아파트에서 살았다. 피카소는 유명한 초기작 〈라팽 아질에서〉에서 카바레의 바 앞에 선 우울한 광대의 모습으로 예술가를 묘사했다.

패커드 자동차 공장

미국, 미시간주 디트로이트 | 1903년

패커드 자동차 공장은 건설 당시 세계에서 가장 진보한 자동차 공장이었다. 철근으로 강화한 콘크리트를 사용한 최초의 건물로, 엔지니어 줄리어스 칸이 개발해서 특허를 받은 공법을 토대로 그의 형인 건축가 앨버트 칸이 건설했다. 철근 콘크리트의 강도가 높아진 덕분에 지지 기둥이나 벽에 방해받지 않고 탁 트인 실내 공간을 만들 수 있었고 창문도 더 크게 많이 낼 수 있었다.

↓ 패커드 자동차 공장은 철근콘트리트 덕분에 자연광이 더 많이 들어오는 깔끔한 작업 공간을 만들 수 있었고, 대규모 생산라인을 갖추기가 더 쉬워졌다.

플랫아이언 빌딩

미국, 뉴욕시 맨해튼 | 1903년

뉴욕에서 가장 까다로운 부지에 들어선 초기 마천루.

플랫아이언 빌딩은 5번가와 브로드웨이 사이의 뾰족한 삼각형 부지에 지어졌다. 원래 이름은 풀러Fuller 빌딩이지만 부지 모양을 그대로 빼닮은 독특한 외관 덕분에 플랫아이언(삼각형 다리미를 가리킨다—옮긴이)이라는 별명이 붙었다. 시카고의 대형 건설업체 풀러 컴퍼니가 시카고의 저명한 건축가 대니얼 번햄에게 설계를 의뢰했다. 엘리베이터를 많이 설치한 22층짜리 철골 건물은 당시에 현대식 구조물이었지만, 외관은 순수예술 작품이나 다름없었다. 19세기 후반 유럽과 미국에서 인기가 높았던 르네상스풍 양식을 잘 보여준다.

완공 당시 건물은 별로 인기를 끌지 못했다. 건물에서 가장 좁은 지점의 너비가 2미터에 지나지 않을 만큼 비율이 극단적이어서 대중은 불안하게 바라봤다. 시간이 흐르고서야 플랫아이언 빌딩은 새로운 미드맨해튼 상업 지구의 상징으로 자리 잡았다. 플랫아이언 빌딩이 건설되고 30년 내로 들어선 고층 빌딩은 대부분 바늘처럼 뾰족한 모습이었다. 현재 플랫아이언 빌딩은 20세기 초반 스타일을 지켜낸 독특한 건물로 남아 있다.

➜ 외관은 눈길을 잡아끌 만큼 우아하고
정교하지만, 평면 구조가 특이해서
내부 사무실 공간은 대체로 좁고
모양이 어색하다.

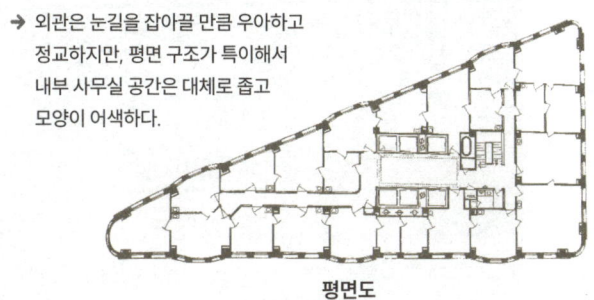

평면도

그리트비켄 고래잡이 기지

남극, 사우스조지아섬 그리트비켄 | 1904년

노르웨이 탐험가이자 선장인 칼 안톤 라르센이 건설한 그리트비켄 기지는 남극해에서 떼를 지어 여름을 보내는 고래를 잡기 위해 이 일대에서 처음 건설된 고래잡이 기지다. 포경선이 고래를 잡아 오면 이곳에서 고래 고기와 지방을 가공했다. 8년 뒤, 근처에 다른 기지가 6개 더 생겨서 커다란 수익을 올렸다. 고래잡이 기지는 60년 동안 운영을 이어가다 1965년에 마침내 문을 닫았다.

↓ 남대서양에서 고래가 남획된 탓에 1960년대에 이르자 고래잡이 시설은 이윤을 남기기 어려워졌다.

299 주거지/공공 기반 시설과 혁신

레치워스 가든 시티

잉글랜드, 하트퍼드셔 | 1903년

최초의 정원 도시인 레치워스는 사회 개혁가 에버니저 하워드의 아이디어를 구현한 선구적 프로젝트였다. 하워드는 중심에 공공 편의 시설을 통합하는 '정원'을 두고 도심 바깥에는 드넓은 교외와 농경지가 둘러싼 소도시 네트워크를 구상했다. 대체로 자급자족할 수 있는 지역사회에 쾌적한 생활 여건을 마련한다는 계획이었다. 하워드의 구상을 대규모로 실현하기에는 비용이 너무 많이 들었지만, 일부 요소는 도시계획의 표준 관행으로 자리 잡았다.

↑ 에버니저 하워드는 도시 거주민을 위한 녹지의 중요성을 일찌감치 깨달았고, "도시와 시골은 결합해야 한다"라고 주장했다.

카사 아술

멕시코, 멕시코시티 | 1904년

멕시코에서 가장 유명한 예술가이자 페미니즘의 아이콘이 탄생한 장소.

기예르모 칼로는 딸 프리다가 태어나기 3년 전에 코요아칸 교외에 가족 주택 카사 아술을 지었다. 프리다 칼로는 성인이 된 뒤에도 인생 대부분을 이 집에서 보냈다. 18살에 끔찍한 교통사고를 당한 탓에 오랫동안 병석에 있어야 했기 때문이다. 침대에 가만히 누워 있어야 했던 칼로는 침실에서 그림 그리는 방법을 깨우쳤다.

칼로는 멕시코 벽화가 디에고 리베라와 결혼하면서 집을 떠났지만, 이혼한 뒤 1939년에 다시 고향집으로 돌아왔다. 나중에 칼로와 리베라가 재혼하면서 원래 흰색이었던 집은 화려한 코발트색을 입고 '카사 아술('파란 집'이라는 뜻―옮긴이)'이 됐다. 둘은 1954년에 칼로가

눈을 감을 때까지 이 집에서 살았다.

현재 박물관으로 쓰이는 카사 아술은 프리다 칼로의 개성을 잘 보여준다. 칼로의 작업실과 수많은 예술 작품, 콜럼버스가 아메리카 대륙을 발견하기 이전 시대의 조각품과 멕시코 민속예술품 컬렉션, 각종 스타일을 아우른 칼로의 옷들이 모두 보관돼 있다.

↑ (왼쪽)카사 아술은 현재 박물관이지만, 칼로가 살아 있을 때와 거의 비슷한 모습이다.

↑ (오른쪽)키가 크고 덩치도 상당한 디에고 리베라 곁에서 산책하는 프리다 칼로가 왜소해 보인다. 칼로의 어머니는 둘의 폭풍 같은 결혼 생활을 '코끼리와 비둘기'의 결합이라고 예리하게 묘사했다.

젠네 대모스크

말리, 젠네 | 1907년

**사하라사막 이남 아프리카 최대의 진흙 건축물이자
해마다 마을 의식으로 유지시키는 모스크.**

오늘날 우뚝 서 있는 젠네 대모스크는 20세기 초에 완공됐지만(이곳에 세 번째로 건설된 모스크다), 젠네에는 13세기 후반에 지역 통치자 술탄 코이 콘보로가 이슬람교로 개종한 이래로 모스크가 늘 존재했다. 젠네 대모스크는 최초로 토속 자재와 설계 양식을 사용했다. 기도실은 신도 3천 명을 수용할 만큼 넓고, 바오바브 나무 잎과 시어 버터, 야자 겉껍질을 섞은 진흙 벽돌 벽에 둘러싸인 안뜰도 있다. 키블라, 즉 예배를 드리는 방향을 가리키는 벽에는 동쪽의 메카를 향해 첨탑 3개가 솟아 있다. 각 첨탑 위에는 말리의 순수함과 다산을 상징하는 타조 알을 올려놓았다. 기도실 지붕에는 구멍이 뚫려 있는데, 낮에는 가려뒀다가 밤새 열어서 내부를 시원하게 식힌다.

젠네는 니제르강과 바니강 사이, 건조한 사하라사막과 온화한 사헬 지역의 가운데에 있다. 우기에는 흙으로 지은 건물이 '녹아버리기' 때문에 해마다 모스크에 흙을 덧발라야 한다. 매년 크레피사주crépissage라는 복원 축제를 열어서 노련한 벽돌공의 지도에 따라 건물을 보수한다. 벽에서 뻗어 나온 지지대는 토론toron이라고 하는 지역 야자수의 말린 줄기로 만드는데, 평소에는 실용적인 장식 역할을 하다가 보수 작업 동안 비계로 쓰인다.

→ 말리의 진흙 벽돌공은 수년에 걸쳐 기술을 익힌다. 진흙을 너무 많이 쓰거나 반죽을 잘못 혼합하면 건물의 윤곽이 '녹아내리고' 독특한 모양을 잃는다.

↓ 갓 완공됐을 당시의 거대한 규모와 선명한 윤곽을 보여주는 초기 사진.

젠네 대모스크에 관한 사실

1 사하라사막 이남 아프리카에서 가장 커다란 진흙 건축물
2 사헬과 사하라사막 지역 전통 건축의 뛰어난 사례
3 지역사회에서 축제를 열어 건물을 보수하는 전통

↑ 포드에 막대한 성공을 안겨준 모델 T가 출시되기 2년 전인 1906년 모델 N 자동차가 피켓 애비뉴 공장 앞을 달리고 있다.

303 업무 공간

포드 피켓 애비뉴 공장

미국, 미시간주 디트로이트 | 1908년

포드 자동차가 처음으로 맞춤 건설한 공장은 붉은 벽돌로 지은 소박한 건물이다. 바로 이곳에 세계 최초로 대중이 살 만한 합리적 가격의 모델 T 자동차 생산 라인이 만들어졌다. 피켓 애비뉴에서 자동차를 1만 2천 대 이상 생산한 포드는 1911년에 하이랜드파크의 더 커다란 건물로 이전하면서 공장을 다른 자동차 회사 스튜드베이커에 팔았다. 스튜드베이커는 이 공장에서 1933년까지 자동차를 생산했다.

↑ 콜만스코프의 잘 꾸며진 부르주아 주택은 오늘날 사막의 모래에 완전히 점령당했다.

304 업무 공간

콜만스코프

나미비아 | 1908년

아프리카 남서부의 독일 식민지에서 잠시 다이아몬드 러시가 찾아왔을 때, 독일의 지방 도시와 비슷한 콜만스코프가 건설됐다. 자체 다이아몬드 시장까지 갖춘 콜만스코프는 잠깐 번영을 누렸지만, 남쪽의 오란예문트에서 새로 다이아몬드가 발견되며 겨우 20년 만에 수명을 다했다. 마을은 나미브사막에 그대로 버려졌고, 점차 모래가 건물을 메웠다.

↑ 대학의 주요 파사드에는 높다란 창문이 여럿 있고, 매킨토시 작품의 전형적 특징인 장식용 연철이 창문을 꾸미고 있다.

305 예술과 문화 공간

글래스고 예술대학

스코틀랜드, 글래스고 | 1909년

1898년 공사를 시작해서 1909년 완성된 글래스고 예술대학 건물은 건축가 찰스 레니 매킨토시의 초기 걸작이다. 건축 회사 허니먼앤드케피에서 제도사로 일하던 28세의 매킨토시는 아르누보, 스코틀랜드 버러니얼, 자포니즘 등 다양한 양식에 영향을 받은 건축물을 설계했다. 그 결과, 여러 양식을 극적으로 혼합한 건물이 탄생해 전 세계에 영향을 미쳤다.

306 업무 공간

캉봉가 21번지 샤넬 아틀리에

프랑스, 파리 | 1910년

코코 샤넬은 파리의 캉봉가 21번지에 모자를 판매하는 첫 매장 샤넬 모드Chanel Modes를 열었다. 가게의 규모는 크지 않았지만, 유행을 선도하는 지역에 있었다. 샤넬은 사업과 패션에서 능력을 발휘해 1918년 같은 거리의 31번지에 더 커다란 매장을 열었다. 모자와 액세서리, 옷과 향수까지 하나의 가게에서 판매하는 샤넬의 매장은 새로운 종류의 사업을 개척했다.

307 업무 공간

스콧 기지

남극, 에번스곶 | 1911년

로버트 스콧 선장이 테라 노바 탐험대를 이끌고 남극을 탐험할 때 기지로 쓴 조립식 오두막이다. '남극점 정복 경쟁'이라는 개념은 제국 시기 영국의 전형적인 사고방식을 잘 보여준다. 노르웨이 탐험가 로알 아문센이 먼저 남극점에 도달하고 스콧의 탐험대도 남극점에 이르렀지만, 돌아오는 길에 전원 사망하고 말았다. 겨울이 2번 지나는 동안 탐험대원을 보호했던 기지는 꽁꽁 얼어붙은 주변 환경 덕분에 오늘날에도 옛 모습을 놀라울 정도로 잘 간직하고 있다.

아지홀 등대

우크라이나, 헤르손 | 1911년

각종 실용적 구조물에 사용할 수 있는 새로운 설계.

연약해 보이는 64미터짜리 탑은 등대 역할에 제격인 구조물이다. 등대가 지어진 드니프로강 어귀는 항해하기가 어렵기로 유명하다. 러시아의 엔지니어이자 건축가인 블라디미르 슈코프는 특기를 발휘해서 다이어그리드 철골 탑을 설계했다. 가볍고 튼튼한 데다 건설 비용까지 저렴한 '슈코프 탑'은 러시아혁명 이후 급수탑에서 라디오 안테나 기둥에 이르기까지 온갖 용도에 활용됐다.

➜ 블라디미르 슈코프가 설계한 다이어그리드 구조는 수평 고리에 격자가 수직으로 배열돼 있다. 가벼우면서도 매우 튼튼하다.

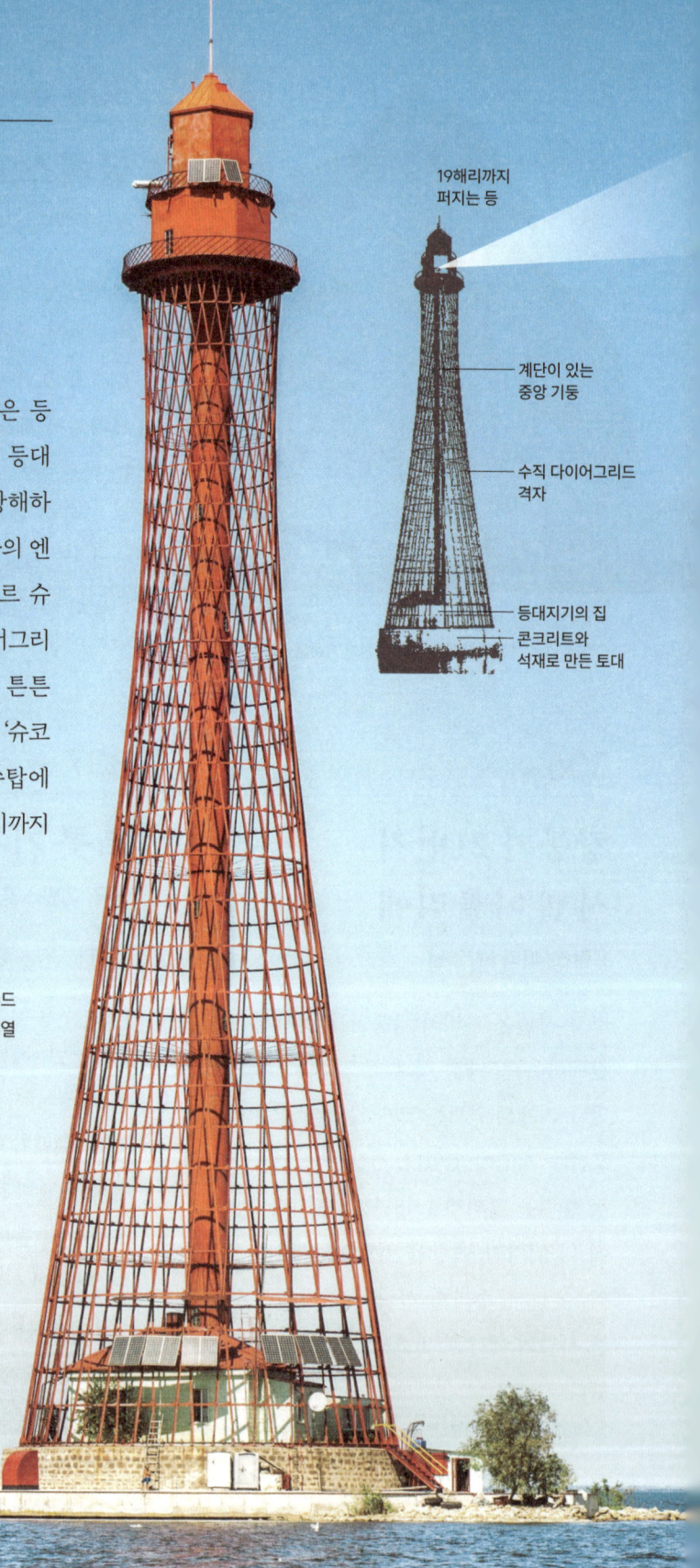

19해리까지 퍼지는 등

계단이 있는 중앙 기둥

수직 다이어그리드 격자

등대지기의 집

콘크리트와 석재로 만든 토대

암바 빌라스 궁전

인도, 마이소르 | 1912년

유서 깊은 왕조를 위해 웅장하게 지은 인도 사라센식 궁전.

현지에서 '전기 궁전'으로 불리는 이 거대한 건물에 불을 밝히려면 전구 9만 8,260개가 필요하다. 분홍색 돔을 얹은 호화로운 3층짜리 궁전을 품은 부지 면적은 거의 40만 제곱미터에 이른다. 이 궁전은 1399년부터 마이소르를 통치한 와디야르 왕조의 크리슈나라자 4세가 지었다. 20세기 초 인도에서 건설된 건물 가운데 가장 웅장한 규모로 손꼽힌다. 인도의 수많은 왕족은 영토 지배력을 점차 잃다가 결국 1947년에 인도의 독립으로 군주 지위를 잃었지만, 막대한 개인 재산을 고스란히 유지했다.

궁전을 설계한 건축가는 인도 사라센 양식이 전문이었던 헨리 어윈이다. 어윈이 지은 건물에는 심라의 게이티 극장과 마드라스 고등법원도 있다. 현재 암바 빌라스 궁전의 일부는 박물관, 일부는 왕족 거주지로 쓰인다. 오늘날 와디야르 라자(인도의 왕이나 영주, 귀족을 가리키는 말—옮긴이)가 여전히 이 궁전에 살고 있다.

↓ 스테인드글라스부터 금박 장식, 목재 격자 세공까지 각 분야 최고의 장인이 실력을 발휘해 궁전을 지었다.

로마 미국 아카데미

이탈리아, 로마 | 1913년

유럽에서 미국의 사상과 창의성을 집대성한 고전 건물.

1893년 세계콜럼버스박람회에서 미국 자금으로 유럽에 학교를 설립한다는 아이디어가 등장했다. 이 아카데미는 여러 예술가가 모여서 일하고 연구할 수 있는 센터가 될 터였다.

시카고의 저명한 건축가 찰스 매킴이 이 아이디어를 열렬히 추진했다. 자금 조달과 입지를 놓고 숱한 문제가 뒤따랐지만, 1894년 드디어 미국 건축 학교가 문을 열었다. 1912년, 이 학교의 후신인 로마 미국 아카데미가 고전과 미술을 연구하는 학교로 재탄생했다.

금융가이자 자선 사업가인 J. P. 모건이 1913년에 사망하기 직전 토지와 기금을 기부했고, 매킴의 회사인 매킴미드앤드화이트가 아카데미 건물을 설계했다. 마침내 1915년, 이 회사의 유일한 유럽 프로젝트가 된 웅장하고 고전적인 빌라가 완성됐다.

↓ 찰스 매킴은 르네상스 양식 건물을 설계하며, 학자들이 쓸 작업실과 생활 공간뿐 아니라 갤러리와 도서관, 기타 공공 공간을 통합했다.

311 업무 공간

가든 오브 알라

미국, 캘리포니아주 로스앤젤레스 | 1913년

부동산 개발업자 윌리엄 헤이가 지은 선셋 대로의 주택은 엉뚱하고 독특한 보헤미안 호텔로 변신했다. 건물을 사들이고 호텔로 바꾼 무성영화 배우 알라 나지모바는 이곳에 자기 이름을 붙이고 정원에 스위스풍 오두막을 더했다. 20년 동안 험프리 보가트와 진저 로저스 등 다양한 할리우드 스타와 도로시 파커, 로버트 벤클리, F. 스콧 피츠제럴드를 비롯해 여러 시나리오 작가가 가든 오브 알라에 머물렀다.

312 공공 기반 시설과 혁신

그랜드 센트럴 터미널

미국, 뉴욕시 맨해튼 | 1913년

그랜드 센트럴역이라고 자주 잘못 불리는 이곳은 사실 주요 철도 3개의 종착역인 터미널이다. 그랜드 센트럴 터미널은 착공 당시 뉴욕에서 진행된 건설 프로젝트 가운데 가장 규모가 컸다. 건축 회사 리드앤드스템은 기술적 난관을 극복하고 화려한 보자르 양식 건물을 만들어냈다. 드넓은 중앙홀의 아치 지붕에는 별자리 벽화를 그렸고, 전기샹들리에로 실내를 밝혔다. 아울러 경사로를 도입해 층간 이동을 더욱 편리하게 만들었다.

↑ 그랜드 센트럴 터미널은 개장 당시 뉴욕의 웅장한 새 랜드마크이자 기술의 승리로 평가받았다. 아울러 자동차가 접근하기 쉽게 설계한 최초의 주요 공공건물 중 하나이기도 하다.

파나마 운하

파나마 | 1914년

전 세계 무역의 판도를 바꾼 미국 기술·경제의 대성공.

1869년, 율리시스 S. 그랜트 대통령은 중앙아메리카 지협을 통과하는 운하 건설에 대해 타당성 보고를 작성하라고 명령했다. 보고서를 읽은 대통령은 운하가 불가능하다고 판단했다. 프랑스의 파나마 운하 회사가 건설을 시도했지만, 1893년에 회사가 파산하며 거의 10년 동안 이어진 프로젝트는 실패를 맞았다.

1902년, 시어도어 루스벨트 대통령은 파나마(당시 콜롬비아 영토)를 통과하는 운하 경로를 놓고 콜롬비아와 협상을 시작했다. 콜롬비아가 미국의 제안을 거부하자, 미국은 해군을 보내 압력을 가했다. 파나마는 즉시 독립을 선언했고, 파나마의 새 정부는 1904년에 비용 1,000만 달러 지원, 연간 사용료 지급, 지속적인 지원 보장을 조건으로 건설 부지를 제공했다. 이번에는 운하가 성공적으로 지어졌다.

윌리엄 고거스 박사는 이 일대에서 기승을 부리던 말라리아모기가 현장에서 발생한 인명 피해의 원인이라는 사실을 밝혔고, 모기를 박멸하는 프로그램을 시작했다. 하지만 건설 도중 사망한 인원 5천 명 가운데 대다수는 모기가 아니라 사고 때문에 목숨을 잃었다.

갑문 3개를 설치한 80킬로미터짜리 운하가 수위를 균형 있게 조절했고, 운하는 마침내 1914년 8월 15일에 개통했다. 바닷길에 지름길을 낸 이 운하는 20세기 초반 세계무역 성장에 커다란 공을 세웠다.

↓ 운하 공사는 고되고 힘겹기로 악명 높았다. 산사태도 잦아서 사상자가 많이 발생했다.

파나마 운하에 관한 사실

1 건설 당시, 역사상 가장 규모가 컸던 공학 프로젝트
2 노동자 건강을 위해 질병 예방 조치(모기 퇴치)를 시행한 최초의 사례
3 해운 경로를 극적으로 단축하며 운영 첫해에 선박 1천 척 운항

"우리는 파나마에서 어마어마한 작업을 수행하고 있습니다.
지금까지 이루어진 공학 프로젝트 중 가장 규모가 큽니다. …
조직은 훌륭합니다. 실수는 극히 적습니다."

시어도어 루스벨트 대통령,
1906년 1월 6일 상·하원에 운하 건설 진행 상황을 보고하며

↓ 대서양과 태평양을 연결한 파나마 운하는 완공 당시 미국 역
사상 가장 비싼 건설 프로젝트였다. 총비용은 3억 7,500만
달러로 추산된다.

구엘 공원

스페인, 바르셀로나 | 1914년

바르셀로나에서 가장 사랑받는 공공 공간이 된 실패한 주택 프로젝트.

구엘 공원은 가우디를 초창기에 후원했던 기업가 에우세비 구엘이 고안했다. 영국의 정원 도시에서 영감을 받아(252쪽 참고) 바르셀로나 외곽 언덕에 최상류층을 위한 호화 주택을 60채 짓는다는 계획이었다.

하지만 구엘의 아이디어는 끝내 실현되지 못했다. 부지가 팔리지 않았기 때문이다. 다만 가우디는 이곳에 들어선 주택에서 1906년부터 살았다(지금은 가우디 박물관이 됐다). 1914년에 주택 프로젝트 자체가 공식적으로 폐기됐고, 가우디와 동료들은 공원에 카탈루냐 모더니즘 구조물로 가득한 환상적인 풍경을 연출했다. 물결처럼 굽이치는 계단식 땅과 벤치, 분수는 생동감 넘치는 모자이크로 장식했고, 원래 주택단지의 시장으로 계획했던 하이포스타일 홀을 만들어서 나무처럼 생긴 기둥을 세웠다.

1918년 구엘이 사망한 후, 유족은 공원을 도시에 기증했다. 마침내 1926년 구엘 공원이 대중에게 공개됐다.

↓ 라나투라 광장(자연 광장) 주변의 물결 모양 벤치와 발코니는 공원 내 가우디의 건축물에서 흔히 볼 수 있는 모자이크 작품으로 덮여 있다.

↑ 리글리 필드는 개장 당시 1만 4천 명을 수용할 수 있었고, 오늘날에는 4만 1천 명 이상을 수용할 수 있다.

↑ 케이블카는 언덕이 많은 항구도시 발파라이소에서 주민의 발이 되어준 독특한 교통 시스템이었다.

315 예술과 문화 공간

리글리 필드

미국, 일리노이주 시카고 | 1914년

처음에 위그먼 파크Weeghman Park라는 이름이 붙은 이 경기장은 오래지 않아 없어진 페더럴 리그의 시카고 웨일스가 홈구장으로 사용했다. 건물은 두 달 만에 지어졌고, 관람석은 단 1층이었지만 나중에 확장됐다. 페더럴 리그가 폐지되자, 찰스 위그먼이 내셔널리그의 시카고 컵스를 인수해서 이 경기장을 새로운 홈구장으로 삼았다. 훗날 제과 업체를 운영하는 기업가 윌리엄 리글리가 야구단을 인수하며 야구장은 1926년에 리글리 필드로 이름을 바꿨다. 이후 야구단과 경기장은 시카고에서 엄청난 사랑을 받았다.

316 공공 기반 시설과 혁신

발파라이소 케이블카

칠레, 발파라이소 | 1915년

깊은 만을 낀 발파라이소는 19세기 중반 태평양 연안에서 가장 중요한 항구이자 활기찬 무역 중심지였다. 도시의 가파른 언덕에는 부유층이 주거했는데, 접근성이 떨어져 '아센소르 ascensor'라 불리는 케이블카 체계가 건설됐다. 가파른 선로를 따라 케이블카가 오르내렸고, 1915년까지 케이블카가 31개로 늘어났다. 그런데 1914년 파나마 운하가 개통되자, 발파라이소-마젤란해협 항로보다 운하를 통과하는 편이 훨씬 편리해졌다. 결국 발파라이소 부유층 주민 다수가 다른 곳으로 떠났다.

317 종교 시설 및 기념물

라스라하스 성당

콜롬비아, 이피알레스 | 1916년

인기 있는 순례지를 기리고자 1916년부터 1949년까지 과이타라강 협곡에 성당이 지어졌다. 건축 추진 위원회는 건축가 루신도 에스피노사와 엔지니어 괄베르토 페레스에게 협곡 사이를 연결하고 더 나아가 기존 성당을 네오고딕 양식 건물로 둘러싸달라고 요구했다. 30년 만에 완공된 성당은 건축의 승리이자 공학의 승리를 보여준다.

318 주거지

찰스턴 팜하우스

잉글랜드, 서식스 | 1917년

제1차 세계대전이 터지자 버지니아 울프의 언니이자 예술가·지식인 모임 '블룸즈버리 그룹'의 핵심 회원이었던 화가 버네사 벨은 서식스의 농가를 빌려서 자녀와 그녀의 연인인 화가 던컨 그랜트, 그랜트의 연인인 작가 데이비드 가넷과 함께 이주했다. 벨과 친분이 있던 다양한 사람들이 곧 농가를 찾기 시작했고, 찰스턴 팜하우스는 예술과 철학은 물론이고 인습에 얽매이지 않는 관계를 자유롭게 실험하는 중심지로 탈바꿈했다.

↑ 협곡 내부에 자리한 라스라하스 성당은 건설하기가 극히 까다로웠다.

↑ 팜하우스에 살았던 블룸즈버리 그룹의 생활 방식은 농가의 아름다운 외관보다 훨씬 더 자유롭고 색달랐다.

상트페테르부르크 겨울 궁전

러시아, 상트페테르부르크 | 1917년

강력한 선전으로 재연된 10월 혁명의 핵심 사건.

1917년 10월 26일의 겨울 궁전 습격은 10월 혁명을 대표하는 핵심 사건이다. 10월 혁명으로 레닌이 이끄는 볼셰비키는 1917년 3월에 차르를 몰아내고 러시아를 통치하던 임시정부에게서 권력을 빼앗았다. 사실, 이 사건은 '습격'보다는 점령에 가까웠다. 볼셰비키 군인은 궁전을 지키던 소규모 병력을 빠르게 제압했고, 도망치지 못한 정부 장관들도 체포했다.

↑↓ 원래 '습격' 사건은 그다지 극적이지 않았지만, 드넓은 안뜰을 갖춘 겨울 궁전은 웅장한 영화예술로 재창조하는 데 완벽한 배경이었다.

3년 후, 혁명 기념일에 겨울 궁전 습격을 성대하게 재연하면서 궁전은 곧 영웅적 상징으로 떠올랐다. 공연에 참여한 사람은 2,500명이 넘었고, 관람객은 10만 명으로 추산된다. 소련의 극작가이자 연출가 니콜라이 예브레이노프가 연출을 맡았고, 가장 마지막 장면인 볼셰비키 적위대와 임시정부 인사의 궁전 내 '충돌'은 궁전 창문에 스크린을 설치해 실루엣으로 보여줬다. 공연을 촬영한 영상물은 수십 년 동안 소련에서 중요 선전물로 쓰였다.

"겨울 궁전 자체가 연기자로, 신체 언어와 내면 감정을 지닌 막중한 캐릭터로 포함됐다."

니콜라이 예브레이노프, 1920년

이파티예프 저택

러시아, 예카테린부르크 | 1918년

러시아 최후의 차르와 황실 가족이 마지막으로 머물던 곳.

1917년 니콜라이 2세가 퇴위한 뒤, 황실 가족은 점점 더 외딴곳으로 여러 차례 이주했다. 러시아 황실의 마지막 거처는 우랄산맥 동쪽 끝에 있는 이파티예프 저택이었다. 현지 엔지니어에게서 징발한 이 집을 두고 볼셰비키 경비대원은 불길하게도 '특수 목적의 집'이라고 불렀다.

1918년 7월 17일 새벽, 차르 일가는 의사와 하인 3명과 함께 다른 장소로 이동할 채비를 하라는 명령을 들었다. 그런데 이들은 이파티예프 저택을 떠나는 대신 지하실로 끌려가서 총에 맞거나 총검에 찔려 목숨을 잃었다. 시신은 불에 타고 일부는 절단당해 인근 숲에 버려졌다. 암살에 관한 자세한 내용은 비밀에 부쳐졌다. 소련 정권은 로마노프 가문이 순교자로 부활할까 봐 두려워했다. 현재 이파티예프 저택의 부지에는 성인으로 승인받은 로마노프 가족을 기리고자 2003년에 축성한 피의 교회가 들어서 있다.

> "혐오스러운 황실 가족만 아니었다면 … 소박하고 거만하지 않은 사람들로 여겨졌을 것이다."
>
> 암살단을 지휘한 우랄 지역 소비에트 당원 야코프 유로프스키, 1922년

↓ (왼쪽)니콜라이 2세 퇴위 전인 1913년에 찍은 황실 가족사진.

↓ (오른쪽)니콜라이 2세의 가족이 이파티예프 저택에 머무는 동안, 창문이 하얗게 칠해지고 높은 울타리가 세워졌다.

321 업무 공간

베이징 구증권거래소

중국, 베이징 | 1918년

천안문 광장 뒤의 2층짜리 벽돌 건물은 베이징 증권거래소였다. 경사진 목조 지붕, 내부의 회랑, 우아한 전통 목조 조각으로 마감한 2층 높이의 중정을 자랑하는 거래소는 1918년 6월 5일에 문을 열었다. 중국인이 운영하고, 중국인을 위해 운영한 최초의 건물이었다. 중국의 근대화를 상징하는 증권거래소는 갈등과 충돌의 시기를 견뎌냈지만, 공산주의가 집권하고 마오쩌둥이 중화인민공화국을 수립한 후 1949년에 문을 닫았다. 이후 2021년까지는 베이징에 자체 증권거래소가 없다가, 시진핑 주석이 새로운 거래소를 열었다.

322 주거지

허스트 캐슬

미국, 캘리포니아주 샌시미언 | 1919년

허스트 캐슬은 언론 재벌 윌리엄 랜돌프 허스트가 소유한 드넓은 샌시미언 부동산의 중심이다. 허스트는 1919년에 건축가 줄리아 모건에게 꼭 대성당처럼 보이는 스페인 식민지 시대 복고 양식 건물을 의뢰했다. 이후 허스트 캐슬은 30년 동안 끊임없이 리모델링을 거쳤다. 화려한 저택은 허스트가 애인이었던 배우 메리언 데이비스와 함께 연 성대한 파티로 유명해졌고, 오슨 웰스의 영화 《시민 케인》에 나오는 대저택에도 영감을 줬다.

↑ 허스트 캐슬에는 수영장이 여러 개 있는데, 그중 넵튠 풀은 세 차례나 확장됐다.

323 업무 공간

픽페어

미국, 캘리포니아주 로스앤젤레스 | 1920년

픽페어라는 이름은 저택의 소유주이자 1920년대 최고의 무성영화 스타 커플 더글러스 페어뱅크스와 메리 픽퍼드의 성을 합쳐서 지어졌다. 연출된 홍보 기술의 선구자인 페어뱅크스와 픽퍼드는 할리우드에서 거의 최초로 집을 이용해 '라이프 스타일'을 언론에 홍보했다. 집에서 테니스를 치는 모습부터 로스앤젤레스 최초의 개인 수영장에서 수영복 화보를 촬영하는 일까지 픽페어의 활용처는 다양했다.

324 예술과 문화 공간

지유가쿠엔 여학교

일본, 도쿄 | 1921년

건축가 엔도 아라타는 도쿄에 학교를 열려는 자유사상가 하니 부부에게 동료 프랭크 로이드 라이트를 소개했다. 라이트는 하니 부부의 생각에 공감해 학교를 짓겠다고 나섰다. 지유가쿠엔 여학교 건물은 적은 예산에 맞춰 빠르게 설계된 건물이지만, 프랭크 로이드 라이트의 특색이 잘 드러난다. 특히 건물이 수평으로 확장되는 방식은 전통 일본 양식과 라이트 특유의 프레리 양식이 공유하는 특징이다.

↑ 여학교 예배당의 창틀을 외부(왼쪽)와 내부(오른쪽)에서 바라본 모습. 프랭크 로이드 라이트는 비용이 높은 전통 스테인드글라스 대신 혁신적이고 기하학적인 창틀을 설계했다.

센터 코트

잉글랜드, 런던 윔블던 | 1922년

1919년, 프랑스의 젊고 매력적인 챔피언 수잔 랑글렌 덕분에 테니스 경기장으로 관중이 몰려들기 시작했다. 그러자 올잉글랜드론테니스앤드크로케클럽은 더 커다란 코트가 필요해졌다. 건축가 스탠리 피치는 8개월 만에 처치 가의 새로운 건설 터에 관중을 1만 3,500명 이상 수용할 수 있는 현대식 경기장을 지었다. 윔블던의 센터 코트는 1922년 시즌에 맞춰서 개장했고, 랑글렌은 바로 이곳에서 윔블던 타이틀을 3회나 차지했다.

↓ 2009년, 윔블던의 센터 코트는 드디어 완전한 개폐식 지붕을 갖췄다. 이제는 비가 내려도 경기를 계속할 수 있다.

피아트 링고토 공장

이탈리아, 토리노 | 1923년

예비 부품이 자동차로 완성되어 나오는 혁신적인 5층 생산 라인.

피아트 자동차의 창립자 조반니 아넬리는 1920년대 초 디트로이트에 있는 포드의 하이랜드파크 공장을 방문한 뒤 현대적인 생산 공장을 새로 지어야겠다는 영감을 얻었다. 설계를 맡은 엔지니어 자코모 마테 트루코는 철근 콘크리트로 된 거대한 건물을 완성했다. 원자재가 지상에서 배달되고, 층마다 다른 공정이 이뤄지는 경사로 생산 라인을 따라 자동차가 만들어졌다.

완성된 자동차는 꼭대기 층의 타원형 트랙으로 나와서 시운전을 거친 뒤, 긴 나선형 경사로를 따라 다시 지상으로 돌아갔다.

모더니스트 사이에서 커다란 찬사를 받은 링고토 공장은 빠르게 구식으로 변했다. 1920년대에는 최첨단이었던 생산 설비가 1930년대 초반에는 느릿느릿한 구닥다리가 됐다. 결국, 링고토 공장은 1982년에 문을 닫았고, 건축가 렌초 피아노가 복합 기능 단지로 용도를 변경해서 1989년에 새롭게 문을 열었다.

↓ 르코르뷔지에는 1923년에 공장을 방문해 감탄하며 "건물 꼭대기의 시험 트랙은 왕관과 같다"라고 평가했다.

엠파이어 스타디움

잉글랜드, 런던 | 1923년

제국이라는 개념을 뒷받침하고자 고안된 교외의 경기장.

엠파이어 스타디움은 1924년 대영제국 박람회의 핵심 요소로 계획됐다. 당시 제국은 가장 방대한 영토를 자랑했지만, 여러 위협에 직면한 상태였다. 특히 인도에서 독립운동이 커지던 중이었다. 박람회는 제국을 찬양하고 제국 내 유대 의식을 강화하기 위한 행사였다.

런던에서 꽤 떨어진 교외인 웸블리는 넓은 경기장을 짓기에 알맞았다. 경기장은 1923년 4월 28일, 축구협회의 첫 결승전을 개최하기에 적당한 시기에 완공됐다. 경기장은 철근콘크리트로 지어졌고, 중앙의 입구 양옆에 선 탑 2개는 '무굴' 분위기를 풍기며 인도를 연상시켰다. 외벽을 둘러싼 커다란 아치 37개는 고대 로마의 콜로세움을 떠올리게 했다. 엠파이어 스타디움은 재정적으로는 실패했지만 엄청나게 인기를 끌었고, 나중에 웸블리 스타디움으로 이름을 바꿨다. 오랜 세월이 흘러 2003년 건물이 철거됐다.

↑ 엠파이어 스타디움은 대영제국 박람회가 끝나면서 철거될 예정이었지만, 결국 80년 동안 스포츠 경기장으로 커다란 사랑을 받았다.

르네상스 무도회장 및 카지노

미국, 뉴욕시 할렘 | 1923년

1920년대 할렘 르네상스의 이름을 딴 문화센터.

할렘에서 번창하는 아프리카계 미국인 사회의 중요한 구심점이었던 르네상스는 1920년대 초부터 흑인 공동체의 예술을 기념하고 홍보하는 운동의 중심으로 발돋움했다. 마커스 가비가 세운 아프리카계 미국인 사업체 그룹 만국흑인진보연합의 회원들이 건물을 지었다. 르네상스에서 콘서트가 열리면 카운트 베이시와 듀크 엘링턴 같은 예술가가 출연했다. 르네상스는 새로운 흑인 극장의 중심지로서 정치 모금 행사나 중요한 지역사회 행사를 주최했을 뿐만 아니라 현대적인 사교댄스 스타일을 수없이 탄생시키기도 했다.

건축가 헨리 크레이턴 잉걸스가 설계한 그랜드 극장은 르네상스의 첫 번째 건물로, 정교한 타일 파사드가 눈에 띈다. 1923년까지 댄스홀과 카지노, 당구장, 레스토랑이 들어서서 복합 단지를 이뤘다. 댄스홀은 농구장으로도 쓰였고, 할렘 렌스라는 별명으로 알려진 블랙 파이브스 팀의 홈구장이 됐다.

르네상스는 1970년대에 문을 닫았다. 1990년대에는 스파이크 리의 영화 《정글 피버》에서 마약 소굴로 등장할 만큼 쇠퇴했다. 소유권을 차례차례 넘겨받은 이들이 이곳을 랜드마크로 만들고자 오랫동안 검토했지만, 건물은 끝내 2015년에 철거됐다.

르네상스 무도회장 및 카지노에 관한 사실

1 1920년대와 1930년대 할렘의 '심장과 영혼'
2 할렘의 흑인 공동체만을 위해 운영함
3 사회와 예술, 스포츠, 정치의 중심지로서 다양한 역할을 함

→ 르네상스 단지는 너무나 방대해서 137가와 138가 사이 애덤 클레이턴파월주니어대로의 전면을 다 차지한다.

← 1930년대 르네상스에서 듀크 엘링턴 밴드와 함께 트럼펫을 연주하는 쿠티 윌리엄스.

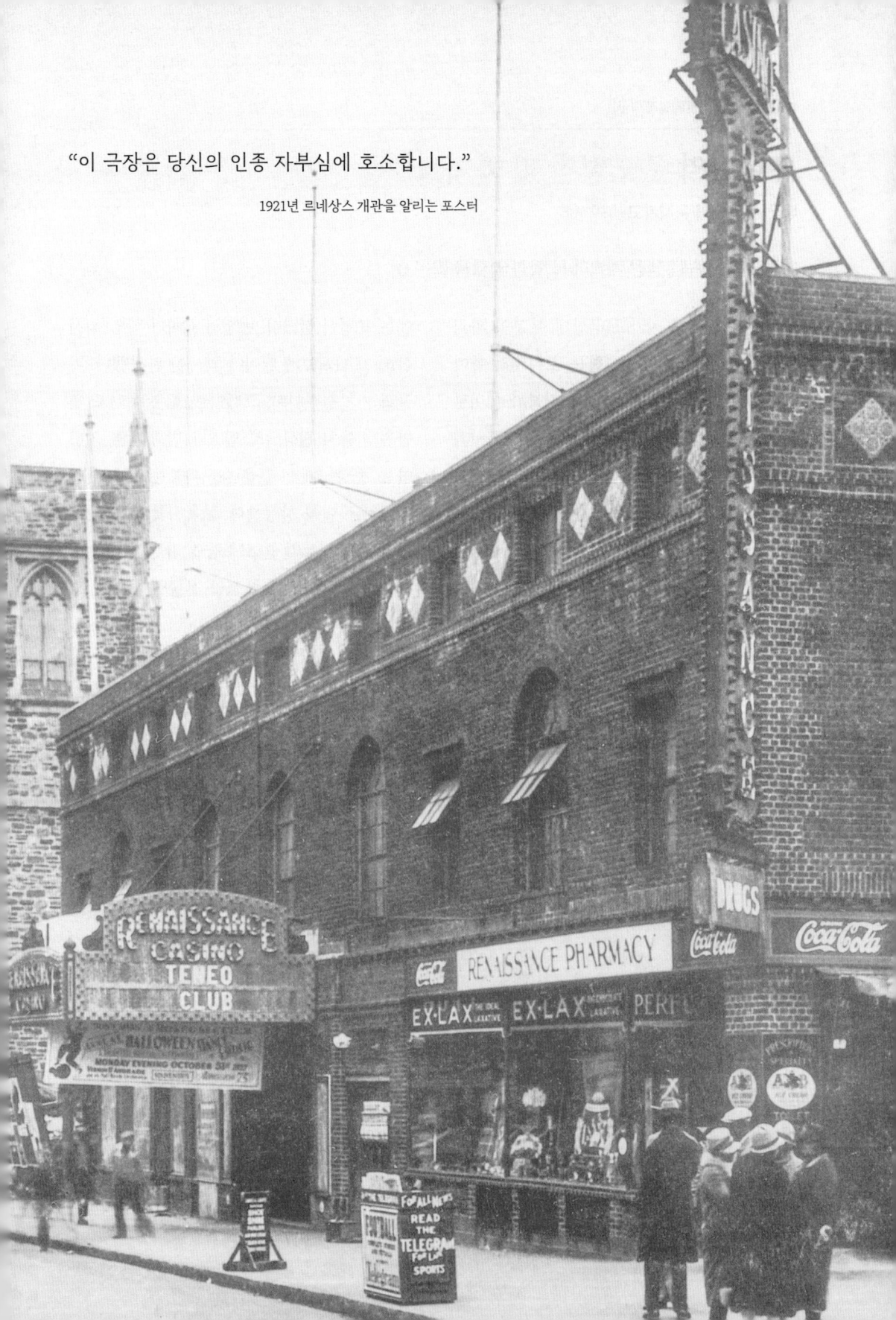

"이 극장은 당신의 인종 자부심에 호소합니다."

1921년 르네상스 개관을 알리는 포스터

유니언역

미국, 일리노이주 시카고 | 1925년

시카고의 급속한 팽창 계획에서 핵심 역할을 맡은 곳.

1871년 대화재로 시카고의 상당 부분이 파괴되자, 도시 전체를 재구성하는 도시계획 아이디어가 뿌리를 내렸다. 1909년, 건축가 대니얼 번햄과 에드워드 버넷은 성장하는 대도시의 모든 측면을 아우르는 '시카고 플랜'을 제시했다. 이 계획에서 철도운송은 핵심이었다. 번햄은 1912년 사망할 때까지 서로 다른 철도 4개를 합친 시카고의 새로운 허브로 유니언역을 기획·건축했다. 계획에만 수년이 걸렸고, 건설에는 10년이 걸렸다. 번햄의 회사가 작업을 시작해, GAP&W가 뒤이어 역사를 완공했다. 파사드는 고전적이며, 그레이트 홀은 유리로 된 반원형 아치 천장으로 덮었다. 밤과 낮을 의미하는 동상 2개가 홀을 내려다보는데, 24시간 여행의 시대를 상징한다. 뉴욕시를 제외한 미국의 모든 철도역 중 교통량을 가장 많이 처리하는 실용적이고 현대적인 건물답게 외관 또한 인상적이다.

↓ 지금은 주변의 고층 빌딩에 밀려서 왜소해 보이지만, 건설 당시에는 일대에서 가장 커다란 건축물이었다.

플레치니크의 집

슬로베니아, 류블랴나 | 1925년

오스트리아 빈의 오토 바그너 밑에서 수학한 슬로베니아 건축가 요제 플레치니크는 고국의 수도 류블랴나에 강렬한 개인적 흔적을 남겼다. 류블랴나에 플레치니크가 남긴 영향은 바르셀로나에 가우디가 미친 영향과 비교된다. 현재 박물관이 된 플레치니크의 집은 그의 난해하고 심오한 스타일을 잘 보여준다. 플레치니크는 아르누보와 고전 양식을 독특하게 뒤섞었다. 아울러 낭비하지 않는다는 기조에 따라 다른 프로젝트에서 남은 자재를 자기 집에 활용하기도 했다.

해버스트로 하우스

미국, 뉴욕주 해버스트로 | 1925년

1885년에 지어진 이 빅토리아 고딕 양식 주택은 뉴욕 해버스트로의 9W번 도로에 서 있다. 집 앞을 지나다니는 사람들은 강렬한 친숙함에 사로잡혀 에드워드 호퍼의 유명한 초기작 〈철길 옆의 집〉 속 건물이라는 사실을 알아챈다. 이 그림에서 영감을 받은 으스스한 베이츠 모텔을 떠올리는 사람도 있다. 베이츠 모텔은 앨프리드 히치콕의 1960년 걸작 영화 《싸이코》에서 섬뜩한 느낌을 자아내는 공간으로 나왔다.

↑ 플레치니크는 1957년 눈감을 때까지 직접 설계한 집에서 살았다. 그는 이곳을 새로운 아이디어의 '시험장'이라고 불렀다.

↑ 해버스트로 하우스에서 영감을 받은 에드워드 호퍼의 그림.

바우하우스 빌딩

독일, 데사우 | 1926년

단명했지만 오랫동안 전 세계에 영향을 미친 디자인 운동.

바우하우스는 1919년 바이마르에서 시작됐다. 제1차 세계대전 이후 건축가 발터 그로피우스는 바우하우스 선언문을 제작하고, 학생들이 창의적 잠재력을 개발해 이를 일상의 디자인을 개선하는 데 적용할 수 있도록 이끄는 운동을 구상했다. 그런데 바이마르가 속한 튀링겐주의 보수주의 정부가 갈수록 적대적으로 나오자, 1925년 데사우로 이주할 수밖에 없었다. 데사우시 당국은 그로피우스에게 부지를 제공하고 새로운 학교 건물 설계를 의뢰했다.

새로운 바우하우스 빌딩은 1926년에 문을 열었다. 작업장과 스튜디오 별관, 별도의 직업학교, 교수와 관리자 사택 등을 아울렀다. 깔끔한 흰색 형상을 바탕으로 섬세한 세부 장식을 더한 건물 외관은 당시에 매우 현대적이었다. 화가 파울 클레와 직물 디자이너 아니 알베르스, 건축가이자 가구 디자이너 마르셀 브로이어 등이 모인 강사진도 화려했다.

바우하우스는 데사우에서 6년 동안 번창했고, 이곳에서 일한 예술가들은 전 세계로 바우하우스 철학을 퍼뜨렸다. 하지만 바우하우스도 독일 내 정치 문제를 피할 수 없었다. 나치가 데사우를 장악했을 때 바우하우스는 잠시 베를린으로 이전했으나 1933년 완전히 문을 닫았다.

데사우의 바우하우스 빌딩은 독일 근대 건축의 아방가르드 흐름에서, 국제주의 양식의 출발점이 된 건물로 평가받는다.

↑ 작업장과 스튜디오 별관은 2층짜리 다리로 연결된다. 이 다리에는 바우하우스의 행정 사무실도 있다.

바우하우스에 관한 사실

1 건물에서 가구, 벽지 같은 일상 사물에 이르기까지 디자인에 미친 광범위한 영향
2 예술과 디자인 철학에 미친 지속적이고 전 세계적인 영향
3 좋은 디자인의 일부로서 대량생산 수용

"함께 미래의 새로운 건물을 바라고, 구상하고, 창조합시다. 이곳에서 건축과 조각, 회화를 하나의 통일체로 포용할 것입니다."

발터 그로피우스, 바우하우스 선언문, 1919년

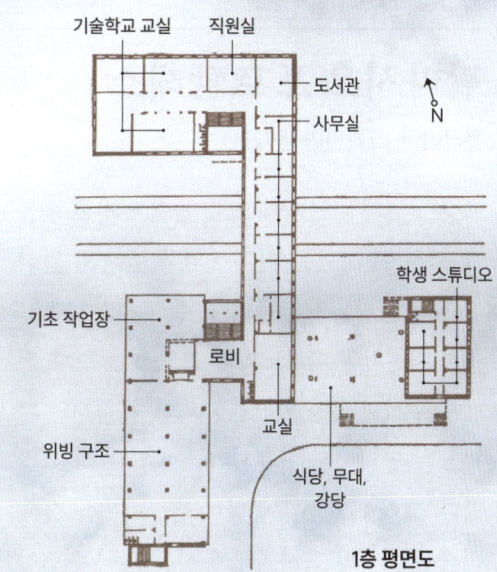

기술학교 교실
직원실
도서관
사무실
N
학생 스튜디오
기초 작업장
로비
교실
위빙 구조
식당, 무대, 강당
1층 평면도

→ 이 평면도의 목표는 부수적인 빛(자연광)을 활용하고, 시간을 절약하는 짧고 효율적인 동선을 설정하며, 다양한 구획을 기능에 따라 명확히 분리하고, 축을 분할해 향후 변화에 대응해 공간 순서를 바꿀 수 있게 하는 것이다.

↓ 평평한 지붕을 씌운 건물 블록에는 즉시 알아볼 수 있는 '주요' 파사드가 없다. 발터 그로피우스는 형태가 아니라 기능에 따라 건물을 정의해야 한다고 봤다.

BAUHAUS

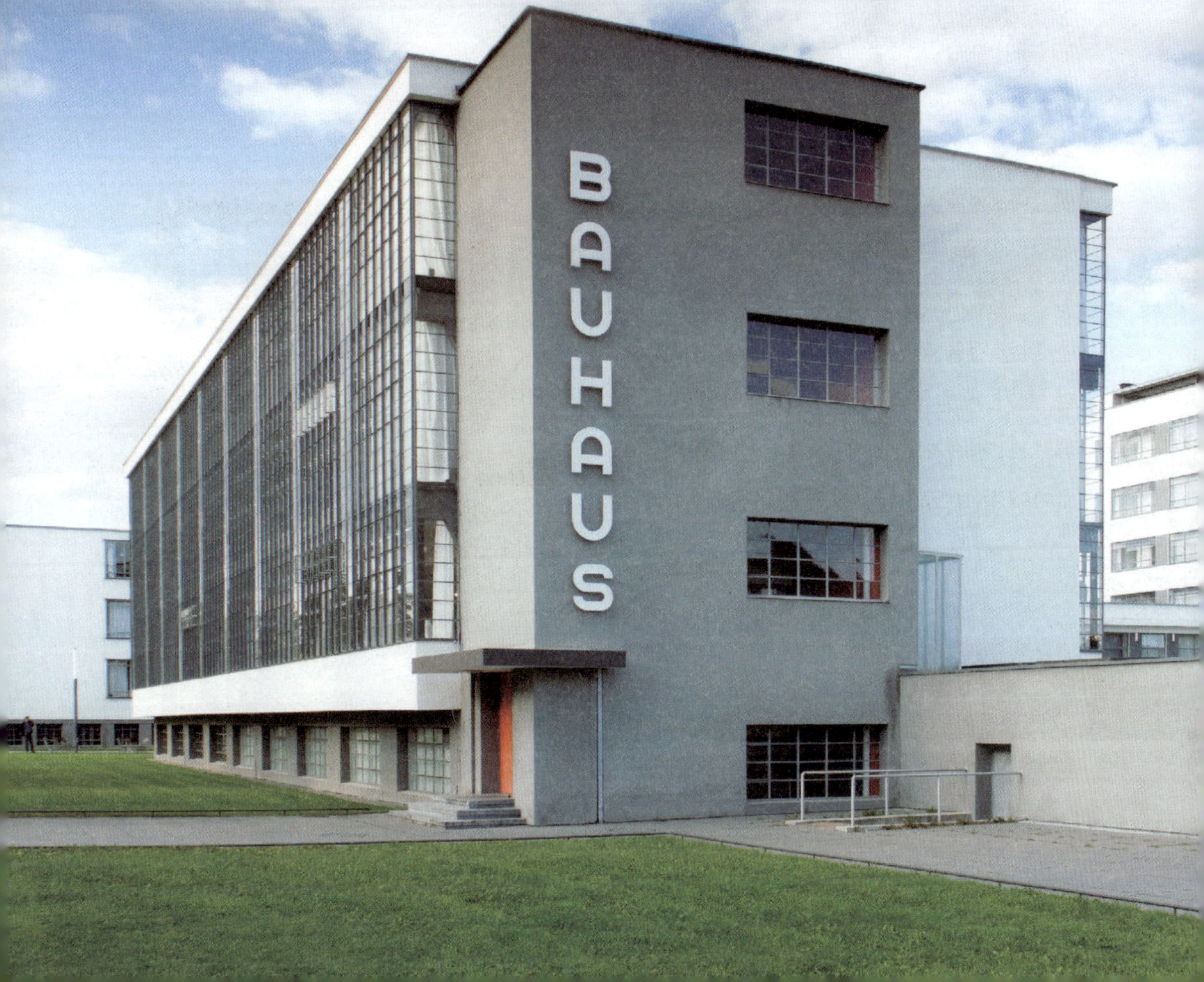

팔라시오 포르탈레스

볼리비아, 코차밤바 | 1927년

프랑스 르네상스 양식으로 놀랍도록 호화롭게 지은 이 저택은 '안데스의 록펠러'로 알려진 시몬 파티노의 건물이다. 주석 재벌이자 유명한 자선가인 파티노의 주조 공장은 한때 전 세계 주석의 절반 이상을 처리했다. 하지만 파티노는 팔라시오 포르탈레스에서 지내지 않았다. 그가 1920년대 중반에 심장마비를 겪자, 의사는 조국의 고지대에서 사는 일이 위험하다고 경고했다(코차밤바는 해발고도 2,553미터의 고원이다—옮긴이).

그로먼스 차이니스 극장

미국, 캘리포니아주 로스앤젤레스 | 1927년

차이니스 극장은 1920년대에 인기 있었던 테마 영화관 중 가장 유명한 곳이었다. 창립자 시드 그로먼스는 5년 전 근처에 이집트 극장도 지은 적이 있었다. 동양풍 탑과 정통 중국 예술로 장식한 새로운 사업장은 문을 열면서 세실 B. 드밀의 영화 《왕중왕》을 초연했다. 극장 앞마당에 유명 스타들의 핸드 프린팅도 새겨져 있어서 극장은 크게 인기를 끌었다.

↑ 시몬 파티노는 팔라시오 포르탈레스를 지을 때 건축 자재와 가구를 거의 유럽에서 수입했다. 비용은 전혀 아끼지 않았다.

↑ 시드 그로먼스는 진정성을 추구하며 중국에서 예술품을 대거 수입해 새로운 사업장을 꾸몄다.

335 업무 공간

세인트 메리 병원

잉글랜드, 런던 | 1928년

세인트 메리 의과대학 부속병원은 1851년 런던 서부에서 개원했다. 병원은 일찍이 연구 부서로 명성이 자자했고, 이곳에서 근무하는 젊은 세균학자 알렉산더 플레밍은 1928년에 황색포도상구균 페트리접시를 오염시킨 곰팡이가 세균 전파를 막는다는 사실을 우연히 발견했다. 플레밍의 관찰 결과는 항생제 개발로 이어졌고, 1930년대부터 항생제가 상업적으로 판매되며 감염 치료에서 혁명을 일으켰다.

↑ 19세기 중반에 설립된 세인트 메리 병원은 최초로 의과대학 부속병원으로 구성된 병원이다.

336 주거지/예술과 문화 공간

멜니코프의 집

러시아, 모스크바 | 1929년

서로 연결된 원통 2개에 육각형 창문을 뚫어 놓고 평평한 지붕을 씌운 이 건물은 건축가 콘스탄틴 멜니코프가 집이자 작업실, 더 나아가 미래 주택의 프로토타입으로 설계했다. 혁명 이후 러시아의 대스타였던 멜니코프는 스탈린 치하에서 인기를 잃고 추락했지만, 1974년에 사망한 이후 명성을 회복했다. 현재 이 집은 박물관으로 운영된다.

↑ 러시아혁명 이후, 러시아 건축계는 성공적인 공동주택을 만드는 데 관심을 기울였다. 콘스탄틴 멜니코프는 업계가 대량 복제할 수 있도록 자기 집을 설계했다.

E-1027 빌라

프랑스, 로크브륀카프마르탱 | 1929년

아일랜드의 디자이너 아일린 그레이가 연인
장 바도비치를 위해 지은 이 우아한 흰색 상자
형 건물은 인테리어와 가구를 완벽하게 갖췄
다. 1938년, 이 빌라에서 잠시 지내던 건축가
르코르뷔지에는 주인의 허락도 없이 삭막한
실내에 활기찬 벽화를 그렸다. 그레이는 깜짝
놀라서 이 일을 강간에 비유했다. 하지만 벽화
는 오늘날에도 그대로 남아 있으며, 빌라는 최
근에 복원을 마치고 황폐한 상태에서 벗어나
방문객에게 공개됐다.

↓ 아일린 그레이는 오늘날 가구 디자인으로 가장 유명하지만
  E-1027은 많은 현대 건축가로부터 모더니즘의 걸작이라 칭
  송받는다.

살바도르 달리의 집

스페인, 포르티가트 | 1930년

젊은 초현실주의 예술가 살바도르 달리는
1929년에 부유한 집안과의 갈등 끝에 쫓
겨나 이듬해 어촌 마을 포르티가트의 작
은 오두막을 샀다. 이 집은 이후 40년 동
안 달리의 집이자 창작 활동의 중심지가
됐다. 달리는 점점 커다란 성공을 거머쥐
면서 주변 땅을 계속 사들였고, 특유의
환상적인 조각품과 오브제 트루베(기성품
이지만 미술 작품으로 인정받는 오브제—옮긴
이)로 집을 끝없이 채워나갔다.

↑ 달리의 집에는 인상적인 장식과 세부 사항이 많지만,
  유별난 비둘기장 탑이 무엇보다도 독특하다. 쇠스랑을
  박아서 장식하고 거대한 달걀을 꼭대기에 올렸다.

크라이슬러 빌딩

미국, 뉴욕시 맨해튼 | 1930년

자동차 재벌인 월터 크라이슬러는 1928년 토지 임대권과 건물 개발권을 사들여 크라이슬러 빌딩 프로젝트를 시작했다. 건축가 윌리엄 밴 앨런은 자동차라는 주제를 적극적으로 활용하고 7층짜리 아르데코 탑을 올려서 건물을 지었다. 크롬으로 반짝이는 빌딩은 꼭대기에 56미터쯤 되는 첨탑을 올려서 세상에서 가장 높은 건물이 됐다. 하지만 1년여 만에 엠파이어 스테이트 빌딩(284쪽 참고)이 들어서면서 최고층 빌딩 지위를 내주고 말았다.

레닌 영묘

러시아, 모스크바 | 1930년

1924년 레닌이 사망하자, 러시아혁명 지도자를 향한 숭배가 극에 달했다. 영묘 설계를 의뢰받은 건축가 알렉세이 슈세프는 고대 피라미드에서 영감을 받아 붉은광장에 임시로 계단식 목조 구조물을 만들었다. 마침내 1930년에 네 번째이자 마지막 버전의 건물이 붉은색과 검은색 화강암으로 지어졌다. 역시 계단식 구조물로 고대의 기념 건축물을 연상시킨다. 꼭대기에는 당 간부가 연설할 수 있는 연단이 설치돼 있다.

↑ 공중에서 보면 새로 완공된 크라이슬러 빌딩이 주변의 도심 블록에서 우뚝 솟아 눈에 띄는 모습을 확인할 수 있다.

↑ 레닌의 무덤은 당 간부가 연설하거나 붉은광장의 군사 퍼레이드를 볼 수 있도록 계단식 구조물로 지어졌다. 즉, 이곳은 영묘이자 연단이다.

엠파이어 스테이트 빌딩

미국, 뉴욕시 맨해튼 | 1931년

1930년대 최고층 경쟁 속에서 탄생한 상징적인 아르데코 양식 마천루.

크라이슬러 빌딩(283쪽 참고)의 높이를 뛰어넘는 마천루로 계획된 엠파이어 스테이트 빌딩은 100층을 넘긴 최초의 건물이다. 제너럴 모터스 임원이자 전 뉴욕 주지사인 앨 스미스의 아이디어였다. 슈리브램앤드하먼 건축사에서 설계를 맡아 1930년 3월 17일 5번가에서 착공했고, 하루에 노동자 3,400명을 고용했다. 대공황 초반의 경기 침체기에 환영받을 만한 사업이었다. 건물은 매주 4층 반씩 올라갔다.

1931년 5월 1일에 준공된 빌딩은 관광객을 수없이 끌어모았고, 1933년 개봉한 블록버스터 영화 《킹콩》에도 등장했다. 하지만 입주율은 25퍼센트에 불과했고, 빌딩은 1940년대에 들어서야 수익을 낼 수 있었다. 1970년 세계무역센터의 첫 타워가 완공될 때까지 세상에서 가장 높은 건물 지위를 유지했다.

← 엠파이어 스테이트 빌딩의 꼭대기에 올린 첨탑 덕분에 빌딩 높이는 60미터 정도 더 높아졌다.

빌라 마조렐

모로코, 마라케시 | 1931년

이 빌라와 유명한 정원은 프랑스 예술가이자 식물학자인 자크 마조렐의 작품이다. 나중에 디자이너 이브 생로랑도 이 집을 소유해서 정원을 가꿨다. 1931년경에 마조렐은 새로운 큐비즘 양식의 빌라 주위에 전 세계에서 수집한 식물로 이국적인 정원을 꾸몄다. 아울러 빌라를 '블루 우트르메르Bleu Outremer'라는 선명한 코발트색으로 칠했다. 오늘날에도 건물은 눈부신 푸른빛을 간직하고 있다.

↑ 빌라 마조렐의 가장 유명한 소유주 이브 생로랑이 1980년 이곳을 사들였을 때도 이국적인 정원은 무척 아름다웠다.

매소닉 호텔

뉴질랜드, 네이피어 | 1932년

네이피어는 1931년 호크스베이 지진으로 처참히 무너졌다. 하지만 당시에 유행하던 새로운 아르데코 건물이 여러 채 지어지며 도시는 빠르게 재건됐다. 가장 주목할 만한 사례가 바로 매소닉 호텔이다. 웰링턴의 건축가 W. J. 프로즈가 지은 이 낮은 건물은 크림색 치장 벽토를 바르고 분홍색 기둥이 늘어선 열주를 품었다. 프로즈는 아르데코 양식의 특징인 유선형 곡선과 각도뿐만 아니라 마오리 전통 특유의 모티프까지 설계에 통합했다.

↑ 주홍색 스테인드글라스 간판이 달린 매소닉 호텔의 전형적인 아르데코 양식이다.

독일 국회의사당

독일, 베를린 | 1933년

아돌프 히틀러가 독일 총리가 되고 한 달 후인 1933년 2월 27일, 방화로 국회의사당 건물인 라이히슈타크의 토론실이 파괴됐다. 방화 사건은 앞으로 벌어질 일의 도화선에도 불을 붙였다. 히틀러는 화재가 공산주의자의 음모라고 주장하며 시민의 자유를 심각하게 제한하는 법령을 통과시켰다. 선출된 공산당 의원 81명이 구금되자, 나치의 권력 찬탈에 반대해 목소리를 낼 사람은 거의 남아 있지 않았다.

쿠바 나시오날 호텔

쿠바, 아바나 | 1933년

쿠바 군대 내부의 적대 파벌 사이에서 갈등이 터지며 나시오날 호텔 전투가 벌어졌다. 결국 호텔은 군대에 포위당했다. 호텔 내부에는 장교들이 자리 잡았고, 외부에는 1940년대와 1950년대에 무시무시한 독재자로 군림할 풀헨시오 바티스타의 지휘 아래 하급 군인들이 대치했다. 40명이 사망한 전투 끝에 결국 장교단이 항복했다. 오늘날에도 호텔을 찾으면 벽에 난 총알구멍을 볼 수 있다.

↑ 국회의사당 화재는 히틀러가 이끄는 나치당이 경쟁 정당을 공격하는 구실로 쓰였다.

↑ 현재 쿠바에서 가장 유명한 '유산'인 나시오날 호텔은 아바나의 해안 산책로 말레콘의 주요 랜드마크다.

↑ 아르퀴유 연구실은 1919년 개관한 파리의 라듐 연구소에서 갈라져 나왔다. 마리 퀴리의 관리 아래 방사능 연구를 선도하는 곳으로 거듭났다.

346 업무 공간

마리 퀴리 연구실

프랑스, 아르쾨유 | 1933년

위대한 과학자 마리 퀴리의 연구 규모가 지나치게 커지며 기존 연구실에서 작업이 불가능해지자, 파리대학교는 1933년 파리 남쪽의 아르쾨유에 새로운 연구실을 지었다. 라듐을 추출하는 연구 작업은 극도로 위험하고 치명적이었다. 그 탓에 퀴리는 연구실이 문을 연 지 1년 만에 세상을 뜨고 말았다. 연구실은 1978년에 문을 닫았지만, 일대는 여전히 방사능에 심각하게 오염된 까닭에 현지에서는 '체르노빌쉬르센(센강 근처의 체르노빌)'이라는 별명으로 불린다

↑ 퀴리는 1934년에 재생불량성빈혈로 사망했다. 아마 연구 활동 중 방사능에 노출됐기 때문일 것이다.

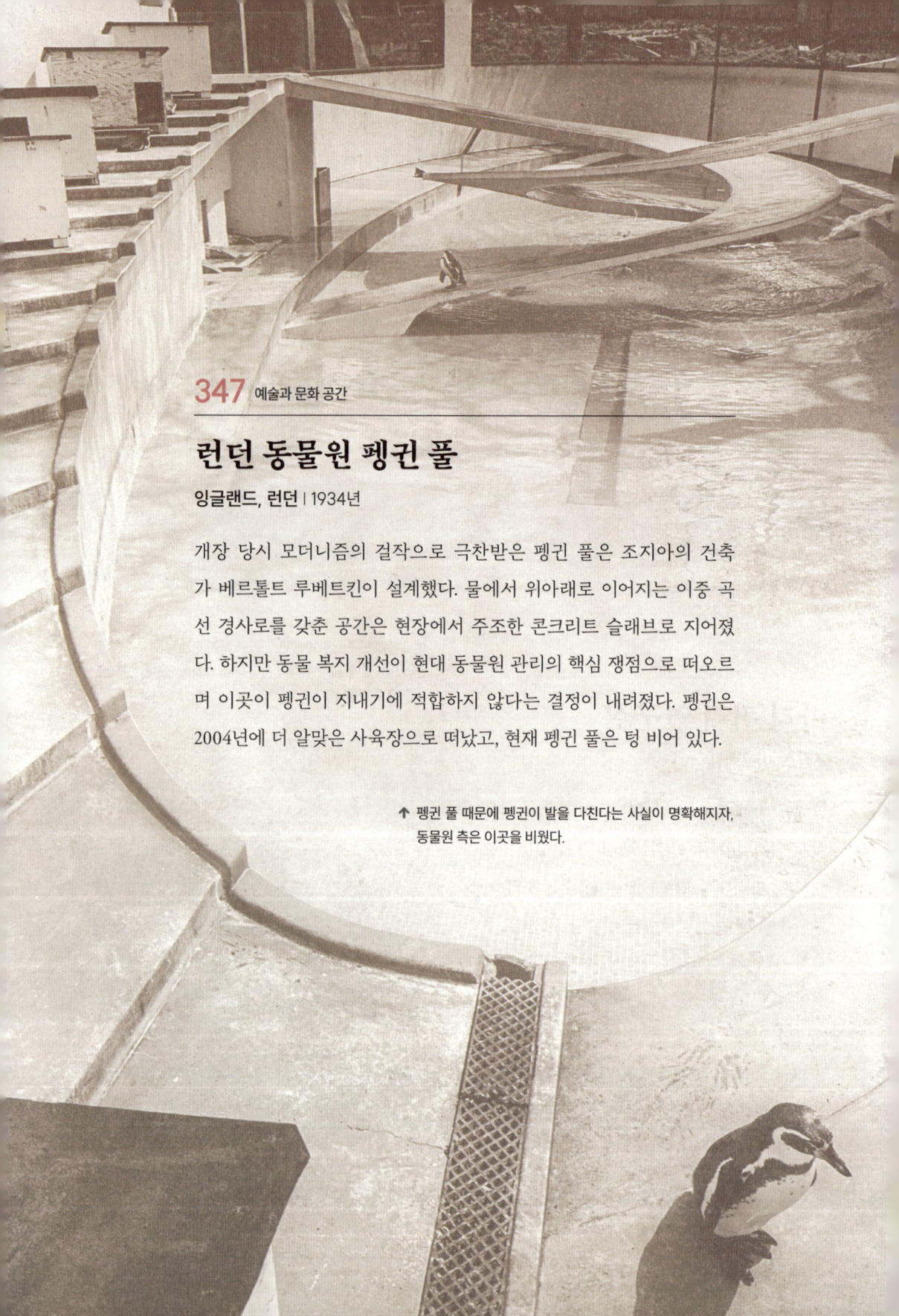

런던 동물원 펭귄 풀

잉글랜드, 런던 | 1934년

개장 당시 모더니즘의 걸작으로 극찬받은 펭귄 풀은 조지아의 건축가 베르톨트 루베트킨이 설계했다. 물에서 위아래로 이어지는 이중 곡선 경사로를 갖춘 공간은 현장에서 주조한 콘크리트 슬래브로 지어졌다. 하지만 동물 복지 개선이 현대 동물원 관리의 핵심 쟁점으로 떠오르며 이곳이 펭귄이 지내기에 적합하지 않다는 결정이 내려졌다. 펭귄은 2004년에 더 알맞은 사육장으로 떠났고, 현재 펭귄 풀은 텅 비어 있다.

↑ 펭귄 풀 때문에 펭귄이 발을 다친다는 사실이 명확해지자, 동물원 측은 이곳을 비웠다.

봄베이 토키스 스튜디오

인도, 뭄바이 | 1934년

히만슈 라이는 변호사가 되기 위해 런던에서 공부하던 중에 영화 산업에 뛰어들었다. 라이는 인도의 유명한 배우 데비카 라니와 결혼하고, 1934년 당시 뭄바이의 촌스러운 교외였던 말라드에 봄베이 토키스를 설립했다. 봄베이 토키스는 최초의 주요 힌디어 영화 제작사였고, 10년 동안 영화 수십 편을 성공적으로 제작했다.

피마 카운티 법원 청사

미국, 애리조나주 투산 | 1934년

존 딜린저는 대공황 시대의 갱으로 워낙 악명이 높아서 '공공의 적 1호'라는 별명이 붙었다. 그는 은행을 24번이나 습격하고, 살인을 10건 저지르고, 탈옥을 3번이나 감행했다. 그가 마침내 체포됐을 때, 법원 경비원들은 대중이 감방에 갇힌 딜린저를 볼 수 있도록 티켓을 팔았다.

멕시코 예술 궁전

멕시코, 멕시코시티 | 1934년

1904년 대통령이었던 포르피리오 디아스의 명령으로 건설되기 시작한 예술 궁전은 준공까지 거의 30년이 걸렸다. 단 1동만 있는 예술 궁전은 장엄한 보자르 건축양식과 아르데코 양식 실내 공간, 콘서트홀을 갖췄으며, 멕시코혁명 이전과 이후 모습을 모두 아울렀다. 게다가 멕시코혁명의 위대한 벽화가인 호세 클레멘테 오로스코와 다비드 시케이로스, 그 유명한 디에고 리베라의 작품도 소장하고 있다.

→ 예술 궁전 건설은 여러 차례 중단되다가 마침내 1934년에 완공됐다.

모스크바 호텔

러시아, 모스크바 | 1935년

1930년대 모스크바 사회의 중심이자 스탈린이 사랑한 호텔.

알렉세이 슈세프는 레닌의 영묘를 설계한 건축가다(283쪽 참고). 1927년 스탈린이 권력을 잡은 뒤, 슈세프는 스탈린의 총애를 받아 새로운 일류 호텔을 설계할 건축가로 자연스레 낙점됐다. 슈세프가 만든 호텔은 웅장하고 육중하면서도 비대칭이었다. 이처럼 유별난 설계가 탄생한 계기에 얽힌 이야기는 아마도 허구일 테지만, 불안감 가득했던 당시 상황을 잘 반영한다. 파사드 모습이 서로 다른 두 가지 안을 도면 한 장 안에 담아 스탈린에게 보고됐는데, 스탈린이 전부 승인했다고 한다. 사람들은 감히 스탈린에게 어느 안이 더 좋은지 묻지 못했고, 결국 호텔은 두 가지 안 그대로 지어졌다.

모스크바 호텔은 1935년에 문을 열었고, 소련 사회에서 크게 사랑받았다. 스탈린은 이 호텔에서 생일 파티를 열었고, 유리 가가린도 첫 우주 임무를 마치고 귀환해 이 호텔에 머물렀다. 외국의 숱한 저명인사도 KGB의 감시를 받으며 이곳에서 투숙했다. 호텔에 도청 장치가 얼마나 많았던지, 소련 기준으로도 유별날 정도라고 소문이 파다했다.

모스크바 호텔에는 기묘한 후일담이 덧붙는다. 호텔은 구식인 데다 실용적이지 않다는 이유로 2003년에 철거됐다. 하지만 2014년에 비대칭 파사드까지 정확하게 따라 한 모조 건물이 (현대적이고 호화로운 설비를 갖추고) 포시즌스 호텔의 체인으로 문을 열었다.

→ 1930년대와 1940년대에 모스크바 호텔은 소련의 수도에서 가장 인기 있는 호텔이었다. 유명인과 고위 인사가 호텔에 머물면서 식사하고 춤을 췄다.

모스크바 호텔에 관한 사실

1 스탈린주의 모더니즘의 초기 사례
2 1930년대와 1940년대 모스크바 상류층에게 인기 있던 장소
3 20세기 중반 건축물 대부분이 철거된 상황에서도 여전히 복제품으로 남아 있음

"모스크바 호텔은 신축이며 가장 규모가 큰 호텔이지만, 내부에서는 아무것도 제대로 작동하지 않았다. … 춥고, 수도꼭지에서 물이 새고, 욕조는 … 물이 바닥까지 넘쳤다."

유고슬라비아 정치국 위원 밀로반 질라스,
1940년대 모스크바에서 머물렀던 일을 회상하며,
『스탈린과 나눈 대화』, 1961년

후버 댐

미국, 네바다주 콜로라도강 | 1935년

미국 남서부에서 인구와 농경지 면적이 늘면서 대규모 관개시설과 안정적인 물 공급의 필요성이 시급해졌다. 콜로라도강에 댐을 지어 문제를 해결하고자 한 당국은 1922년부터 후버 댐 건설 계획을 시작했다. 상무부 장관 허버트 후버가 댐 건설에 영향을 받아 7개 주의 물 분배를 놓고 협상을 진행했다. 1928년 캘빈 쿨리지 대통령이 건설을 승인했지만, 막대한 기술적 난관이 남아 있었다. 공사를 시작할 무렵 미국에 대공황이 왔고, 건설 현장에 수천 명이 모여들었다. 후버 댐은 1936년 완공됐다. 당시 세계에서 가장 높고 인상적인 공학 구조물로 손꼽혔다. 댐 건설로 미국 최대 저수지인 미드호도 생겨났다. 댐은 관개 목표를 달성했을 뿐 아니라 수력발전에도 사용됐다.

↑ 후버 댐은 대공황으로 힘겨웠던 시기에 이룩한 공학의 위대한 업적이다.

비푸리 도서관

러시아, 비보르그 | 1935년

핀란드의 모더니즘 건축가 알바르 알토가 설계한 비푸리 도서관은 세련되면서도 새로웠다. 여러 층의 실내에는 원뿔 모양 채광창 덕분에 자연광이 가득 들어왔다. 도서관은 알토의 건축 스타일을 잘 보여주는 사례로 자리 잡았고, 20세기 중반 도서관 디자인의 모범으로 거듭났다. 그러나 도서관 건설 중에 비보르그가 러시아의 영토로 바뀌었고, 이후 제2차 세계대전이 터지며 주변 건물 대부분이 파괴됐다. 황폐해진 도서관은 2020년에 완전히 복원됐다.

↑ 비푸리 도서관의 환한 실내는 20세기 후반 도서관 설계의 원형이 됐다.

베를린 올림피아스타디온

독일, 베를린 | 1936년

히틀러는 1933년에 독일 총리로 선출됐다. 베를린이 1936년 올림픽 개최지로 선정되자, 히틀러는 새로운 경기장을 지었다. 11만 명을 수용할 수 있을 만큼 거대한 경기장으로 방문객에게 제3제국의 위엄을 과시하고자 했다. 발터 마르하스가 설계한 올림피아스타디온은 콜로세움에서 영감을 받은 구조물로, 거대한 탑 2개가 입구에 버티고 서 있고, 그 사이에 올림픽을 상징하는 오륜이 매달려 있다.

↑ 로마의 콜로세움에서 영감을 받아 만든 새 경기장은 제3제국의 힘을 과시하고자 건설됐다.

금문교

미국, 캘리포니아주 샌프란시스코 | 1937년

20세기 초에 샌프란시스코가 급격하게 성장하면서 도시와 북쪽의 마린 카운티를 연결하는 다리가 절실해졌다. 당시 가장 길고 높은 현수교였던 금문교는 그림처럼 아름다운 주변 경관과 어우러져 1937년 개통하자마자 상징적 지위를 얻었다. 후버 댐(292쪽 참고)과 마찬가지로 교량 건설 프로젝트는 대공황 시기에 많은 이에게 귀중한 일자리를 제공했다.

→ 깊은 바닷속에 있는 남쪽 탑은 암반에 설치해야 했기 때문에 숙련된 잠수 작업 팀이 필요했다.

시멍 주택

중국, 상하이 | 1938년

중국과 유럽의 건축양식을 혼합해 지은 이 건물에는 1930년대 초 상하이 건축의 특징이 잘 드러난다. 원래는 시멍 가문의 상인이 지은 주택이었지만, 완공 후 10년이 채 지나기 전에 일본군 위안소로 개조됐다.

1937년 2차 중일전쟁이 발발한 후, 일본은 11월에 상하이를 침공했고 12월에 악명 높은 난징 대학살을 자행했다. 난징에서 수많은 민간인이 강간당하고 살해당했다. 그러자 히로히토 천황은 군대가 폭주하지 못하게 막고자 여성을 성 노예로 부리던 일본군 위안소를 더 많이 만들라고 명했다. 시멍 주택의 주인은 도망쳤고, 집은 1938년 초에 위안소로 바뀌었다. 주로 중국인, 한국인, 필리핀인이었던 '위안부'의 90퍼센트는 전쟁 중에 목숨을 잃은 것으로 추산된다. 위안부와 위안소의 존재는 1990년대에 와서야 뒤늦게 공식 인정받았다.

폴링워터

미국, 펜실베이니아주 밀런 | 1938년

베어런 자연보호 구역에서 폭포를 낀 부지에 들어선 이 집은 프랭크 로이드 라이트가 친구 에드거 코프먼을 위해서 지은 것이다. 물 위의 수평 캔틸레버 '층'으로 설계된 폴링워터는 주위 환경의 극적인 분위기를 극대화하며 풍경과 완벽하게 어우러진다. 라이트는 실내와 가구까지 직접 디자인해서 완벽하게 통합된 전체 건물을 완성했다. 평단의 찬사를 받은 이 건물은 라이트가 1910년대 정립한 프레리 양식의 연장선으로(270쪽 참고), 그의 후기 경력에 새로운 관심을 불러일으켰다.

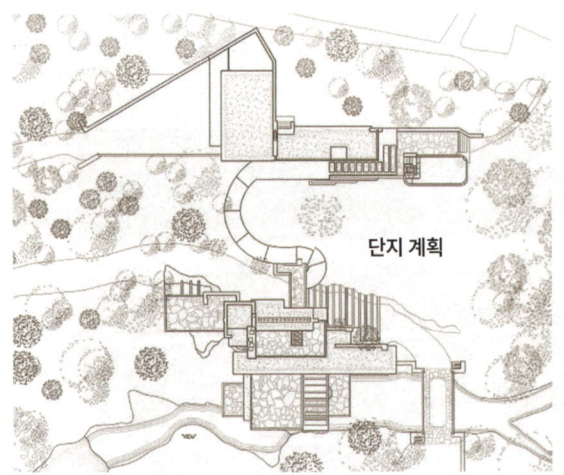

단지 계획

→ 프랭크 로이드 라이트의 친구이자 고객인 에드거 코프먼은 폴링워터 설계는 불가능한 목표라고 생각했다. 라이트는 이렇게 대답했다. "자연이 바위들을 폭포 위에 캔틸레버 구조로 올려놓았듯이, 나도 집을 바위 위에 캔틸레버 구조로 지을 수 있어."

훌리오 마르티네스 프라다노스 국립 경기장

칠레, 산티아고 | 1938년

피노체트 정권이 최악의 공포정치를 자행한 스포츠 경기장.

칠레의 수도 산티아고에 있는 국립 경기장은 1936년 베를린 올림픽 개최를 위해 지어진 스타디움(293쪽 참고)을 모델로 삼았다. 사회주의 대통령 살바도르 아옌데가 1973년 폭력적인 쿠데타로 축출된 이후, 아우구스토 피노체트 장군이 이끄는 새로운 군사정권은 이 경기장을 반정부 인사를 수용하는 구금 시설로 사용했다. 1973년 가을에만 4만 명 이상이 경기장에 갇혔다. 무수히 많은 사람이 고문당하고 처형됐으며, 수천 명이 실종됐다. 칠레와 소련의 축구 경기가 열리기에 앞서 당국은 경기장을 청소하고 수감자를 미리 숨겼지만, 잔혹 행위에 관해 경고받은 소련 팀은 경기장에 나타나지 않았다. 칠레 팀은 한쪽만 참가한 경기라는 희극을 벌이며 30초 만에 골을 넣고 경기장을 떠났다.

　현재 경기장은 대부분 재건됐다. 하지만 오래된 목조 관람석 일부(8번 출입구)는 이곳에 갇혔던 사람들을 기억하고자 보존됐다.

> "이번에 소련은 도덕적인 이유로 칠레 애국자의 피가 묻은 산티아고 경기장에서 경기할 수 없습니다."
>
> 소련 팀 감독이 국제축구연맹에 보낸 편지, 1973년

↓ 아우구스토 피노체트에 희생당한 사람들을 기리는 8번 출입구 위에는 "기억하지 못하는 국민은 미래가 없는 국민이다"라고 적혀 있다.

몬살바트 예술촌 그레이트 홀

오스트레일리아, 멜버른 엘섬 | 1938년

오스트레일리아 최초의 예술가 공동체
마을에서 가장 야심 찬 작품.

건축가에서 화가로 진로를 바꾼 저스터스 조겐슨
은 멜버른 교외의 엘섬에서 지내는 동료 예술가 퍼
시 리슨의 작업실을 설계했다. 프로젝트를 끝낸 조
겐슨은 자신을 위해 스튜디오를 지어야겠다고 마
음먹었다. 이렇게 몬살바트로 불릴 예술촌이 탄생
했다. 소문이 퍼지면서 더 많은 예술가가 모였고,
이후 10년 동안 주택과 스튜디오, 마구간과 작업
장에 이르기까지 다양한 건물이 생겨났다.

1930년대에는 재활용 재료가 이례적으로 많이
쓰였다. 그중 대부분이 멜버른 중심가에서 철거되
던 빅토리아시대 건물에서 나온 자재였다. 예술촌
에서 가장 주목할 만한 건물은 1938년에 지어지기
시작한 그레이트 홀이다. 멜버른에서 갓 철거된 로
열 보험사 건물에서 가져온 창문과 석조 발코니로
꾸민 인테리어가 무척 호화롭다. 여기에 예술가와
건설업자가 직접 기발하고 기괴하게 조각한 가고
일(중세 유럽 건축에서 지붕에 놓는 악마 형상의 석상—
옮긴이)까지 외벽을 장식하고 있다.

→ (위)그레이트 홀의 고딕 양식 창문은 멜버른에서 철거된 로열 보험
사 건물에서 가져왔다.

→ (아래)홀 내부에는 음악 갤러리로 설계된 메자닌이 있어서 건물의
중세풍 분위기를 강조한다.

피아트 탈리에로 빌딩

에리트레아, 아스마라 | 1938년

1882년에 에리트레아가 이탈리아 식민지로 전락하며 수많은 이탈리아 식민 개척자가 에리트레아의 수도 아스마라로 이주했다. 1920년대와 1930년대에 건설 붐이 일어난 아스마라는 '라 피콜로 로마la piccolo Roma', 즉 작은 로마라는 별명을 얻었다. 건축가 주세페 페타기가 설계한 피아트 탈리에로 빌딩은 비행 중인 항공기를 닮았다. 이 미래주의 설계는 아프리카에서 무솔리니가 건설하고자 계획한 새로운 제국을 염두에 둔 것이었다.

로열 플라잉 의료원

오스트레일리아, 앨리스스프링스 | 1939년

플라잉 의료원은 오스트레일리아 오지의 외딴 지역사회에 의료 서비스를 제공하고자 1928년에 설립됐다. 이후 1939년까지 거의 모든 주에서 광범위한 지역에 의료 서비스를 지원하고자 자체 의료원을 열었다. 앨리스스프링스에 있는 사우스오스트레일리아주의 독립 의료원은 여섯 번째로 설립된 곳이었고, 개척여성기념신탁에서 자금을 지원했다.

↓ 오스트레일리아에서 가장 외딴 지역으로 꼽히는 앨리스스프링스는 플라잉 의료원의 유력 후보지였다.

포트메리온

웨일스, 그위네드 | 1939년

지극히 웨일스다운 배경에 만들어진 이탈리아풍 마을.

포트메리온 휴양촌은 인근에 살던 괴짜 건축가 클러프 윌리엄스엘리스가 기존에 있던 저택을 중심으로 건설했다. 그는 1925년 부지를 매입해 저택을 호텔로 개조했고, 포트메리온을 일생의 사업으로 삼았다. 이 휴양촌은 두 차례에 걸쳐 건설됐다. 첫 단계는 1939년 완료됐고, 두 번째는 1954-1975년에 이뤄졌다. 포트메리온이 완성됐을 당시 윌리엄스엘리스는 90대였다. 휴양촌의 낭만적인 지중해풍 외관은 이탈리아의 포르토피노와 비교되기도 하지만, 윌리엄스엘리스는 어디에서 영감을 얻었는지 밝히지 않고 그저 아름다운 광경을 봐달라고만 했다. 오늘날 포트메리온은 웨일스에서 가장 인기 있는 관광 명소다. 영화와 광고에도 많이 나왔는데, 특히 1960년대 영국의 컬트 드라마 《더 프리즈너》는 포트메리온에서 시리즈 전체를 촬영했다.

↓ 웨일스 북서쪽 뒤리드강을 내려다보는 포트메리온의 알록달록한 건물은 이국적이고 신선한 느낌을 자아낸다.

전몰자의 계곡

스페인, 에스코리알 | 1940년

스페인의 독재자 프란시스코 프랑코의 지시로 건설된 전몰자의 계곡은 스페인 내전에서 희생된 국민파 인물을 추모하는 곳으로 마드리드 남쪽 산속에 있다. 프랑코도 1975년 이곳에 묻혔지만, 이후 파묘됐다. 이곳의 거대한 성당을 짓는 데 공화파 군인들이 동원돼 참혹한 조건에서 일했다. 건물 위의 거대한 십자가는 나중에 추가됐다. 스페인에서는 여전히 논란이 분분한 장소다.

안네의 집

네덜란드, 암스테르담 베스테르마르크트 | 1942년

나치가 네덜란드를 침공한 이후, 이 '별관'은 유대인 사업가 오토 프랑크 가족의 은신처가 됐다. 바로 이곳에서 안네 프랑크가 일기를 썼다. 프랑크 가족은 결국 발각당해 1944년에 강제수용소로 끌려갔다. 오직 안네의 아버지만 살아남아서 1947년에 『안네의 일기』를 출간했다. 『안네의 일기』는 제2차 세계대전에 관한 개인 기록 가운데 가장 널리 읽혔다.

↑ 여전히 논란이 있는 기념물 위에 150미터 이상 우뚝 솟은 화강암 십자가는 전 세계에서 가장 긴 십자가다.

↑ 비좁은 별관에 숨어 살던 2년 내내 안네 프랑크는 성실하게 일기를 썼다.

아우슈비츠 강제수용소 단지

폴란드 | 1942년

나치의 '최종 해결책'에서 핵심이었던 폴란드 내 유대인 강제수용소.

1940년, 아우슈비츠에 강제수용소를 짓는다는 결정이 내려졌다. 이듬해에 나치 친위대의 수장인 하인리히 힘러가 수용소를 확장하라고 명령했다. 이곳에 갇힐 사람들은 근처 공장에서 강제 노동에 동원될 예정이었다. 수용소는 수감자 수용 시설 아우슈비츠 1호와, 몇 킬로미터 떨어진 곳에 위치한 주요 학살 공장 아우슈비츠 2호(아우슈비츠비르케나우)를 포함하는 대규모 단지가 됐다. 대부분 유대인이었던 수감자 110만 명이 전쟁이 끝날 때까지 이곳에서 살해된 것으로 추산된다. 나치는 수용소의 살상 능력을 꾸준히 키워나갔다. 1942년 치클론 B를 이용한 최초의 대규모 독가스 학살부터 1944년 후반의 마지막 학살까지, 나치는 수용소의 효율성을 끊임없이 검토했다.

1945년 1월 27일, 마침내 소련군이 아우슈비츠 수용소를 해방했다. 아우슈비츠를 비롯한 강제수용소의 공포는 그해 4월 말 연합군이 처음으로 세상에 널리 알렸다.

↑ 아우슈비츠에 끌려온 이들은 도착 직후 강제 노동이 가능한 사람과 바로 살해될 사람으로 분류됐다.

277번 철교

태국, 칸차나부리 | 1943년

제2차 세계대전을 둘러싼 신화가 된 실제 다리.

1957년 영화 《콰이강의 다리》에 담긴 내용은 역사적 사실과 상당히 다르다. 일본군은 1941년 시암(현재의 태국)을 침략해서 버마와 말라야(각각 현재의 미얀마와 말레이시아)를 점령하기 위한 발판으로 삼았다. 군대가 진격하려면 믿을 만한 교통망이 필요했고, 동남아시아 민간인과 연합군 포로가 뒤섞인 노예 노동자 수천 명이 이른바 죽음의 철도 건설에 끌려갔다. 노동자는 끔찍한 환경에서 하루 18시간씩 일해야 했고, 공사 도중 10만 명 이상이 사망했으리라 추정한다.

영화 내용과 달리 실제 다리인 277번 철교는 지금도 여전히 서 있다. 철교 건설에 동원된 이들 가운데 생존자는 영화가 민족성과 명예를 중심으로 다루면서 가혹한 실제 현실을 제대로 반영하지 않았다고 비판했다.

"일본인은 일정을 지킬 것이고, 선로에 희생의 십자가가 흩뿌려져도 개의치 않을 것이다."

영국 육군의 아서 발리 준장,
버마~시암 철도 건설 당시
야만적인 노동 조건에 관해

↓ 이곳에 얽힌 무시무시한 역사를 알고 찾아오는 이들을 위해 관광열차가 277번 철교를 정기적으로 오간다.

펜타곤

미국, 워싱턴 D.C. | 1943년

1930년대가 되자 수도에 사무실 공간이 부족해진 탓에 전쟁부(국방부가 조직되기 이전 미국의 국가 군사 기구—옮긴이)의 핵심 인력은 도시 곳곳에 흩어져서 일했다. 그러나 제2차 세계대전이 발발하고 무력 충돌의 위협이 커지면서 정부는 육군과 공군, 해군, 해병대의 고위 간부를 한곳에 수용할 건물을 건설하겠다고 계획했다. 강철과 철근콘크리트로 지상 5층, 지하 2층짜리 낮은 오각형 건물을 지어 3만 3천 명을 수용한다는 안이 마련됐고, 1941년 9월 11일에 착공했다. 그런데 3개월도 채 지나지 않아 진주만 공습이 터져 미국이 세계대전에 뛰어들었다. 전쟁부 직원들은 1943년 1월에 펜타곤이 완공되기도 전에 새 건물로 이사했다.

앨버트 나마치라의 집

오스트레일리아, 노던준주 | 1944년

오스트레일리아 원주민 아란다족의 화가 앨버트 나마치라가 그린 오스트레일리아 중부의 신비로운 풍경은 널리 찬사받았다. 나마치라는 멜버른 전시회에서 성공을 거둔 뒤, 친구들의 도움으로 이 소박한 흰색 시골집을 지었다. 그는 이곳에서 5년 동안 살았지만, 자식이 목숨을 잃자 아내와 함께 떠났다.

↑ 서로 다른 두 문화 사이에서 삶을 마감한 화가의 버려진 기념비. 오늘날 앨버트 나마치라의 집은 잠긴 채 버려져 있다.

콜레트의 아파트

프랑스, 파리 보졸레가 9번지 | 1944년

1942년에 70세를 맞은 작가 콜레트는 나치 독일이 파리를 점령한 기간에 파리 1구에 있는 아파트에서 지냈다. 병이 들어 종종 침대에 누워 있어야만 했던 콜레트는 고급 매춘부가 되고자 수련 중인 순진한 소녀를 다룬 단편「지지」를 쓰는 데 시간을 들였다. 파리가 해방된 해에 출간된 이 단편소설은 크게 사랑받는 작품이 됐고, 전쟁으로 지친 나라에 조금이나마 위로를 선사했다.

존슨 왁스 빌딩

미국, 위스콘신주 러신 | 1944년

프랭크 로이드 라이트의 후기작인 이 건물은 따분한 산업 단지에 속한 청소 회사의 본사로, 개방형 사무실 설계의 초기 사례다. 시공 과정에서 기술적 문제가 수없이 터졌지만, 건물은 밝고 개방적인 공간으로 완성됐다. 파이렉스 튜브로 만든 투명한 채광창과 위로 갈수록 넓어져 꼭대기가 캐노피 같은 원반 모양으로 펼쳐진 기둥이 특징이다. 마치 실내에서도 숲에 있는 듯한 느낌을 자아낸다.

↑ 프랑스에서 가장 유명한 작가 대열에 드는 콜레트는 독일군이 프랑스를 점령했던 동안에도 계속 글을 썼다.

↑ 프랭크 로이드 라이트는 이 새로운 사무실 건물을 두고 "어떤 면에서도 갇혀 있다는 느낌이 들지 않는다"라고 주장했다.

조지아 오키프의 집

미국, 뉴멕시코주 애비퀴우 | 1944년

오키프의 원숙해진 작품 세계의 배경이자 영감이 된 뉴멕시코의 집.

조지아 오키프는 미국 모더니즘 미술에 크게 이바지했다고 인정받는 최초의 여성 예술가다. 오키프의 작품 대다수는 작가가 1930년부터 오랜 시간을 보낸 뉴멕시코의 사막 풍경에서 영감을 얻었다. 뉴멕시코 사막의 외딴집 고스트 랜치Ghost Ranch에서 여름을 보내던 오키프는 더 크고 따뜻한 집이 있어야 추운 사막의 겨울을 날 수 있다고 판단했다. 오키프는 몇 달 후 작은 마을 애비퀴우에서 오래된 어도비 벽돌집을 샀다. 안뜰을 갖춘 집은 폐허나 다름없는 상태였지만, 복구를 거쳐서 1949년에 엄숙하면서도 아름다운 집과 작업실로 탈바꿈했다. 오키프의 작업 스타일을 잘 반영하는 이 집은 오늘날 조지아 오키프 박물관으로 운영된다.

↑ 위의 사진에서 보이는 고스트 랜치는 애비퀴우의 집과 함께 오키프가 선호한 세련되고 간소한 인테리어로 유명했다.

"올라가서 폐허 속을 돌아다니다가
한쪽에 문이 달린 기다란 벽이 있는
파티오를 발견했다. …
문이 달린 그 벽을 반드시 가져야 했다."

조지아 오키프, 애비퀴우의 집을 처음 본 순간

히로시마 산업진흥회관

일본, 히로시마 | 1945년

원자폭탄을 맞고 평화 기념관으로 바뀐 상업 건물.

구리 돔으로 덮인 이 유럽식 건물은 1915년부터 1945년까지 히로시마에서 생산된 제품을 전시하고 판매하는 홍보관으로 쓰였다. 낮은 목조건물이 대다수였던 도시에서 진흥회관은 눈에 띄는 랜드마크였다. 1945년 8월 6일, 최초의 원자폭탄이 히로시마에 떨어졌다. 이 3층짜리 건물은 그라운드 제로, 즉 폭격 지점과 매우 가까웠다. 폭발의 힘을 거의 수직 방향으로 받은 탓에 건물은 무너지지 않고 버텼지만, 건물 안에 있던 사람들은 즉사했고 돔은 뼈대만 남았다.

폭발하고 남은 진흥회관의 잔해는 여전히 랜드마크였지만, 이전과는 달리 훨씬 더 음울한 상징물이 됐다. 차츰 도시가 재건되면서 진흥회관의 남은 껍데기를 철거할 것인지, 아니면 폭격과 그 공포를 기억하고자 폐허를 있는 그대로 보존할 것인지 논쟁이 일어났다. 1966년, 시의회는 투표를 거쳐서 당시 '원폭 돔'으로 불렸던 진흥회관을 그대로 보존하기로 결정했다. 이후 진흥회관 잔해는 히로시마 평화 기념관으로 이름을 바꿨고, 새로운 평화 기념 공원의 일부가 됐다.

→ 뼈대만 남은 진흥회관 폐허는 완전히 재건된 히로시마에서 강렬한 추모의 상징으로 남아 있다.

← 원자폭탄 투하 직후에 도시를 찍은 공중 사진에는 완전히 파괴된 히로시마의 모습이 담겼다.

히로시마 산업진흥회관에 관한 사실

1 원자폭탄이 떨어진 곳과 직접 맞닿은 지역에서 남아 있는 유일한 건물

2 단 한 번의 폭격으로 최소 7만 명이 사망한 도시의 평화 기념관

3 전쟁이 불러온 파괴를 오래도록 일깨우는 기념물

"히로시마 산업진흥회관이라는
고통스러운 건물이 언제까지 그곳에 남아
원자폭탄의 공포를 세상에 알릴 수 있을지
궁금할 뿐입니다."

원자폭탄 투하 15년 후 피폭으로 인한 백혈병으로
사망한 히로시마 학생 카지야마 히로코

뉘른베르크 법원 600호 법정

독일, 뉘른베르크 | 1945년

나치 정권의 주요 인물을 재판한 장소.

뉘른베르크 재판은 1945년부터 1949년까지 뉘른베르크 법원 600호 법정에서 열렸다. 이 법정은 규모가 크고, 뉘른베르크 교도소와 가까우며, 사무실과 회의장으로 쓸 공간이 주변에 많았기 때문이다. 하지만 재판을 본격적으로 열기 전에 실내를 개조해야 했다. 촬영을 위해 네온 조명등을 설치했고, 뒷벽을 없애서 좌석을 추가할 공간을 마련했다.

연합국 대표가 참석한 국제군사재판, 즉 뉘른베르크 재판의 첫 단계는 1945년 11월에 시작해 9개월간 이어졌고, 1946년부터 1949년까지 재판이 12건 더 열렸다. 피고인은 나치의 주요 인물로, 대개 헤르만 괴링이나 루돌프 헤스 같은 군사 또는 정치 지도자였지만, 나치 정권을 지지했던 저명한 의사나 판사, 산업가 등도 있었다.

600호 법정은 2008년에 박물관으로 바뀌었다.

↓ 1947년 9월 29일, 아인자츠그루펜 학살 부대를 지휘한 나치 무장 친위대 장교 에른스트 비베르슈타인이 600호 법정에서 재판받고 있다.

잭슨 폴록의 집과 헛간 스튜디오

미국, 뉴욕주 스프링스 | 1945년

1945년 11월, 화가 부부인 잭슨 폴록과 리 크래스너는 압박이 심했던 뉴욕 그리니치빌리지 생활에서 벗어나 롱아일랜드 스프링스의 조용한 판잣집으로 이사했다. 폴록은 헛간을 스튜디오로 쓰면서 캔버스 위에 물감을 뿌리고 튀기는 드립 페인팅 기법을 개발했다. 이 방식으로 그린 그림 덕분에 폴록은 추상 표현주의 운동의 선도적 예술가로 인정받았다.

반힐 팜하우스

스코틀랜드, 쥐라섬 | 1946년

결핵에 걸린 조지 오웰은 1946년부터 이 외딴 농가에서 요양하며 글을 썼다. 권위주의 독재를 경고하는 묵시록 소설 『1984』가 바로 반힐에서 완성됐다. 이후 65개 언어로 번역된 이 작품 속 많은 용어(빅브라더, 사상 범죄, 101호실 등)가 일상 언어 속으로 들어왔다. 오웰은 작품을 완성하느라 분투한 끝에 쇠약해지고 말았고, 1950년에 불과 46세의 나이로 숨을 거뒀다.

→ 반힐에서 오웰은 아무런 방해도 받지 않고 평화로운 환경에서 정원을 가꾸고 글을 쓸 수 있었다.

376 주거지

루이스 바라간의 집

멕시코, 멕시코시티 | 1948년

멕시코의 위대한 모더니즘 건축가 루이스 바라간은 멕시코시티에서 노동자 계층이 주로 사는 오래된 교외 지역 타쿠바야에 집과 작업장을 지었다. 멕시코 밖에는 바라간의 작품이 전혀 없지만, 바라간의 스타일은 작가 이름을 들어본 적 없는 이들에게도 친숙하다. 단순함, 미완성 재료(치장 벽토와 시멘트, 목재), 밝고 채도 높은 색상 같은 바라간 건축의 특징은 전 세계에서 널리 모방됐다.

↑ 루이스 바라간은 밝은 색상, 거친 질감과 매끄러운 질감의 혼합, 빛과 그림자의 기발한 놀이를 통해 자기 집에 가장 극적인 효과를 자아냈다.

377 주거지

루누강가

스리랑카, 벤토타 | 1948년

독립 이후 남아시아에서 가장 영향력 있는 건축가로 손꼽히는 제프리 바와는 1948년 스리랑카의 독립 선언 직전에 이 호숫가 부지를 사들였다. 실내와 실외 공간이 어우러진 집을 짓고 싶었던 바와는 주변 풍경과 조화를 이루도록 우아하고 독특한 건물을 설계해서 스리랑카 건축을 조용히 혁신했다. 바와의 집은 비교적 엄격하고 딱딱한 식민지 양식과는 확연히 달랐다.

↑ 현지의 자재를 사용해서 신중하고 세심하게 완성한 제프리 바와의 스타일을 설명하고자 '트로피컬 모더니즘'이라는 용어가 생겨났다.

글래스 하우스

미국, 코네티컷주 뉴케이넌 | 1949년

글래스 하우스는 모더니즘 건축가 필립 존슨이 뉴케이넌의 19만 제곱미터 부지에 지은 건축물 14채 중 하나다. 존슨은 주변 풍경에 조응해서 건물 내부와 외부에 바깥 풍경을 반사하는 유리의 바다를 만들었다. 글래스 하우스는 건축계에서 널리 찬사받았고, 여러 예술가가 글래스 하우스를 방문했다. 심지어 일본 예술가 쿠사마 야요이는 글래스 하우스를 찾아서 유리 벽에 붉은 점을 찍기도 했다.

↑ 글래스 하우스는 내부가 훤히 보이기 때문에 다양한 용도의 여러 부속 건물을 주변에 지었다.

> "나는 훌륭한 참나무를 발견했고,
> 전체 설계의 향방을
> 그 참나무와 언덕에 걸었다."
>
> 필립 존슨

↑ 책상에 앉아 있는 필립 존슨. 글래스 하우스의 생활 공간을 엘리 나델만의 〈두 여성 곡예사〉와 공유하고 있다.

임스 하우스

미국, 캘리포니아주 로스앤젤레스 | 1949년

임스 부부가 스스로 고객이 되어 도전한 건축.

임스 하우스는 예술 건축 잡지 『아트 앤드 아키텍처』에서 주관한 실험 건축 프로그램 '주택 사례 연구 프로그램'의 일환으로 지어졌다. 이 프로그램에서 미국 건축가들은 제2차 세계대전 중에 개발된 새로운 재료와 기법으로 주택을 지었다. 임스 하우스는 원래 주택 사례 연구 8호였다. 건축가이자 산업 디자이너 찰스 임스와 레이 임스 부부는 자신들이 설계한 이 주택의 최종 형태에 매력을 느껴 직접 들어가 살기로 했다.

직사각형 상자 2개로 구성된 임스 하우스는 은근히 혁신적이었다. 외부 벽은 강철 격자 프레임으로 만들었고, 일반 슬라이딩 패널과 반투명 슬라이딩 패널을 번갈아 끼워서 유연한 느낌을 줬다. 끝없이 변화하는 빛의 움직임으로 공간이 가득 찼다. 찰스와 레이는 의자를 만들든 집을 만들든 실용적이고 간결하며 저렴하게 디자인하는 데 뛰어났다. 임스 하우스는 현대적인 20세기 중반 생활양식의 아이콘으로 떠올랐고, 후대의 다른 건축가가 수없이 모방했다.

→ 찰스와 레이 임스는 직접 지은 실험 모델 주택에서 살았다. 자신들의 작품에 최상의 찬사를 보낸 셈이다.

↓ 외부를 덮은 슬라이딩 프레임 덕분에 빛과 사생활 보호라는 측면에서 다양한 선택지를 고를 수 있다.

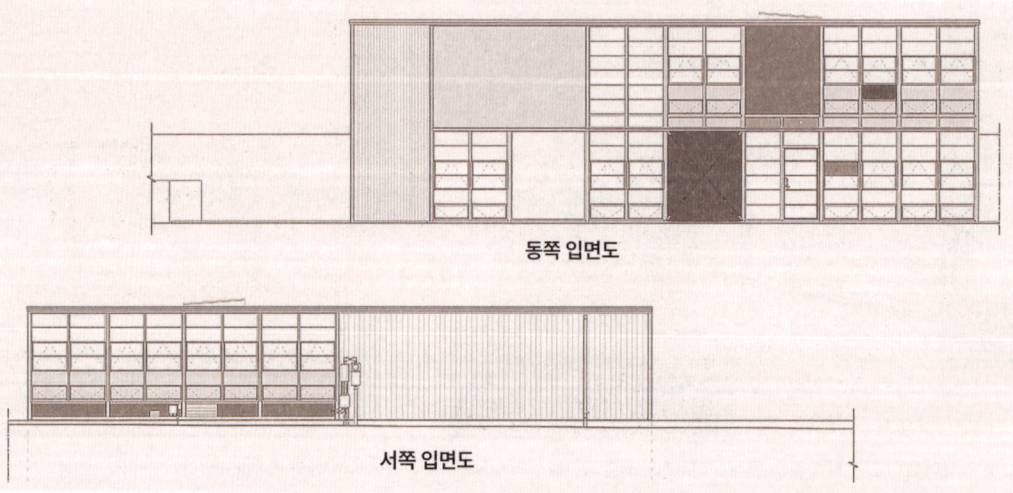

동쪽 입면도

서쪽 입면도

380 예술과 문화 공간

페기 구겐하임 미술관

이탈리아, 베네치아 | 1949년

막대한 재산을 물려받은 미국의 상속자 페기 구겐하임은 18세기 초에 지어진 '팔라초'를 1949년에 사들여 평생을 살았다. 현대미술계의 유명 후원자 겸 수집가였던 그녀는 런던과 뉴욕에서 화랑도 운영했다. 재능 있는 화가, 조각가, 작가라면 거의 다 알았고, 수많은 예술가를 후원하며 "내 좌우명은 '하루에 그림 한 점 사기'였고, 그 말을 지켰다"라고 말했다. 팔라초는 미완성 건물이었다. 베네치아 대운하에 있는 길고 낮은 흰 건물은 묘하게 현대적이다. 구겐하임은 삼촌 솔로몬(325쪽 참고)이 설립한 구겐하임 재단에 팔라초와 미술품 컬렉션을 기부해 자신의 유산을 영원히 보존하고자 했다. 구겐하임이 세상을 뜬 뒤, 그녀의 컬렉션이 전시된 팔라초는 페기 구겐하임 미술관이 됐다.

↑ 페기 구겐하임 미술관이 된 단층 건물 팔라초는 미완성 상태라서 오히려 묘하게 현대적으로 보인다.

381 업무 공간

텔멕스 빌딩

멕시코, 과달라하라 | 1950년

옛 텔멕스 통신 건물 때문에 주요 도로 보수 공사에 차질이 생기자, 프로젝트를 담당한 엔지니어 호르헤 마투테 레무스는 건물을 철거하고 다시 짓는 대신 플랫폼 위에 올려서 옮기는 편이 더 수월하겠다고 판단했다. 그는 도시의 통신을 단 하루도 방해하지 않고 건물을 옮기는 데 성공했다. 건물을 밀어 옮기는 모습을 표현한 청동상이 그의 업적을 기리고 있다.

다이맥시언 하우스

미국, 캔자스주 로즈힐 | 1950년

대량생산을 계획하며 시험용으로 설계한 주택.

건축가이자 발명가 버크민스터 풀러는 주택을 자동차처럼 생산하고 가격을 책정해 쉽게 운송할 수 있다면 많은 주택문제, 특히 참전 용사를 위한 집 문제가 해결될 것이라고 믿었다. DYnamic(역동적인), MAXimum(최대의), tensION(긴장), 세 단어의 합성어인 다이맥시언Dymaxion 하우스는 1920년대에 처음 고안됐다. 건물은 지진, 토네이도, 화재에 강하고, 에너지 효율도 좋았다. 조립식이라서 어디든 설치하기도 쉬웠고, 구조 또한 독창적이었다. 중앙에 말뚝을 박고 그 주위로 원형 주택을 조립하는데, 알루미늄 지붕과 바닥은 케이블로 고정하고, 파노라마 창을 둘러쳤다. 하지만 생산 라인을 만드는 데 초기 비용이 너무 높아 결국 프로젝트가 무산됐다. 1950년 처음 공개된 로즈힐의 다이맥시언 하우스는 단 2채만 제작된 시험 모델 중 하나로, 오늘날 미시간주 디어본의 헨리 포드 박물관에 전시돼 있다.

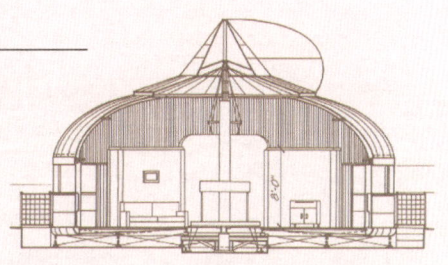

내부

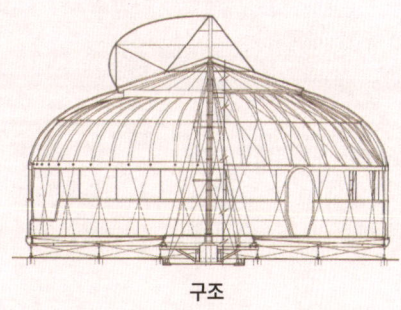

구조

↑ 횡단면을 보면 중앙의 지지 기둥과 그 주위에 걸려 있는 이중 와이어 휠 구조를 확인할 수 있다.

↓ 버크민스터 풀러는 열 손실을 최소화하고 자재를 절약하고자 다이맥시언 하우스를 원형으로 만들었다.

383 주거지/예술과 문화 공간

나이지리아대학교 캠퍼스 하우스

나이지리아, 은수카 | 1950년

은수카의 나이지리아대학교 캠퍼스에 있는 이 평범한 집은 1950년대에 지어졌다. 하얀 석고를 칠하고 납작한 지붕을 얹은 건물은 화려한 문학적 내력을 자랑한다. 나이지리아의 위대한 작가 치누아 아체베가 대학에서 강사로 일할 때 이곳에서 지냈고, 소설가 치마만다 은고지 아디치에 역시 어린 시절에 이 집에서 살았다. 아디치에의 첫 소설 『보라색 히비스커스』(민음사, 2019)와 그다음 작품 『절반의 태양』(민음사, 2023) 모두 은수카 생활을 생생하게 묘사한다.

↑ 나이지리아에서 최초로 원주민이 세운 대학인 나이지리아대학교 은수카 캠퍼스는 1955년에 설립됐고, 1960년에 정식으로 개교했다.

384 업무 공간

죽음을 기다리는 집

인도, 콜카타 | 1952년

1950년, 당시에는 그저 알바니아 출신의 무명 가톨릭 수녀였던 테레사 수녀는 교황청으로부터 자선 선교단을 설립해서 죽어가는 빈민을 돌봐도 좋다는 허가를 받았다. 죽음을 기다리는 집은 테레사 수녀가 선교단에서 시작한 여러 임종간호 시설 가운데 하나다. 폐쇄된 사원에 자리 잡은 이곳에서는 가난한 이들이 평화롭게 죽음을 맞을 수 있었다.

콤소몰스카야 지하철역

러시아, 모스크바 | 1952년

소련의 관점에서 러시아의 역사를 보여주는 지하철역.

모스크바 지하철은 1935년 개통했다. 날마다 수천 명이 이용하는 지하철은 소련 정부가 강력한 선전을 펼치기 좋은 곳이었다. 이후 수십 년간 숱한 건축가가 '인민을 위한 궁전'을 만들겠다는 목표로 화려하고 정교한 지하철역 설계를 고안했다. 공산당의 청년 단체 콤소몰에서 이름을 딴 콤소몰스카야역은 알렉세이 슈세프(283쪽 참고)가 설계한 유일한 역이다.

언뜻 보기에 콤소몰스카야역은 한껏 장식한 바로크 양식 천장 때문에 소련의 업적을 찬미한다기보다 예카테리나 대제 시대의 건물처럼 느껴진다. 하지만 소용돌이무늬를 그리는 치장 벽토 프레임은 러시아 역사 속 위대한 장군들을 묘사한 모자이크를 둘러싸고 있다. 러시아의 독립 투쟁이라는 주제를 잘 표현한 이 모자이크는 지하철의 선전 기능과 완벽하게 맞아떨어졌다. 슈세프는 이 설계로 스탈린상을 받았다.

↑ 배럴 볼트 천장, 호화스러운 치장 벽토 장식, 거대한 샹들리에를 뽐내는 콤소몰스카야역은 지하철역이 '인민을 위한 궁전'이어야 한다는 소련의 요구를 충족했다.

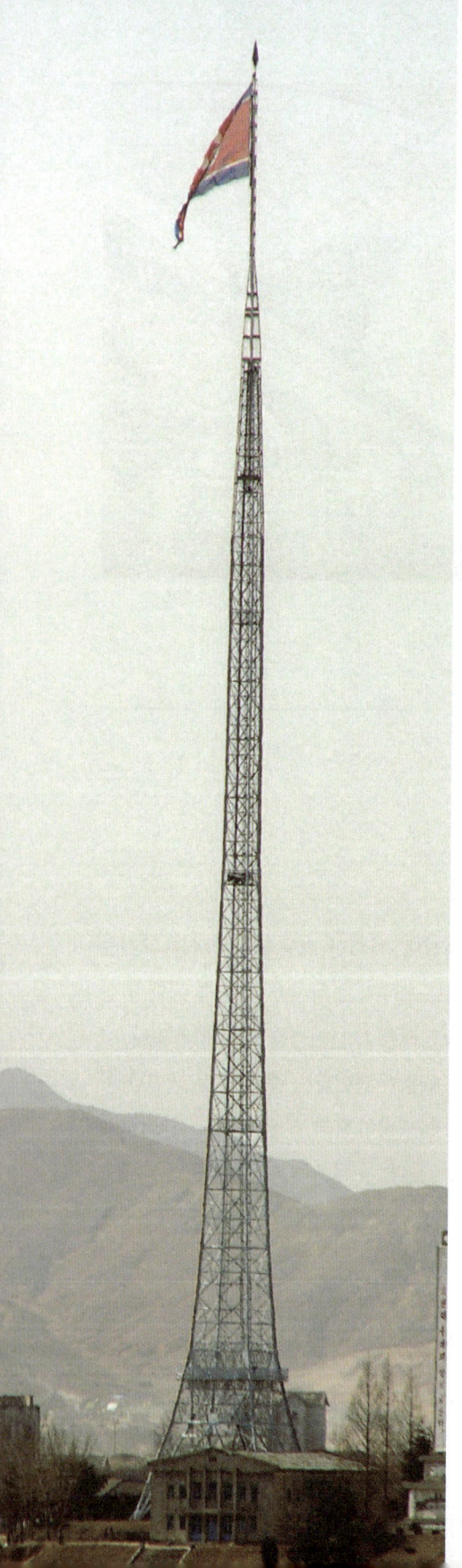

386 주거지

기정동 선전 마을

북한, 비무장지대 | 1953년

북한은 번영하는 평화로운 지역사회라는 이미지를 심어주고자 기정동에 '평화의 마을'을 세웠다. 사실 이곳은 한국전쟁 이후 설정된 좁다란 완충 지대에 들어선 선전 마을이다. 거리와 건물은 밝게 빛나지만, 학교와 병원, 유치원, 아파트 단지는 텅 비어서 으스스한 분위기를 자아낸다.

← 북한 국기를 게양한 높다란 탑이 기정동 선전 마을 위로 우뚝 솟아 있다.

387 업무 공간

로열엔필드 공장

인도, 첸나이 | 1955년

로열엔필드 오토바이는 1901년 영국 레디치에서 오토바이를 생산하기 시작했다. 1949년에 인도의 마드라스 모터스에서 처음으로 로열엔필드 오토바이를 수입했고, 오토바이는 곧 인도 군대의 필수품으로 거듭났다. 1955년, 로열엔필드는 마드라스(현재의 첸나이) 근처 티루보티유르에 공장을 짓고 직접 오토바이를 생산했다. 1977년에는 상황이 완전히 뒤바뀌었다. 로열엔필드 인도 지사가 엔필드 불릿 350cc를 영국으로 수출하기 시작했고, 영국에서 열렬한 팬층을 형성했다.

문화 과학 궁전

폴란드, 바르샤바 | 1955년

바르샤바 스카이라인을 지배하는 소련의 '선물'.

스탈린이 아끼던 건축가인 레프 루드네프가 말년에 설계한 이 건물은 소비에트의 성취를 과시하는 상징물로, 러시아 노동자들이 지었다. 이 건물은 소비에트 인민이 폴란드에 보내는 '우정의 선물'이었다. 하지만 폴란드에서는 대체로 이 '선물'을 억압의 상징으로 여겼다. 그럼에도 어디서나 알아볼 수 있는 웨딩케이크 모양 덕분에 문학 과학 궁전은 여전히 바르샤바의 주요 랜드마크로 남아 있다.

↑ 소련의 스탈린 양식이 냉전 시대 동유럽에 전파된 대표적 사례로, 소련 건축가들이 폴란드의 전통 장식 문양을 면밀히 조사해 건물에 반영했다.

→ 소련이 붕괴한 지 오래된 지금도 바르샤바 어디에서나 눈에 띄는 문화 과학 궁전은 여전히 과거를 일깨운다.

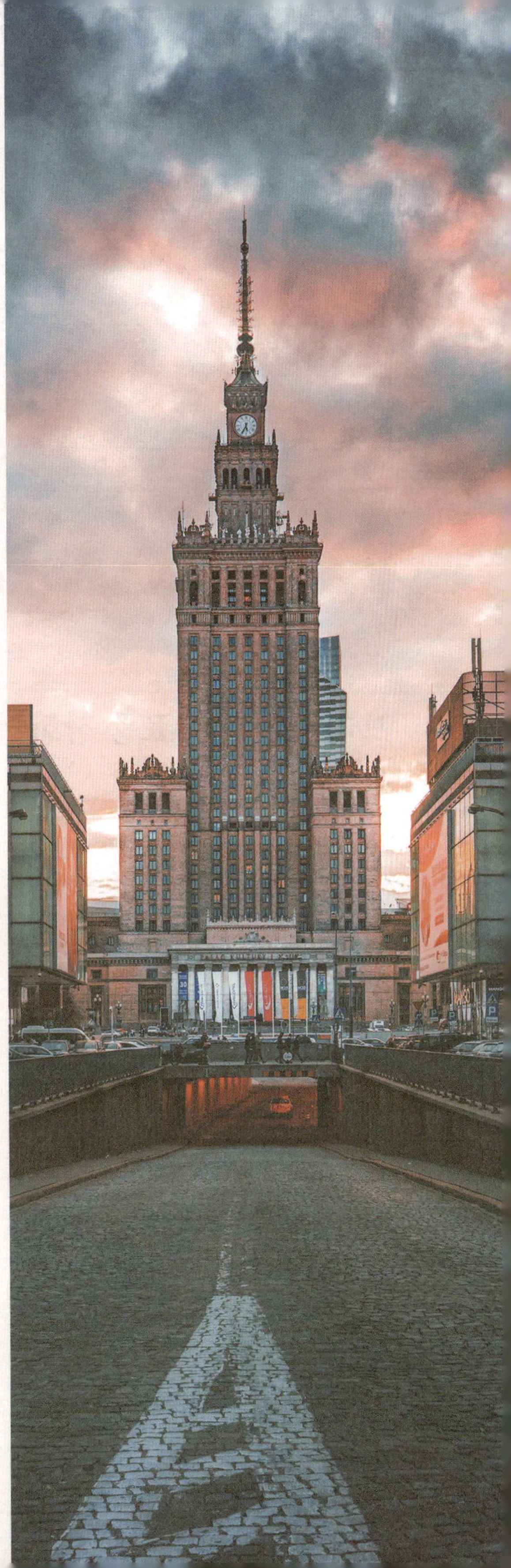

브라이언트 식료품 잡화점

미국, 미시시피주 머니 | 1955년

충격적인 인종차별 살인 사건이 터진 작은 마을의 상점.

시카고 출신의 14세 아프리카계 미국인 소년 에밋 틸은 머니라는 작은 마을에 사는 친척을 보러 왔다가 브라이언트 잡화점에 들렀다. 계산대에 있던 백인 여성 캐럴린 브라이언트는 틸이 자기에게 '시시덕거렸다'고 주장했다. 나흘 뒤, 캐럴린의 남편과 오빠가 친척 집에 있던 틸을 납치했다. 다시 사흘 뒤, 훼손된 틸의 시신이 탤러해치강에서 발견됐다.

틸의 어머니 매미 틸브래들리는 아들을 안치한 관 뚜껑을 장례식 내내 열어뒀다. 잡지 『제트』에 틸의 참혹한 사진이 실리며 전 국민의 이목이 쏠렸다. 하지만 백인 배심원단은 브

라이언트와 공범에게 무죄 판결을 내렸다. 캐럴린 브라이언트는 훗날 자기가 그 사건을 꾸며냈다고 인정했다.

에밋 틸 살인 사건은 미국의 젊은 흑인 세대 전체에 영향을 미쳤고, 시민권 운동 내에서 행동주의를 고취했다. 오늘날 지붕 없이 뼈대만 남은 잡화점 앞에는 '미시시피 자유의 길' 표지판이 서서 에밋 틸의 이야기를 전한다.

↑ 브라이언트 잡화점에 방문한 에밋 틸은 결국 죽음을 맞았다. 무참히 훼손된 틸의 시신 사진은 많은 이를 행동에 나서게 하는 자극제가 됐다.

노트르담뒤오성당

프랑스, 롱샹 | 1955년

르코르뷔지에는 제2차 세계대전 중 파괴된 순례자 예배당을 대신해 새로운 성당을 지어달라는 의뢰를 받았다. 그의 설계안은 형태상 기능주의적이었던 그의 이전 작품과 달랐다. 거친 흰색 콘크리트 벽 외부의 기둥이 곡선 지붕을 떠받쳐서 지붕은 공중에 떠 있는 것처럼 보인다. 남쪽 벽에는 창문을 깊이 파서 빛줄기가 실내로 스며든다. 일부 창문에는 색칠한 유리를 끼워서 선명한 색으로 물든 빛이 예배당 안으로 들어온다. 그 결과, 단순하고 독창적이며 기념비적인 성당이 탄생했다.

처음에 이 성당은 찬사와 비판을 동시에 받았다. 하지만 세월이 흐르며 성당 건축의 가능성을 혁신했다고 인정받았다.

바이코누르 우주기지

카자흐스탄 | 1955년

바이코누르 우주기지는 1955년 초부터 카자흐스탄의 외딴 대초원에 건설되기 시작했다. 원래는 대륙간 탄도 미사일을 시험할 장소로 계획됐지만, 위성 발사에 이상적인 장소였기에 1991년 소련이 해체될 때까지 소련 우주 프로그램의 핵심 기지로 쓰였다. 1957년에는 이곳에서 세계 최초의 인공위성을 발사해 위성이 지구 궤도를 도는 데 성공했고, '우주견' 라이카 또한 그해 비행했다. 1961년에는 유리 가가린이 인류 역사상 최초로 우주로 나갔고, 1963년에는 최초의 여성 우주인 발렌티나 테레시코바가 우주로 나갔다. 우주기지에서는 재난도 여러 번 터졌다. 특히 1960년 대규모 폭발이 일어나 70명 이상이 사망했다. 하지만 우주기지는 놀라울 만큼 오랜 수명을 누렸고, 1960년대 초반의 치열한 우주개발 경쟁에서 소련이 미국을 제치는 데 공을 세웠다.

↓ 바이코누르 기지 중 일부는 버려졌지만, 대부분은 오늘날에도 사용된다. 카자흐스탄이 각 국가의 기관에 시설을 임대해준다.

알토 스튜디오

핀란드, 헬싱키 | 1956년

알바르 알토는 비푸리 도서관(292쪽 참고)을 설계하고 20년 후 헬싱키의 부유한 교외 문키니에미에 자신의 건축 실무를 위한 스튜디오를 지었다. 바람이 잘 통하고 탁 트인 원형극장 같은 공간을 곡선 벽이 둘러싸고 있고, 알토가 직접 디자인한 가구가 곳곳에 가득 차 있다. 이 건물은 건축 프로젝트에 대한 알토의 전반적인 접근 방식과 '미드센추리 모던' 양식에 알토가 미친 영향을 잘 보여준다.

↓ 알바르 알토는 1976년에 세상을 뜰 때까지 이 스튜디오에서 작업했다. 1984년부터는 알토 재단이 이곳에 자리 잡았다.

헤스타우라상 영화관

앙골라, 루안다 | 1956년

포르투갈 식민지였던 앙골라에는 영화 문화가 발달해 1970년까지 모더니즘 영화관이 50곳 넘게 지어졌다. 영화관은 영화 감상뿐 아니라 사교 활동을 위한 공간이기도 했다. 규모가 크기로 손꼽히는 헤스타우라상 영화관은 주앙 가르시아 드카스틸류와 루이스 가르시아 드카스틸류가 프랭크 로이드 라이트의 작품을 연상시키는 수평 디자인으로 지었다. 그런데 앙골라가 독립을 선언한 지 5년 뒤인 1980년에 영화관은 수도의 국회의사당으로 용도가 변경됐다. 2015년 새 정부 청사가 문을 열었고, 2022년 이 건물을 예술의 중심지로 전환하는 계획이 발표되면서 헤스타우라상 영화관은 제 역할을 다시 찾았다.

자이승 승전 기념탑

몽골, 울란바토르 | 1956년

이 거대한 소련 시대 원형 승전 기념탑은 제2차 세계대전에서 희생한 러시아 군인을 기리고자 세워졌다. 친소련 선전에 물든 이 기념비는 소련과 몽골의 역사적 '우정'을 상징하기도 한다. 전체 형상은 몽골의 전통적인 난로 모양이다. 한 손에는 승리의 깃발을, 다른 손에는 기관총을 든 러시아 군인을 표현한 거대한 조각상도 있다.

➜ 소련 시절의 수많은 기념물과 마찬가지로, 자이승 승전 기념탑 역시 소비에트와 현지(몽골)의 상징이 뒤섞여 있다.

캐번 클럽

잉글랜드, 리버풀 | 1957년

캐번 클럽은 비틀스의 탄생지로 가장 유명하지만, 원래는 재즈와 블루스 클럽으로 시작했다. 하지만 1959년에 주인이 바뀌면서 클럽의 음악도 비트를 강조하는 방향으로 흘러갔다. 로큰롤 밴드 로리스톰앤드더허리케인스가 1960년 초에 캐번 클럽에서 공연했고, 비틀스는 1961년 2월에 데뷔 무대에 올랐다. 그 해 말에 장차 비틀스 매니저가 될 브라이언 엡스타인이 캐번 클럽에서 비틀스를 발견했고, 밴드의 운명은 완전히 바뀌었다.

← 캐번 클럽이 1950년대 후반과 1960년대 초반 음악계에 미친 영향은 클럽의 작은 규모에 비해 너무나도 컸다.

아바나 대통령궁

쿠바, 아바나 | 1959년

1959년 1월 1일 이른 아침, 아바나에 당당히 솟은 신고전주의 양식 대통령궁은 풀헨시오 바티스타의 잔혹한 독재 정권이 막을 내리는 광경을 지켜보았다. 체 게바라가 이끄는 쿠바 반군이 산타클라라 전투에서 눈부신 승리를 거두자, 바티스타는 도미니카 공화국으로 망명했다. 1974년부터 대통령궁은 쿠바혁명 박물관으로 쓰이고 있다.

구겐하임 미술관

미국, 뉴욕 맨해튼 | 1959년

전통주의자와 아방가르드 모두에 충격을 안긴 미술관.

재계의 거물 솔로몬 구겐하임은 은퇴 후 미술품을 수집하기 시작했다. 1930년대부터 칸딘스키, 클레, 샤갈 등 여러 현대 거장의 작품을 모으던 중, 1943년 프랭크 로이드 라이트에게 소장품을 보관·전시할 공간 건설을 의뢰했다. 구겐하임은 미술품만큼이나 공간 자체가 중요한 '영혼의 사원'이길 원했다. 이렇게 하나의 전시 작품과도 같은 건물이 탄생했다. 구겐하임 미술관은 박물관이 부와 지위를 웅장하게 과시하기보다는 하나의 '캐릭터'가 되는 전후 시대의 출발을 알렸다. 뉴욕 5번가에 들어선 미술관 내부는 곡선 경사로를 따라 이동하며 전시된 그림을 감상하도록 설계됐다. 비평가들은 이 건물을 거꾸로 뒤집힌 달팽이, 컵케이크, 심지어 세탁기로 비유하기도 했다. 하지만 모두가 이 미술관에 열광하지는 않았다. 세월이 더 흐른 뒤에야 구겐하임 미술관은 뉴욕에서 가장 사랑받는 박물관이 됐다. 라이트는 완공 6개월 전에 세상을 떠 자신의 비전이 실현된 광경을 보지 못했다.

↓ 프랭크 로이드 라이트의 구겐하임 미술관 설계는 외부에서 보는 것만큼이나 내부도 흥미진진하다.

로벤섬

남아프리카공화국, 테이블만 | 1960년

억압에 맞선 자유의 궁극적 승리를 상징하는 감옥.

남아프리카공화국 해안에서 8킬로미터 정도 떨어진 로벤섬은 17세기 중반부터 20세기 중반까지 감옥이나 한센병 환자 수용소, 정신병원 등으로 다양하게 쓰였다. 1960년대 초부터는 남아공에서 소수인 백인의 아파르트헤이트 정권에 반대하는 반체제 인사 3천여 명을 가두는 감옥이 됐다. 경비가 삼엄하기로 악명 높은 이곳에 갇힌 이들은 대부분 장기 징역을 선고받은 흑인 남성이었다.

아프리카민족회의(남아프리카공화국의 흑인 해방 조직—옮긴이)를 이끌던 인물이자 아파르트헤이트 종식 이후 초대 대통령이 된 넬슨 만델라도 1963년 로벤섬에 갇혔다. 만델라는 프리토리아 지방 교도소에서 잠깐 '휴식'했을 때를 빼고는 1982년까지 이곳에 구금됐다. 반아파르트헤이트 투쟁에 참여한 저명인사 중 로벤섬에서 복역한 인물에는 월터 시술루와 고반 음베키도 있다. 수감 생활은 엄혹했다. 수감자들은 황량한 감방에서 지내며(만델라는 좁은 감방의 바닥에서 자야 했다) 돌을 깨야 했다. 하지만 수감자들은 서로를 가르치며 시간을 보냈고, 감옥을 '만델라 대학교'라고 불렀다. 만델라는 비밀리에 자서전을 적다가 발각돼 그간 누리던 특별 대우를 4년 동안 잃기도 했다.

로벤섬의 마지막 정치범은 1991년에 풀려났다. 아파르트헤이트 정권이 마침내 1994년에 무너진 뒤, 로벤섬은 관광 안내소와 박물관으로 변했다.

로벤섬에 관한 사실

1 거의 30년 동안 반아파르트헤이트 운동의 중심지
2 장기형을 받은 정치범을 가두던 장소
3 현재까지 살아남아 아파르트헤이트 체제를 상기시킴

← 1998년, 당시 남아프리카공화국 대통령이던 넬슨 만델라는 미국의 빌 클린턴 대통령과 함께 로벤섬을 둘러봤다. 만델라가 지내던 감방의 철창 뒤에서 둘이 포즈를 취하는 모습이 카메라 렌즈에 담겼다.

→ 감시탑과 무장 경비원, 철조망, 사람이 살기 힘든 자연환경을 모두 갖춘 로벤섬에서는 누구도 탈출할 수 없었다.

"우리는 우리가 간수의 주장보다
더 커다란 인류의 일부라는 사실에서
힘과 자양분을 얻었습니다."

넬슨 만델라, 스웨덴 의회 연설, 1990년 3월 13일

체크포인트 찰리

독일, 베를린 | 1961년

체크포인트 찰리는 냉전 당시 동독과 서독을 분단하던 베를린 장벽에 설치된 검문소다. 미국 대통령 존 F. 케네디는 1963년에 이 검문소를 방문해서 베를린 장벽을 공산주의의 실패를 잘 보여주는 한 사례라고 연설했다. 오늘날 장벽이 있었던 자리는 자갈길로 표시돼 있으며, 검문소 건물은 박물관 안으로 옮겨 보존되고 있다.

↓ 체크포인트 찰리는 동독과 서독 분단의 상징이 됐다.

스피랄렌 터널

노르웨이 | 1961년

노르웨이 동부의 드람멘은 점토 지반 위에 들어선 항구도시다. 따라서 새 건물을 지을 때마다 암반 토대를 깔아서 안정성을 높여야 한다. 이로 인한 대규모 채석으로 도시 모습이 망가지기 시작하자, 터널을 지어서 캐낸 자갈을 활용하자는 제안이 나왔다. 터널은 하나의 축을 중심으로 나선형으로 여섯 차례 회전하며 점차 고도를 높여 올라가는 구조였다. 1961년 개통하자마자 터널은 빠르게 관광 명소로 떠올랐다. 나선형 터널을 운전해 정상의 출구로 나오는 사람들은 드람멘 계곡의 멋진 전망을 내려다볼 수 있다.

블랙 스타 독립문

가나, 아크라 | 1961년

가나(이전에는 골드코스트로 불렸다)의 독립을 이끈 콰메 은크루마는 웅장한 블랙 스타 광장을 짓고, 입구에 블랙 스타 독립문을 세웠다. 독립문 위에 왕관처럼 올라간 검은 별은 1919년에 미국의 시민권 운동 지도자 마커스 가비가 설립한 블랙 스타 해운에서 유래했다. 이 상징은 먼저 가나의 해군 함대에서 쓰인 뒤, 결국 국기에도 들어갔다.

제5헬레나 드라이브 12305번지

미국, 캘리포니아주 로스앤젤레스 | 1962년

스페인 식민지 시대 복고 양식으로 지은 이 단층 목조 주택은 배우 메릴린 먼로가 마지막으로 방문한 곳이다(먼로는 1962년 8월 4일 이 집에서 숨을 거둔 채로 발견됐다). 메릴린 먼로는 언론에 이곳이 자신의 첫 번째 진짜 집이라고 밝혔다. 먼로는 36년의 짧은 생애 동안 무려 43군데 이상의 주소지를 전전했다. 작가 아서 밀러와 이혼한 직후에 심리 치료사가 붙박여 살 집을 구하라고 조언하자 먼로는 이곳을 샀다. 하지만 먼로가 이 집에서 지낸 기간은 고작 6개월이었다.

베를린 필하모닉

독일, 베를린 | 1963년

옛 베를린 필하모닉 건물은 제2차 세계대전에 폭격을 맞아 완파됐다. 새로운 필하모니 건물 설계를 맡은 건축가 한스 샤룬은 음향의 질을 극대화하고자 했다. 휘장을 두른 천막 같은 지붕, 내부 공간의 날카로운 각도, 오케스트라를 마주 보지 않고 둘러싸는 객석 형태 등 새로운 베를린 필하모닉은 1960년대 초반 완공됐을 때 몹시 기이해 보였다. 하지만 이내 전 세계에서 널리 모방되는 선례가 됐다.

↑ 오케스트라를 중앙에 배치한 것은 베를린 필하모닉의 콘서트홀 설계에 도입된 여러 혁신 중 하나였다.

↓ 베를린 필하모닉의 천막 같은 지붕에 사용한 황금빛 금속 마감재가 빛을 반사해 시각 효과를 더한다.

앤디 워홀 팩토리

미국, 뉴욕 맨해튼 | 1963년

대중에게 보여주는 예술과 사생활을
구분할 수 없게 된 앤디 워홀의 스튜디오.

앤디 워홀은 대형 실크스크린 작품을 만들기 시작
하면서 조수를 고용하고 작업실을 넓혔다. 총 네 번
변화한 워홀의 스튜디오는 시간이 지나며 '팩토리'
로 불렸다. 그림, 판화, 사진, 영화를 통합한 워홀의
작품이 마치 공장의 생산 라인에서 만들어지는 것
같았기 때문이다. 특히 영화의 경우, 워홀은 작품에
참여하기보다는 늘 관찰자 위치에 머물렀다.

워홀이 가장 먼저 만든 팩토리는 이스트 47가에
있었다. 이곳에서 워홀은 4년 동안 독특한 작업 과
정을 발전시켰고, 삶과 일의 경계는 갈수록 모호해
졌다. 무언가 재미있는 일이 벌어지기를 기다리는
사람들과 예술 작품을 만드는 사람들이 워홀의 팩
토리에 나란히 앉아 있었다. 하지만 워홀은 1968년
에 편집증 발작을 일으킨 예술가 밸러리 솔래너스
가 쏜 총에 거의 죽을 뻔한 이후 새로 옮긴 스튜디
오를 전통적인 작업실과 비슷하게 꾸몄다. 이곳에
서 워홀은 예술 사업에 점점 더 집중했고, 당대 가
장 유명하고 부유한 예술가 자리를 차지했다.

↑ 궁극적인 관찰자였던 앤디 워홀은 미래에는 세상 모
두가 15분 동안은 명성을 누릴 것이라고 예견했지만,
자신은 그보다 훨씬 더 오랫동안 명성을 누렸다.

↓ 두 번째 팩토리는 유니언스퀘어 웨스트 33번지의 데
커 빌딩에 있었다.

"돈을 버는 것은 예술이고, 일하는 것도
예술이며, 훌륭한 사업은 최고의 예술이다."

앤디 워홀

요요기 국립 경기장

일본, 도쿄 | 1964년

**일본이 최초로 개최한 올림픽에
깊은 역사와 우아한 정체성을 부여한 건물.**

1964년 도쿄 올림픽은 제2차 세계대전 이후 일본이 처음으로 세계와 다시 교류하는 계기였다. 일본은 장대한 스포츠 행사를 주최하는 데 국가의 소프트 파워를 최대한 활용했다.

일본이 전 세계에 선보이는 국가 이미지의 중심에는 건축가 단게 겐조가 설계한 요요기 국립 경기장이 있었다. 단게는 일본 고유의 전통적 형태와 새로운 건설 방식을 결합한 건축물로 큰 찬사를 받았다. 강철 케이블을 이용해 불탑 같은 지붕의 곡선을 만드는 공정은 특히 참신한 시도였다. 현수교 건설에서 빌려온 기술로 만든 지붕은 건물 위로 천을 드리운 듯 보였다. 올림픽 대회와 경기장은 일본의 경제적, 예술적 르네상스가 시작됐음을 알렸다.

↑ 위에서 보면 케이블로 매단 지붕은 일본 전통 건축의 넓은 처마와 무척 닮았다.

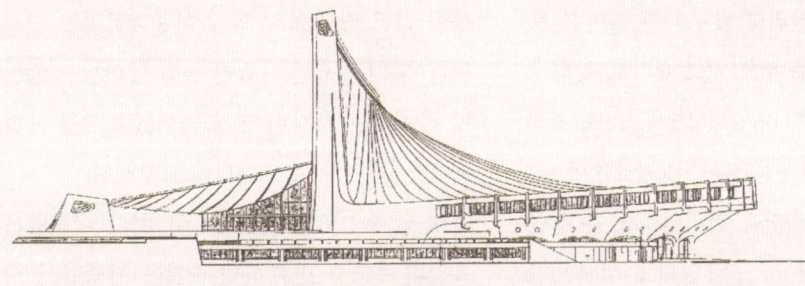

수영장 구역

미니 할리우드

스페인, 알메리아 | 1965년

영화《석양의 건맨》에 등장하는 가상의 도시 엘패소는 사실 스페인 타베르나스사막에 지어졌다. 영화감독 세르조 레오네와 함께 일하는 건축가 카를로 시미의 작품이다. 이탈리아 출신 레오네가 이곳에서 연출한 영화 장르는 '스파게티 웨스턴'이라는 이름을 얻었다. 영화 촬영이 끝난 뒤, 단역 배우들이 함께 세트를 사서 관광 명소로 운영했다.

↑ 세르조 레오네의 스파게티 웨스턴에서는 스페인 남부의 산악 지역이 미국 서부를 대신하는 저렴한 대역으로 쓰였다.

에드먼드 페터스 다리

미국, 앨라배마주 셀마 | 1965년

'피의 일요일' 사건으로 미국 남부에서 투표 개혁을 불러온 다리.

1965년 3월 7일 일요일, 민권 운동가들이 흑인에게도 투표권을 달라고 요구하며 셀마를 출발해서 앨라배마주 주도 몽고메리로 행진을 시작했다. 페터스 다리(남북전쟁에 참전한 장군이자 백인우월주의 단체 KKK의 지도자였던 에드먼드 페터스의 이름을 땄다)를 건너던 그들은 경찰의 공격으로 잔혹하게 구타당하고 철수해야 했다. 경찰의 공격 장면이 필름에 담겼고, 미국인 수백만 명이 텔레비전으로 당시 사건을 시청하며 격노에 휩싸였다. 이틀 뒤에 두 번째 행진을 시도했지만 역시 실패로 돌아갔고, 행진에 합류하고자 보스턴에서 온 목사가 살해당하기까지 했다.

그러자 마틴 루서 킹 주니어는 연방 법원에 폭력 없이 행진할 수 있게 허락해달라고 청원했다. 피의 일요일 사건이 널리 알려지며 행진에 참여하는 사람이 크게 늘어났고, 3월 25일에 2만 5천 명이 몽고메리에 도착했다. 다섯 달 후인 8월 6일, 린든 B. 존슨 대통령은 흑인의 투표를 방해하던 수많은 관행을 금지하는 투표권법에 서명했다.

소크 생물학 연구소

미국, 캘리포니아주 라호야 | 1965년

샌디에이고시 당국이 소아마비 백신을 개발한 과학자 조너스 소크에게 새로운 연구소 터를 선물하자, 소크는 모더니즘 건축가 루이스 칸에게 과학에 바치는 수도원을 설계해달라고 부탁했다. 건물을 이루는 선은 아주 엄격해 보이지만, 그 뒤로는 건축가가 수없이 충족해야 했던 까다로운 기술적 요구 사항이 숨어 있다. 특히 각종 실험실은 끊임없이 변화하는 과학 연구를 수행할 수 있도록 유연해야 했다.

↑ 루이스 칸은 간결하고 대칭적인 설계를 완성하고 여기에 흐르는 실개천을 더해서 연구소에 차분한 분위기를 강화했다.

↑ 페터스 다리에서 경찰이 무장하지 않은 시위대를 공격하는 모습이 촬영돼 텔레비전에 보도됐다. 이 사건으로 민권 투쟁의 현실이 더 많은 시민에게 알려졌다.

우주선 조립 건물

미국, 플로리다주 타이터스빌 | 1966년

NASA(미국항공우주국) 케네디우주센터의 우주선 조립 건물은 아폴로, 새턴 V, 우주 왕복선 같은 거대한 우주선을 조립하는 곳이다. 이곳에서 우주선을 조립한 다음 이동식 발사대 플랫폼에 수직으로 세운다. 그러면 이 플랫폼이 건물의 한쪽 면에서 나와 이동한다. 우주 탐사에 필수적인 이곳은 전 세계에서 가장 큰 단층 건물이다.

파르케 코펠리아

쿠바, 아바나 | 1966년

코펠리아 아이스크림 가게는 아바나에서 유명한 관광 명소다. '다리' 8개가 지붕을 떠받치고 있는 2층짜리 개방형 파빌리온에는 한 번에 1천 명 이상이 들어갈 수 있다. 미국이 할 수 있는 일이라면 무엇이든 쿠바가 더 잘해낼 수 있다는 사실을 증명하기 위해 피델 카스트로가 건설을 지시했다. 가게에서 출시한 아이스크림은 모두 26가지 맛인데, 쿠바혁명이 일어난 날인 1953년 7월 26일을 기념하기 위한 숫자다.

↑ 이 건물은 새턴 V 달 탐사 로켓 조립에 맞춰서 1966년에 완공됐다.

↑ 가느다란 다리 위에 올라앉은 밝은색 아이스크림 가게는 멀리서 보면 1960년대 SF 우주선처럼 보인다.

411 기념물

게이트웨이 아치

미국, 미주리주 세인트루이스 | 1966년

'서부로 가는 관문'을 표시하는 게이트웨이 아치는 미국의 서부 확장을 시작한 개척자를 기리고자 지어졌다. 이곳은 프랑스로부터 루이지애나를 매입해 얻은 새로운 땅을 탐험하도록 토머스 제퍼슨이 파견한 루이스와 클라크 탐험대가 1804년에 출발한 지점이다. 핀란드의 모더니즘 건축가 에로 사리넨이 건축한 반짝이는 스테인리스강 아치는 미시시피강 위로 190미터 넘게 솟아 있다.

↑ 아치 내부에 만든 길과 엘리베이터를 통해 꼭대기까지 올라갈 수 있다.

412 주거지

해비타트 67

캐나다, 몬트리올 | 1967년

해비타트 67은 1967년 몬트리올 세계 엑스포의 '캐나다관'으로 건설된 실험적 주택 프로젝트다. 이스라엘계 캐나다인 건축가 모셰 사프디가 설계한 이 건물은 피라미드 구조로 배열된 조립식 콘크리트 유닛으로 구성됐다. 해비타트 67은 공간을 효율적으로 사용하는 고밀도 주거에 대한 전 세계적 수요를 반영하면서도, 주변으로 야외 공간을 넉넉하게 갖췄다. 지어진 지 50년이 넘은 지금도 여전히 인기 있는 건축물이다.

↑ 오늘날 유행하는 모듈 시공의 선구인 해비타트 67은 354개의 조립식 생활 모듈 사이에 조경 공간을 배치했다.

매디슨 스퀘어 가든

미국, 뉴욕 맨해튼 | 1968년

유서 깊은 랜드마크를 희생하고
새로 문을 열어 사랑받은 경기장.

1968년에 탄생한 매디슨 스퀘어 가든은
이 장소에 건설된 네 번째 건물이다. 이
전에는 펜실베이니아역의 지하 플랫폼
위에 지어진 지상의 보자르 양식 역사가
서 있었지만, 역사가 철거되고 스포츠 경
기장이 들어섰다. 전통이 깊은 건물을 없
애버린 이 사건은 뉴욕 랜드마크보존위
원회 설립으로 이어졌지만, 매디슨 스퀘
어 가든은 인기 있는 장소로 올라섰다.
맨해튼의 중심인 데다 롱아일랜드와 뉴
저지에서 출발한 기차가 도착하는 곳 바
로 위에 있어서 뉴욕, 롱아일랜드, 뉴저
지 전역의 주민에게 편리한 입지다.

　케이블로 천장을 지지하는 새로운 원
형 경기장은 당시 최첨단이었고, 스포츠
관람객이나 콘서트 관객을 2만여 명 수
용할 수 있었다. 경기장은 지어지자마자
뉴욕 시민에게 사랑받았다.

← (위)매디슨 스퀘어 가든은 논란에 둘러싸인 채 출발했
　지만, 위치가 훌륭하고 접근성이 좋아 뉴욕 시민에게
　인기가 많다.

← (아래)매디슨 스퀘어 가든을 짓기 위해 1963년에 철
　거된 펜실베이니아역.

베를린 TV탑

독일, 베를린 | 1969년

알렉산데르플라츠 광장에 우뚝 솟은 366미터
짜리 텔레비전 송신탑은 동독 건국 20주년을
맞아 개관했을 당시 베를린에서 가장 높은 구
조물이었다. 동과 서로 분단된 도시에서 송신
탑은 실용적 용도 외에 다른 역할도 맡았다.
구 안에 회전하는 레스토랑까지 갖추고 극적
으로 보일 만큼 현대적인 외양을 자랑하는 탑
은 서베를린 주민에게 동독의 진보한 전문 기
술을 과시했다.

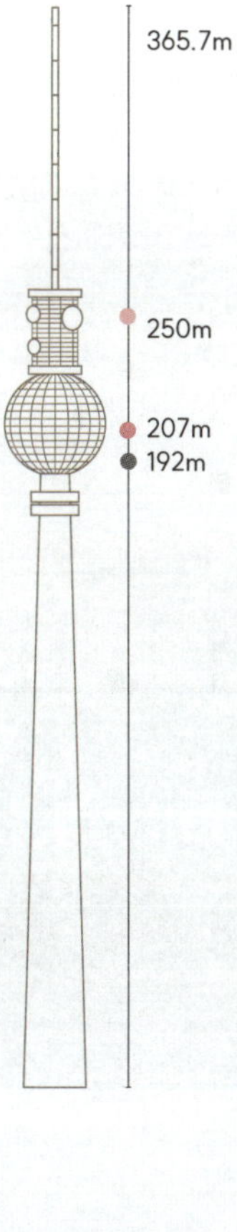

← 완공된 지 50년이 넘은 오늘날
에도 이 탑은 여전히 인상적이고
현대적이며 베를린을 상징하는
명소로 꼽힌다.

365.7m

250m

207m
192m

스톤월 인

미국, 뉴욕 맨해튼 | 1969년

미국에서 LGBTQ+ 행동주의의 전환점이 된 항쟁이 일어난 장소.

스톤월 인은 뉴욕 그리니치빌리지에 있는 게이 바다. 1960년대에는 동성애자를 반기는 시설이 거의 없었고, 동성애를 억압하는 법률 때문에 게이 바에서 주류 판매 허가를 받는 일도 불가능했다. 마피아가 게이 바를 통제하는 관행이 당연했고, 경찰의 급습도 빈번했다.

1969년 6월 28일 오전 1시 20분, 경찰이 스톤월 인을 급습하면서 항쟁이 시작됐다. 이번에는 손님들이 참지 않고 맞서 싸웠다. 수갑을 찬 채 건물 밖으로 끌려 나온 한 여성은 경찰차에 실려 가는 동안 구경꾼들에게 소리쳤다. "왜 아무것도 하지 않지?"

체포된 사람들이 받는 대우를 지켜보던 군중은 격노했다. 충돌이 주변 거리로 번져 나갔고, '게이 프라이드'와 '게이 파워'라는 구호가 울려 퍼졌다. 이후로 시위가 엿새 동안 이어졌다. 이 사건은 미국 전역에서 성소수자 인권 단체가 성장하는 결정적인 전환점이 됐다.

> "로자 파크스가 침묵을 깬 순간과 같았다. 게이들이 일어나서 '안 돼'라고 외쳤다."
>
> 루시앤 트러스콧, 『빌리지 보이스』

↓ (왼쪽)스톤월 인은 원래 별 특징 없는 평범한 술집이었지만, 성소수자 인권 역사에서 전설적인 장소로 떠올랐다.

↓ (오른쪽)프라이드 운동은 전 세계로 빠르게 퍼져나갔다. 스톡홀름에서 열린 프라이드 행진에는 "스톤월을 기억하라"라는 현수막이 등장했다.

미스터 프리덤

잉글랜드, 런던 | 1969년

첼시 킹스로드 변두리에 있는 이 작은 가게는 패션과 대중문화에 엄청난 영향을 미쳤다. 바로 이곳에서 1969년 믹 재거에게 글램 록(1970년대 초 등장한 록 음악 기반 하위문화. 젠더 경계를 허무는 과장되고 전복적인 스타일이 특징이다—옮긴이) 의상을 판매했다. 이후 1971년 팝의 거장 맬컴 맥래런과 디자이너 비비언 웨스트우드가 가게를 인수해 새로운 정체성을 만들었다. 처음에는 SEX, 이후에는 세디셔너리즈Seditionaries라는 이름의 브랜드로 펑크punk 문화의 부상에 지대한 공을 세웠다.

시엘로 드라이브 10050번지

미국, 캘리포니아주 로스앤젤레스 | 1969년

베네딕트캐니언의 이 외딴집은 영화배우 샤론 테이트를 포함해 5명이 찰스 맨슨의 갱단원에게 살해당하면서 악명을 얻었다. 아마 맨슨은 자신을 거부한 음반 업계 거물에게 원한을 품고 범죄를 저질렀을 것이다. 이 살인 사건 이후 히피족의 생활 방식을 향한 대중의 불신이 더욱 깊어졌다. 이 사건이 일어난 1969년을 이른바 '사랑의 여름'(1967년 샌프란시스코에 집결한 히피 공동체, 혹은 그로부터 이어진 히피 정신이나 문화—옮긴이)이 갑작스레 막을 내린 시점으로 보기도 한다.

첼시 호텔

미국, 뉴욕 맨해튼 | 1969년

보헤미안의 본거지였던 웨스트 23가 첼시 호텔은 오랜 역사를 간직한 곳이다. 1884년 지어진 이 빅토리아 고딕 양식 호텔은 장기 투숙객을 받았고 가격도 저렴했다. 아버지에게 소유권 일부를 물려받은 스탠리 바드는 느긋한 성격답게 호텔을 자유롭게 운영했다. 요금은 값쌌고, 규칙도 거의 없어 딜런 토머스, 재니스 조플린 등 창의적인 예술가들이 잠시 머물기 좋아했다. 패티 스미스는 1969년 사진작가 로버트 메이플소프와 함께 가장 작은 방인 1017호에 지내며 이곳 생활에 관한 글을 짧게 남겼다. "마치 판타지 세계 속 인형의 집 같았다. 100개의 방은 각자가 작은 우주였다."

↓ 뮤지션이자 작가 패티 스미스는 주당 55달러만 내고 첼시 호텔에서 가장 작은 방에 머물렀다.

스틸 코퍼레이션 사옥

스리랑카, 오루왈라 | 1969년

제프리 바와의 작품에는 '트로피컬 모더니즘'이라는 용어가 자주 따라붙는다 (310쪽 참고). 하지만 바와의 손에서 탄생한 작품은 너무나 다양해서 쉽게 분류할 수 없다. 스틸 코퍼레이션 사옥은 일부 파손됐지만, 식민지 이후 스리랑카 건축계의 스타로 자리매김한 바와의 특징인 가벼움과 독창성을 잘 보여준다. 정교한 격자무늬를 이루는 창문과 벽은 나무를 조각해 만든 것 같지만, 사실은 비용이 더 절감되는 조립식 콘크리트로 지었다.

↓ 저수지 위로 뻗어 있는 건물은 보존 상태가 나쁘지만, 제프리 바와 작품만의 우아함을 여전히 간직하고 있다.

윌리스 타워

미국, 일리노이주 시카고 | 1970년

윌리스 타워는(원래 시어스 타워라고 불렸다) 완공 후 20년 동안 세상에서 가장 높은 건물이었다. 세계 최대 백화점인 시어스로벅앤드컴퍼니에서 건축 회사 스키드모어오윙스앤드메릴에 의뢰해 건설했다. 유리 외벽 안에 수직으로 '묶인' 튜브를 활용한 독창적 구조 덕분에 110층, 442미터라는 높이에 도달할 수 있었고, 시카고 특유의 바람 많은 날씨를 견딜 만큼 탄력성도 뛰어나다.

스타벅스

미국, 워싱턴주 시애틀 | 1971년

최초의 스타벅스 매장은 1971년에 시애틀의 파이크 플레이스 마켓에 문을 열어 볶은 원두를 판매했다. 하워드 슐츠가 밀라노에서 본 커피 문화를 미국에도 수입해 전파할 수 있다는 믿음에서 출발한 이 회사는 현재 80개국에서 3만 2천여 개 매장을 운영한다. 스타벅스는 숱한 모방 업체를 빠르게 인수하며 성장했지만, 2018년에야 본고장 이탈리아에 첫 매장을 열어 커피를 팔았다.

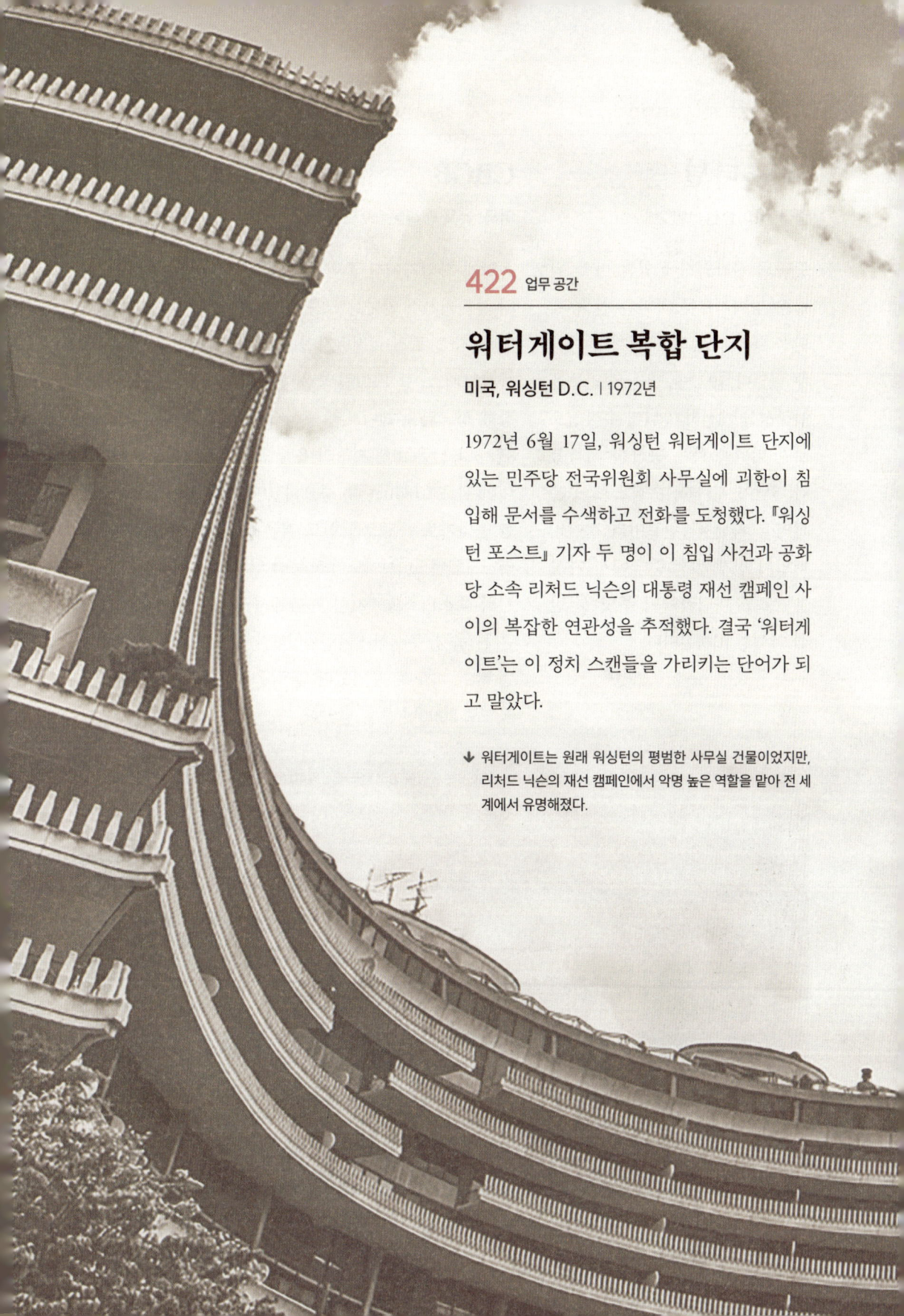

워터게이트 복합 단지

미국, 워싱턴 D.C. | 1972년

1972년 6월 17일, 워싱턴 워터게이트 단지에 있는 민주당 전국위원회 사무실에 괴한이 침입해 문서를 수색하고 전화를 도청했다. 『워싱턴 포스트』 기자 두 명이 이 침입 사건과 공화당 소속 리처드 닉슨의 대통령 재선 캠페인 사이의 복잡한 연관성을 추적했다. 결국 '워터게이트'는 이 정치 스캔들을 가리키는 단어가 되고 말았다.

↓ 워터게이트는 원래 워싱턴의 평범한 사무실 건물이었지만, 리처드 닉슨의 재선 캠페인에서 악명 높은 역할을 맡아 전 세계에서 유명해졌다.

귀량 터널

중국, 타이항산 | 1972년

중국의 산간벽지에 있는 마을 귀량은 깎아지르듯 가파른 산속 계단을 통해서만 외부 세계로 나갈 수 있었다. 1972년, 마을 주민들은 접근성을 개선하기 위해 수작업으로만 터널을 파는 공사를 시작했다. 5년이 지나자, 수직으로 솟은 절벽을 파낸 1.2킬로미터 길이의 터널이 탄생했다. 중국에서 가장 놀랍고도 머리카락이 쭈뼛 설 만큼 아찔한 고갯길이다.

CBGB

미국, 뉴욕 맨해튼 | 1973년

음악계 사업가이자 클럽 주인 힐리 크리스털은 바워리가와 블리커가가 만나는 모퉁이에 라이브 클럽 CBGB를 열었다. 각 장르의 머리글자를 딴 이름답게 이곳은 컨트리, 블루그래스, 블루스 음악을 선보였다. 클럽은 빠르게 성장해 펑크와 뉴웨이브의 중심지로 거듭났다. 특히 1973년 8월 3일, 낡은 호텔 지하의 음악 공연장 머서아트센터가 무너진 뒤로 CBGB는 더 중요해졌다. 초창기 이곳에서 공연한 음악가로는 펑크록 밴드 러몬스, 패티 스미스, 블론디, 리처드헬앤드더보이도이즈 등이 있었다. 특히 러몬스는 런던의 섹스피스톨즈처럼 뉴욕에서 상징적 존재였다. 그들은 큰 음량, 무심한 연주, 무엇보다 12분 만에 공연을 마치는 빠른 속도로 유명했다. 클럽은 패티 스미스의 공연을 끝으로 2006년 문을 닫았다.

↓ CBGB는 유명한 펑크 밴드와 뉴웨이브 밴드 다수가 데뷔한 음악 클럽이다.

시드니 오페라하우스

오스트레일리아, 뉴사우스웨일스 | 1973년

1957년, 시드니 오페라하우스 설계를 둘러싼 경쟁에서 덴마크의 건축가 예른 웃손이 우승을 차지했다. 하지만 곡선을 이루는 지붕의 '조개껍데기'를 짓는 공정이 기술적으로 특히 까다로웠고, 정부가 바뀌면서 오페라하우스 프로젝트가 정치권에서 논쟁거리가 되는 바람에 웃손이 사임하는 지경에 이르렀다. 오페라하우스는 예정보다 10년 넘게 지나 완공됐지만, 금세 시드니에서 가장 상징적인 건축물로 자리매김했다.

↑ 1965년 공사 중인 오페라하우스.

↓ 항구에 다양하게 비치는 빛을 반사하도록 고안된 지붕에는 V 자 모양 타일이 100만 개 넘게 쓰였다.

"구조와 엄격한 기하학은 건물의 논리를 표현한다."

예른 웃손

타타 라파엘 경기장

콩고민주공화국, 킨샤사 | 1974년

역사상 가장 유명한 권투 경기, '정글의 난투'가 연출된 곳.

1974년 10월 30일, 권투 선수 조지 포먼은 자이르(현재 콩고민주공화국)의 타타 라파엘 경기장에서 무하마드 알리를 상대로 헤비급 챔피언 타이틀 방어전을 펼쳤다. 포먼은 8라운드에서 패배했다.

　포먼과 알리는 정치 성향이 크게 달랐다. 카리스마 넘치는 알리는 첫 헤비급 타이틀을 따고 유명해진 뒤, 네이션오브이슬람(미국의 흑인 이슬람 교도로 구성된 단체—옮긴이)에 가입했다. 이 일로 알리는 1960년대 미국에서 흑인 민족주의자로 각인됐다. 이후 알리는 베트남전쟁에 반대하며 징병을 거부하다가 챔피언 자리를 박탈당하기까지 했다. 보수적인 포먼은 올림픽에서 소련의 챔피언 요나스 체풀리스를 상대로 첫 승리를 거뒀고, 애국심을 담아 성조기를 흔들며 축하했다.

　알리와 포먼의 경기를 성사시켜 홍보한 권투 프로모터 던 킹은 각 선수에게 500만 달러를 주겠다고 약속했다. 자금을 지원한 유일한 사람은 자이르의 권위주의 대통령 모투부 세세 세코였다. 그는 이 권투 시합을 프랑스 식민지에서 벗어난 자이르의 아프리카 정체성을 내세울 수 있는 기회라고 여겼다. 게다가 킨샤사에서 경기를 개최한 덕분에 킹은 알리와 포먼이 뿌리로 돌아가 시합을 벌인다고 홍보할 수 있었다(미국 방송사에서 생중계할 수 있도록 오전 4시에 경기를 시작했다).

　홍보 측면에서 본다면 모두가 승자였다. 알리와 포먼, 킹은 명성을 얻었고, 모투부는 바라던 대로 자이르를 널리 알릴 수 있었다.

타타 라파엘 경기장에 관한 사실

1 복잡미묘한 정치적 의도가 담긴 경기가 펼쳐진 곳
2 알리와 포먼의 경력에서 중요한 전환점이 된 경기를 치른 곳
3 알리가 '로프어도프' 기술을 써서 상대방을 지치게 만든 경기

↓ 당시 '5월 20일 경기장'으로 알려진 타타 라파엘 경기장은 알리와 포먼의 시합 전에 새 단장을 마쳤다.

"나는 미국의 흑인과 아프리카인 사이에
관계를 쌓고 싶었다.
이 싸움은 인종 문제와 베트남전쟁,
그 전부에 관한 것이었다."

무하마드 알리

달리 극장 박물관

스페인, 카탈루냐 | 1974년

살바도르 달리가 '세상에서 가장 위대한 초현실주의 작품'으로 고안한 이 박물관은 신중하게 고른 초현실주의 예술 수십 점과 달리의 작품을 위해 헌정됐다. 스페인 내전으로 파괴된 피게라스의 오래된 극장에 지어진 박물관은 달리의 무덤이기도 하다. 유리로 만든 지오데식 돔이 낡은 극장의 무대를 둘러싸고 있으며, 여전히 생생한 존재감을 내뿜는 예술가가 그 아래 지하에 묻혀 있다.

홀리데이 인

레바논, 베이루트 | 1975년

호화로운 홀리데이 인은 베이루트가 인기 있는 여행지였던 1973년에 지어졌다. 하지만 호텔이 문을 열고 2년이 채 지나지 않아서 레바논 내전이 터졌다. 호텔은 이른바 '호텔 전투'의 전리품으로 전락했다. 도시의 호사스러운 호텔 단지에서 치열한 격전이 벌어졌고, 저격수가 호텔 옥상에서 총을 쐈다. 전투와 그 이후에 따라오는 약탈 때문에 호텔은 썩어가는 껍데기만 남았지만, 지금도 여전히 꼿꼿하게 서 있다.

↑ 금박을 입힌 벽 돌출부와 지붕 윤곽을 따라 놓인 거대한 달걀은 살바도르 달리가 다른 작품에서도 자주 쓰던 요소다.

↑ 홀리데이 인은 1975년부터 1990년까지 이어진 레바논 내전을 음울하게 일깨우며 여전히 서 있다.

폰테 시티 아파트

남아프리카공화국, 요하네스버그 | 1975년

흥망성쇠를 거듭하는 지역의 중심 건물.

폰테 시티(현재는 폰테 타워)는 요하네스버그 중심부의 부촌 힐브로에 있는 주거용 고급 고층 빌딩으로 1975년에 지어졌다. 젊은 건축가 로드니 그로스코프는 부유한 백인 중산층이 살 아파트로 독특하게 가운데가 텅 빈 원통형 건물을 설계했다.

그런데 아파트가 지어지고 5년 만에 힐브로가 변했다. 요하네스버그의 치안이 나빠지면서 폰테 시티 주민은 더 안전한 교외로 빠져나갔다. 1980년대 말이 되자, 아파트 일대는 황폐해졌다. 1994년 아파르트헤이트가 종식됐지만, 아무런 도움도 되지 않았다. 폰테 시티는 위험천만한 고층 빈민가로 바뀌었다. 다행히 2010년대에 들어 아파트가 차츰 재생되기 시작했다. 건물주는 아파트를 소박하고 편안하게 개조했고, 다양한 세입자가 들어왔다. 새로운 주민은 1970년대 백인 중산층보다 부유하지는 않지만, 요하네스버그의 현대 사회를 더 잘 반영한다.

→ 고급 아파트에서 빈민가, 평범하지만 그럭저럭 품위 있는 주거 공간으로 변화한 폰테 시티 아파트는 요하네스버그의 역사를 있는 그대로 보여준다.

그레이 가든스

미국, 뉴욕주 롱아일랜드 | 1975년

그레이 가든스와 이곳에 사는 '빅' 에디 빌, '리틀' 에디 빌은 아방가르드 영화감독 메이슬스 형제가 만든 《회색 정원》 속 주인공이다(에디 빌 모녀는 영부인 재클린 오나시스 케네디의 고모와 사촌이다). 널리 호평받은 이 컬트 영화는 사교계 명사로 화려하게 지내던 과거를 꿈꾸며 낡은 저택에서 가난하게 살아가는 괴짜 모녀를 관찰한다. 이 작품은 여전히 시네마베리테(사실을 있는 그대로 드러내는 영화적 진실을 강조하는 기록영화—옮긴이)의 수작으로 꼽힌다.

호프로 56번지

자메이카, 킹스턴 | 1975년

1972년, 아일랜드 레코드 레이블의 수장 크리스 블랙웰은 레게 밴드 밥말리앤드더웨일러스와 계약했다. 3년 뒤, 밥 말리는 앨범 《내티 드레드》에 대한 계약 조건으로 호프로 56번지에 있는 블랙웰의 집을 얻었다. 1800년대에 지어진 이 집은 녹음 스튜디오를 마련하기에 충분한 크기였다. 밴드 멤버와 결별한 말리는 솔로 음악 대부분을 이곳에서 녹음했다.

말리는 호프로 56번지 집에서 붙박여 살지는 않았지만, 힘든 투어 일정을 보내고 휴식이 필요할 때면 이곳에 오래 머물렀다. 연주와 리허설을 할 때면 집을 개방해서 누구든 환대하기도 했다.

킹스턴의 부촌에 자리 잡은 이 집은 바로 맞은편이 자메이카 총리의 저택이었다. 누가 이를 두고 비웃으면, 말리는 가난에 시달리는 트렌치타운에서 자란 사실을 은근히 일깨우며 "내가 빈민가를 부촌으로 가져왔다"라고 농담으로 응수했다.

← 그레이 가든스의 괴짜 스타 '리틀' 에디 빌이 호사스럽게 지내던 시절의 모피 코트를 입고 다 쓰러져가는 집 앞에서 포즈를 취하고 있다.

바비칸 에스테이트

잉글랜드, 런던 | 1976년

런던에서 제2차 세계대전 때 폭격당한 지역을 재생하는 프로젝트를 진행해 14만 제곱미터 부지의 복합 단지에 아파트 2천 세대와 예술 센터, 학교가 들어섰다. 이 복합 단지는 조경이 훌륭했고, 대부분 보행자 전용 구역이었다. 하지만 당시 저렴했던 콘크리트로 거칠게 마감한 데서 이름이 유래한 브루탈리즘 양식으로 건물을 지은 탓에 별로 인기가 없었다. 그러나 시간이 지나고 바비칸을 향한 인식이 변하면서 단순히 실용적인 공간에서 바람직한 생활 공간으로 떠올랐다.

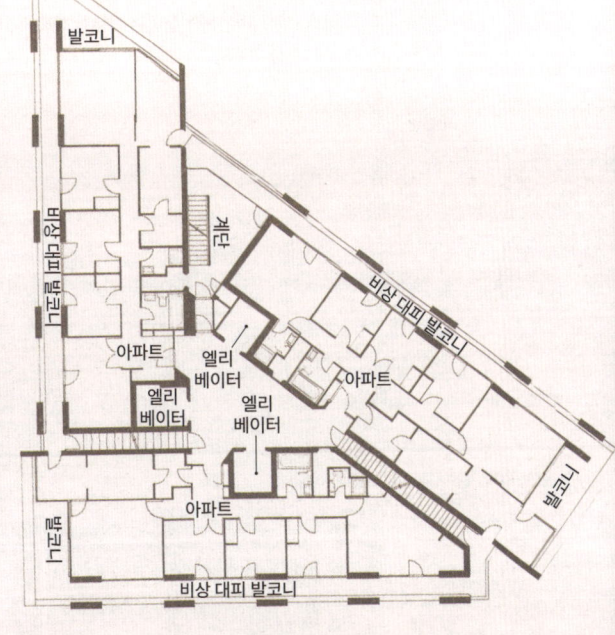

아파트 배치 평면도

↑ (위)바비칸의 외관은 그야말로 브루탈리즘 양식을 당당하게 보여주지만, 내부의 아파트 세대 배치는 전통적이다.

↑ (아래)건물 꼭대기의 아치 모양 창문은 1층의 특이한 역아치와 대응을 이룬다.

퐁피두 센터

프랑스, 파리 | 1977년

공공건물의 독창성에 새로운 기준을 세운 예술 센터.

10년 동안 이어진 광범위한 시위와 폭동으로 파리가 (파리의 이미지마저) 손상되자, 새로운 10년을 맞아 여러 공공건물을 새로 짓는 프로젝트가 시작됐다. 보수 대통령이었던 조르주 퐁피두는 새로운 예술 센터를 짓자는 의견을 내놓았다. 퐁피두 센터를 설계할 건축가로는 뛰어난 경력을 쌓은 건축가 렌초 피아노와 리처드 로저스가 낙점됐다.

피아노와 로저스는 전례가 없는 비전을 품었다. 둘은 건물 외부를 둘러싼 색색의 튜브와 파이프에 필수 설비를 몰아넣고 내부를 깔끔하게 유지하려고 했다. 파리에는 고층 건물이 거의 없기에 상당히 멀리서도 예술 센터를 알아볼 수 있을 터였다. 신선한 설계안이었다. 숱한 어려움을 극복하고 마침내 1977년 퐁피두 센터가 개관했을 때 세간의 반응은 엇갈렸다. 하지만 시간이 흐르며 퐁피두 센터는 결국 파리 문화계의 중추로 거듭났고, 오늘날에도 여전히 사랑받고 있다.

↓ 선명한 색상의 외부 파이프는 전통적으로 파리 스카이라인을 물들이던 차분한 회색과 대조를 이룬다.

스튜디오 54

미국, 뉴욕 맨해튼 | 1977년

디스코 시대의 정점을 장식한 클럽.

스튜디오 54는 단 3년만 영업했지만, 뉴욕 최고의 나이트클럽이라는 명성은 훨씬 더 오랫동안 이어졌다. 스티브 루벨과 이언 슈레거는 1977년 4월 26일에 스튜디오 54를 열고 최대한 고급 클럽으로 보이도록 주의 깊게 관리했다. 클럽은 유명 인사와 미인으로 언제나 꽉 차 있었다. 전설로 남을 만한 약물 사용과 성적 착취로 악명이 자자했지만, 위대한 음악으로도 명성이 높았다. 화려함이 절정에 이른 시점은 알몸에 반짝이를 칠한 남자가 끄는 흰말을 타고 배우 비앙카 재거가 등장한 순간이었을 것이다.

1979년, 스튜디오 54가 개업한 첫해에 700만 달러를 벌었다고 루벨이 말했다는 소식이 보도됐다. 결국 그해 마지막 날 경찰이 스튜디오 54를 기습했고, 루벨과 슈레거는 감옥에 갇혔다. 1980년 2월 7일, 둘은 클럽 문을 완전히 닫기 전 마지막으로 파티를 열었다. 세간의 이목을 의식하며 일부러 타락하고 해로울 만큼 성공했던 스튜디오 54는 1980년대로 접어들던 전환기의 무절제한 순간을 상징한다.

➜ 단명했지만 영향력이 컸던 스튜디오 54는 문을 닫은 뒤에도 널리 보도되며 타락한 명성을 굳건히 지켰다.

"문 앞에서는 독재가,
댄스 플로어에서는
민주주의가 펼쳐졌다."

앤디 워홀

아시엔다 나폴레스

콜롬비아, 푸에르토트리운포 | 1978년

코카인에 취한 1970년대 생활을 상징하는 마약왕의 사유지.

콜롬비아의 악명 높은 마약 조직 두목 파블로 에스코바르가 1978년 아시엔다 나폴레스를 사들였을 때만 해도 20여 제곱킬로미터의 대토지는 별 특징 없는 땅이었다. 에스코바르는 빠르게 이곳을 자기 입맛에 맞게 개조했고, 수영장 여러 곳은 물론 공룡 조각 공원(실제 공룡 화석으로 조각품을 만들었다), 투우장, 개인 동물원까지 만들었다. 정문 꼭대기에는 첫 코카인 화물을 미국으로 실어 나른 파이퍼 컵 비행기 복제품을 얹었다.

1993년, 에스코바르가 콜롬비아 경찰의 총에 맞아 사망했다. 정부는 아시엔나 나폴레스를 인수해서 나비 농장을 포함한 이곳 전체를 대중을 위한 유원지로 재창조했다. 개인 동물원에 있던 동물은 팔려 나갔다. 가장 유명한 동물은 탈출한 하마 4마리다. 인근의 마그달레나강 유역에서 번성한 하마는 현재 100여 마리로 늘어나서 여전히 에스코바르의 놀이터를 상기시키는 흔적으로 남아 있다.

> "수소문해보니 당연히 아시엔다 나폴레스에서 온 것들이었다. … 이 모든 일이 악당의 변덕 때문에 벌어졌다."
>
> 웹콘세르바 자선 단체의 카를로 발데라마, 마그달레나강의 하마 문제에 관해

↑ 파블로 에스코바르가 죽고 20년 동안 아시엔다 나폴레스는 허물어지고, 내부는 약탈당하고, 수영장에는 찌꺼기가 가득 찼다. 결국 정부는 부지를 재생하고 청소해서 대중이 이용할 수 있는 공원으로 바꿨다.

436 주거지

존스타운

가이아나 | 1978년

1978년 11월 18일, '목사' 짐 존스가 가이아나 정글에 세운 존스타운에서 유토피아 컬트 단체 인민사원People's Temple에 속한 900여 명이 집단 살인 혹은 자살로 목숨을 잃었다. 사람들은 존스의 명령에 따라 청산가리가 들어간 쿨에이드 음료수를 마셨고, 존스는 총으로 자살했다. 존스타운 사건은 카리스마 있는 리더가 추종자를 파괴적으로 조종하는 가장 극단적인 사례로 연구된다.

437 주거지

다코타 빌딩

미국, 뉴욕 맨해튼 | 1980년

1980년 12월 8일, 존 레넌이 다코타 빌딩 입구에서 총에 맞아 목숨을 잃었다. 존 레넌 살인 사건과 관련되면서 유명해졌지만, 사실 다코타 빌딩만의 이야기도 따로 있다. 건물이 1884년에 지어졌을 때만 해도 맨해튼에서 거의 서쪽 끝에 있었던 탓에 '저렇게 외딴곳에 있으니 다코타라고 불려야 마땅하지!'라고 비웃음을 샀다(당시 다코타는 외진 지역이었고 정식 주가 아니라 준주였다―옮긴이). 하지만 호화롭게 장식한 이 아파트 건물 덕분에 빈민층이 사는 건물이라는 인식이 박혀 있던 아파트가 부유하고 유명한 사람들 사이에서 유행하게 됐다.

438 예술과 문화 공간

캔디 아트 센터 강당

스리랑카, 캔디 | 1980년

미네트 드실바는 스라링카의 모더니즘 건축가로, 르코르뷔지에의 작품과 싱할라족의 전통 건축을 좋아했다. 이를 토대로 자기만의 스타일을 발전시킨 드실바는 거의 최초로 현지 장인과 협업해 현대적인 구조와 건축 기술을 전통적인 세부 장식과 마감재에 결합했다. 이 2층 강당은 드물게도 현재까지 살아남은 드실바의 작품이다. 일부 공간을 개방해 통풍이 잘 되는 강당은 최대 천 명을 수용할 수 있다.

↑ 아트 센터의 강당은 드실바의 마지막 주요 프로젝트였다. 전통과 현대가 잘 결합된 강당의 목재 지붕은 통풍을 돕고 빛을 실내로 더 많이 끌어들인다.

짐바브웨 국립 영웅 묘지

짐바브웨, 하라레 | 1981년

짐바브웨 독립을 위해 싸운 게릴라를 기념하고자
만든 이곳의 기념비는 윤곽이 AK-47 소총 두 자루
를 맞댄 모습과 닮았다. 그 위에는 영웅적인 모습
의 인물 3명이 서 있는 무명용사의 무덤이 있다. 무
덤은 북한의 기념물에서 흔히 볼 수 있는 양식이다.
실제로 북한의 김씨 일가를 기념하는 조각상 제작
으로 잘 알려진 만수대 창작사가 제작을 맡았다.

↑ 그레이트 짐바브웨 유적(108쪽 참고)의 성벽을 참고해
　만든 검은색 화강암 계단은 하라레 시내를 내려다보는
　40여 미터 높이의 오벨리스크로 이어진다.
　오벨리스크 위에는 영원히 꺼지지 않는 불꽃이 있다.

→ 만수대 창작사는 하라레뿐만 아니라 앙골라의 루안다와
　콩고의 킨샤사 등 여러 아프리카 도시에 주요 기념물을
　만들었다.

네크로폴르 이쿠메니카 묘지

브라질, 산투스 | 1983년

장차 다가올 미래의 전조일지도 모르는 고층 묘지.

건축학적 측면만 따지자면, 상파울루 남쪽 해안 도시 산투스의 네크로플르 이쿠메니카는 주목할 만한 요소가 전혀 없다. 건물은 현대식 리조트에서 영업하는 밋밋한 호텔처럼 보일 뿐이다. 그런데 내부는 전혀 다르다. 기존 묘지들과 달리 고층 건물에 화장터와 지하 봉안당, 예배당을 모았다. 총 32층인 이곳은 세계에서 가장 높은 묘지다. 수요가 늘면서 묘지는 끊임없이 성장하고 있으며, 층마다 유골함을 두는 벽감이 수백 개씩 있다. 건물 주위로는 조경된 정원이 둘러싸고 있고, 옥상에 레스토랑도 있다. 봉안당의 가격은 다양하다. 전망으로 산이 훤히 보이는 자리가 가장 비싸다.

원래 건설업에 종사했던 창립자 페프 알트스투트는 죽은 자를 위한 고층 도시가 미래의 모습을 반영한다고 믿었다. 그는 "생전 아파트에서 살았던 이들이 죽어서도 아파트에 사는 것은 당연한 일이다"라고 의견을 밝혔다.

↓ 땅이 비싸고 부족한 도시에서는 구식 묘지가 사라질지도 모른다.

슬로바키아 라디오 방송국

슬로바키아, 브라티슬라바 | 1983년

녹슨 금속 격자 내부에 브루탈리즘 양식의 뒤집힌 피라미드를 넣어서 건물을 짓는다는 발상은 원래 1967년에 처음 나왔다. 이 건물은 브라티슬라바의 웅장한 중앙 대로 주변의 공원에 들어설 여러 대형 공공건물 가운데 하나로 계획됐다. 계획이 실행되기 전에 체코슬로바키아가 소련에서 탈퇴하고 정치 지형이 변했지만, 라디오 방송국은 그대로 지어졌다. 방송국은 1983년에 개국해서 1985년부터 정기적으로 방송을 시작했다. 놀랍게도 이처럼 극단적인 형태 안에 관객 500명 이상을 수용할 수 있는 콘서트홀까지 있다.

슬로바키아 라디오 방송국 건물은 완공되기 전부터 시대에 뒤떨어지는 양식이었고, '세계에서 가장 못생긴 건물' 목록에 꾸준히 등장한다. 하지만 브라티슬라바 시민은 도시 전역의 높은 곳에서라면 즉시 알아볼 수 있는 이 랜드마크를 사랑한다.

← 슬로바키아 라디오 방송국 사옥은 2018년에 슬로바키아 국립 기념물로 지정되어 브라티슬라바를 상징하는 건물 지위를 단단히 굳혔다.

체르노빌 원자력발전소

우크라이나, 프리피야티 | 1984년

원자력 역사상 최악의 재해 현장.

체르노빌 원자력발전소의 원자로 4호기는 이 발전소의 마지막 원자로로, 1984년에 가동을 시작했다. 그런데 1986년 4월 26일, 안정성 시험 중 오류가 발생해서 전류 급증 현상이 일어났다. 원자로 4호기가 과열됐고, 결국 폭발이 두 차례 일어나 원자로 건물 상층부가 날아갔다. 히로시마에 투하된 원자폭탄에서 분출된 것보다 400배 더 큰 방사능구름이 피어올랐다.

폭발로 노동자 2명이 사망했고, 28명이 방사능 중독으로 숨졌다. 발전소를 위해 건설된 도시 프리피야티의 주민 전체를 포함해 35만 명 이상이 대피했다. 방사능 낙진이 스웨덴까지 퍼졌지만, 소련 정부는 이틀 뒤에야 사고를 인정했다. 정화 작업을 시작하며 발전소 주변에 출입 금지 구역을 대거 설정했고, 원자로는 콘크리트와 강철 석관으로 덮었다. 미하일 고르바초프 소련 대통령은 훗날 체르노빌 사고가 소련 붕괴의 중요한 요인이었다고 밝혔다.

"소련 지도부는 원자력의 위험성에 관한
언론의 진지한 공개 토론을 처음으로 허용했다.
그 결과, 소련 내에 원자력에 대한 반감이 급증했다.
고르바초프는 … 체르노빌 사고가 서방에서
반핵 기세를 높이리라고 즉시 직감했다."

러시아 역사가 블라디슬라프 M. 주보크,
체르노빌 참사의 장기적 영향에 관해

↑ 참사 직후 공중에서 본 원자로 4호기. 노심 용융으로 치명적인 재난이 발생했다.

국제우주정거장

지구 저궤도 | 1984년

우주에 상설 연구 시설을 만든다는 전 지구적 건축 과제.

1984년, 로널드 레이건 대통령은 미국 NASA가 우주에 장기 연구 기지를 건설할 계획이라고 발표했다. 당시 '프리덤Freedom'이라고 불리던 이 시설에 더 많은 국가가 자원을 투자해 프로젝트의 규모를 확대하기로 동의한 후, 국제우주정거장(ISS)으로 이름이 바뀌었다. ISS를 실현하려면 서로 다른 우주 기관 5개가 별도의 임무 30개를 완수해야 했다. 우주에서 기지를 건설하기 위한 최초의 유닛인 제어 모듈은 1998년 11월 러시아가 바이코누르 우주 기지(321쪽 참고)에서 발사했다. 그해 12월에는 미국이 연결 모듈을 발사했다. 우주 비행사들이 우주에서 모듈을 조립했고, 후속 임무가 이어지며 더 많은 모듈이 추가됐다. ISS는 2009년 완전히 가동됐다. 최초의 임무 이후, 우주 비행사들이 6개월씩 '교대'로 ISS에서 지내며 꾸준히 우주 임무를 수행했다.

ISS는 415킬로미터의 고도에서 지구를 계속 공전하는데, 한 번 공전하는 데 90분이 걸린다. 시설의 길이는 끝에서 끝까지 109미터 정도다. 정거장 시설은 일반적인 과학 연구와 미래의 우주 임무를 위한 시스템 시험에 활용된다. 미국은 2030년까지 ISS 운영에 자금을 지원하겠다고 약속했지만, 러시아는 자체 우주정거장을 건설해서 2024년에 ISS에서 철수할 계획이라고 밝혔다(하지만 2023년 4월 러시아가 2028년까지 ISS 프로젝트에 잔류하겠다고 입장을 바꿨다—옮긴이).

→ 2023년 5월 나우카 실험실 모듈 밖에서 우주 유영 중인 세르게이 프로코피예프와 드미트리 페텔린.

↓ 우주정거장의 전체 모습을 담은 사진. 중앙의 원통형 파트는 우주 비행사가 거주하고 작업하는 공간이며, 평평한 '돛'은 에너지를 모으는 태양 전지판이다.

국제우주정거장에 관한 사실

1 NASA(미국)부터 로스코스모스(러시아), JAXA(일본), ESA(유럽), CSA(캐나다)까지 모두 5개 기관의 노력을 통합한 시설
2 전부 우주에서 조립된 시설
3 우주로 나가는 모든 국가의 자원과 지식을 모은 곳

"바다 한가운데서 용골부터
놓고 배를 만드는 것과 같다.
둥둥 떠 있어야 하면서
항해하고 있어야 한다.
이 모든 일이 실제로 배를
만드는 동안 일어난다.
이것이 우주정거장이다."

마이크 서프레디니,
NASA 우주정거장
프로그램 책임자

라스 포사스

멕시코, 산루이스포토시 | 1984년

이 조각 공원은 초현실주의에 열광하던 영국의 괴짜 작가 에드워드 제임스가 멕시코 정글에 지었다. 제임스가 1984년에 세상을 뜰 때까지 지역 주민 150여 명이 그의 비전을 실현하는 데 힘을 보탰다. 제임스의 계획에는 정교한 '유적'과 테라스, 어디로도 이어지지 않는 계단 등도 포함됐다. 지어진 지 겨우 몇십 년밖에 안 된 곳이지만, 꼭 자연이 집어삼킨 고대 도시처럼 보인다.

100만 개의 유리병 사원

태국, 시사켓주 | 1986년

1984년, 승려들이 시골에 널린 쓰레기, 특히 유리 맥주병을 수거하기 시작했다. 현지의 여러 학교가 돕고 나선 끝에 2년 만에 100만 개가 넘는 유리병이 모였다. 마침내 1986년 100만 개의 유리병 사원(정식 명칭은 '왓 빠 마하쩨디 깨우')이 완공됐다. 녹색 유리병(수입 맥주)과 갈색 유리병(현지 맥주)은 깔끔한 기하학무늬를 그리도록 시멘트 벽 위에 붙였고, 병뚜껑은 불상 주변에 놓는 예술 작품에 쓰였다. 지금도 유리병이 계속 모이면서 새로운 건물이 꾸준히 늘어나고 있다.

↑ 라스 포사스에 영감을 준 원천은 마야 유적지부터 고대 그리스와 로마의 사원까지 다양했다.

↑ 주로 녹색과 갈색 유리병이 다양한 장식무늬를 이루며 시멘트 벽에 붙어 있다.

치나티 재단 미술관

미국, 텍사스주 마파 | 1986년

예술 작품과 주변의 땅이 긴밀히 연계된 미술관.

예술가 도널드 저드는 마파 근처의 넓은 사막에 현대 미술관을 세우겠다고 구상했다. 저드는 군사기지였던 D. A. 러셀 기지를 재활용하기로 했다. 대체로 1940년대에 넓게 퍼져 지어진 건물들을 통합해 미술관을 만들었다. 그 결과, 마법 같은 사막 풍경 속에서 실내와 실외의 변화가 맞물리는 경계 공간이 탄생했다. 이후로 치나티 재단 미술관은 숱한 예술가에게 영감을 선사했다.

"어딘가에 현대미술의
일부는 예술 본연의
의도와 맥락을 보여주는
본보기로 존재해야 한다.
어딘가에 … 당대 예술을
가늠할 엄격한 기준이
반드시 있어야 한다."

도널드 저드,
치나티 재단 성명, 1987년

↑ 도널드 저드는 원래 치나티 재단 미술관을 자신과 동료 예술가 댄 플래빈과 존 체임벌린의 작품을 선보일 공간으로 계획했다.

휘졸라어 연구소

독일, 슈투트가르트 | 1987년

새로운 연구소에 강력한 활기를 불어넣은 해체주의 설계.

해체주의라는 획기적 스타일로 잘 알려진 건축가 귄터 베니슈가 슈투트가르트대학교로부터 새로운 태양 연구소 설계를 의뢰받았을 때, 비용은 중요한 요소였다. 건물은 연구실과 실험실 기능에 충실하면서도 경제적이어야 했다. 요구에 맞춰서 베니슈가 내놓은 설계는 폭발에 비유되고는 한다. 실험실은 조립식 컨테이너로 만들어졌고, 주변 벽과 지붕은 날카로운 각도를 이루며 바깥으로 떨어지는 것처럼 보인다. 이 모든 요소를 건물 전체를 따라 흐르는 붉은 파이프가 연결한다.

설계의 효과는 인상적이었지만, 한편으로는 위태로운 느낌을 풍겼다. 게다가 2000년대 초반에 태양 연구 부서가 이전하면서 건물은 점차 방치됐다. 하지만 2009년에 완전히 개조를 거쳤고, 지금은 슈투트가르트대학교의 시각화 연구 센터가 들어와 있다.

↓ 연구소 건물은 눈에 띄는 인상적인 모습을 그대로 지키고 있지만, 용도가 바뀌는 바람에 기존의 급진적 요소들에 실용성보다는 장식적 성격이 강해졌다.

오르세 미술관

프랑스, 파리 | 1987년

파리에서 가장 멋진 박물관으로 변모한 기차역.

오르세 기차역은 1900년 파리 만국박람회를 위해 지어졌다. 아름다운 석조 파사드 뒤로 프랑스 남서부를 잇는 도심 철도역이라는 일상적 기능이 숨어 있었다. 빅토르 라루의 설계는 역이 들어선 고급 주거지인 제7구와 잘 어울렸다. 하지만 제2차 세계대전이 발발하면서 역은 수명을 다했다. 새로 도입된 긴 열차에 비해 플랫폼이 짧았기 때문이다.

역이 폐쇄된 후 역사는 차례대로 배송 창고, 영화 세트장, 경매장으로 쓰였다. 그런데 지스카르 데스탱 대통령이 낡았지만 아름다운 이 건물을 19세기 후반의 중요한 예술품을 전시하는 미술관으로 개조하자고 제안했다. 10년이 흘러 미술관이 완성됐다. 중앙 시계가 있는 파사드, 아치형 유리 천장 등 기존 특징은 대부분 그대로 유지됐다. 그렇게 고흐, 모네, 쇠라 등의 작품을 전시하기에 더할 나위 없는 인상파 중심의 미술관이 탄생했다.

→ 오르세 미술관은 통풍이 잘되는 기존 건물과 넓고 환한 갤러리 공간을 결합해 기차역을 미술관으로 바꾸는 데 성공했다.

"역은 대단히 훌륭하며 마치
　미술관처럼 보인다."

프랑스 화가 에두아르 드타유,
1900년 오르세 기차역이 개장했을 때
이미 앞날을 예견하며

오스트레일리아 국회의사당

오스트레일리아, 캔버라 | 1988년

오스트레일리아의 새로운 의사당은 장대한 규모뿐만 아니라 국가의 문화와 역사를 훌륭하게 통합한 설계로도 주목받았다. 오스트레일리아 남부의 검은 화강암으로 지은 연못, 의사당을 지어 올린 암반을 바닥으로 활용한 야외 공간인 '대성당', 입구 홀의 타일에 박힌 3억 4,500만 년 된 화석 '새우 숀Shawn the Prawn'도 이 설계에 포함된다.

↓ 옛 의사당보다 6배나 더 큰 새 건물에 쓰인 자재 가운데 90퍼센트 이상이 자국 내에서 조달됐다.

루브르 박물관 피라미드

프랑스, 파리 | 1989년

루브르 박물관의 유리 피라미드는 입구의 혼잡도를 낮추고자 만든 구조물이다. 설계를 맡은 중국계 미국인 건축가 I. M. 페이는 기자의 대피라미드(29쪽 참고)에서 보이는 고전적 비율을 모방해 높이 22미터짜리 피라미드를 만들었다. 대놓고 현대적인 이 구조물은 곧바로 호감을 사지는 못했다. 파리 시민은 피라미드가 루브르 박물관의 고전적 파사드를 모독한다고 느꼈다. 하지만 현대 건축물을 성공적으로 흡수하고 소화하기로 유명한 도시답게 루브르의 피라미드도 파리의 관광 명소가 됐다.

노트르담 드 라 페 성당

코트디부아르, 야무수크로 | 1989년

작은 도시를 내려다보는 거대한 성당.

코트디부아르의 초대 대통령 펠릭스 우푸에부아니는 자신이 태어난 벽촌, 야무수크로를 1983년 수도로 삼았다. 1980년대 초, 우푸에부아니는 코코아 수출로 쌓은 부를 이용해 여러 건축 사업을 진행했다. 이때, 거대한 대통령궁과 주변을 압도하듯 솟은 노트르담 드 라 페 성당이 지어졌다. 교황은 성당 설계도를 보고 로마의 성 베드로 대성당보다 낮게 짓기를 요청했으나, 거대한 금 십자가를 더해 노트르담 드 라페는 세계에서 가장 높은 성당이 됐다. 1989년 성당이 축성될 무렵, 호황은 끝이 나서 코트디부아르는 크게 가난해졌다. 우푸에부아니는 1993년 사망했다. 국가 경제의 중심은 전통적 상업 도시 아비장에서 수도로 이전되지 않았고, 오늘날 이 성당을 찾는 신도 수는 건물 규모에 비해 보잘것없다.

↑ 성당의 돔은 야무수크로에서 수 킬로미터나 멀리 떨어진 근교 시골 평야에서도 볼 수 있다.

"우푸에부아니의 프로젝트는
기본적으로 신앙심에서 출발했다.
그는 코트디부아르와도 거래했지만,
무엇보다도 신과 거래했다."

노트르담 드 라 페 성당의 건축가 피에르 파쿠리

베를린 장벽

독일, 베를린 | 1989년

냉전 종식을 상징하는 역사적 순간.

독일이 분단되고 동독을 떠나는 동베를린 주민이 늘어나자, 소련의 동맹인 동독 정부는 장벽이 필요하다고 판단했다. 결국 1961년에 동베를린과 서베를린을 나누는 장벽이 들어섰다. 이후로 베를린 장벽은 유럽 내 분단의 상징으로 떠올랐다(특히 서방의 지도자들이 적극적으로 이 이미지를 이용했다).

1980년대에 소련의 경제가 붕괴했다. 소련을 이끌던 고르바초프는 서방과 더욱 긴밀한 관계를 맺으려고 노력하면서 점점 무너져가던 동구권에 글라스노스트와 페레스트로이카 정책(개방과 재건, 개혁 정책)을 도입했다. 하지만 너무 늦은 뒤였다. 폴란드와 헝가리 같은 공산권 국가가 민주주의 운동을 추진했고, 이에 동독 주민도 거리로 나가 민주적인 정부를 요구했다.

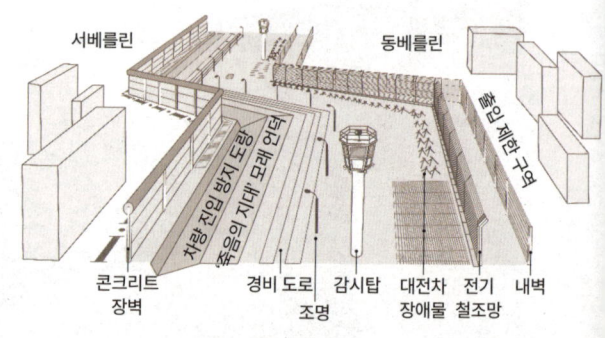

베를린 장벽의 구조

1989년 11월, 50만여 명이 동베를린에 모여 시위를 벌였다. 그러다 11월 9일, 동베를린 주민에게 여행의 자유를 새롭게 부여한다는 정책이 실수로 계획보다 일찍 발표됐고, 소식을 들은 군중이 장벽으로 구름같이 몰려들었다. 장벽을 지키던 경비대는 겁에 질려 검문소 6개를 열고 사람들을 통과시켰고, 뒤로 물러서서 사람들이 벽을 오르고 무너뜨리는 광경을 지켜만 보았다. 자유를 가로막던 장벽은 마침내 사라졌다. 하지만 실제로는 1991년 말에야 장벽의 마지막 부분이 철거됐다.

베를린 장벽에 관한 사실

1 국경을 느슨하게 풀려던 시도가 결국 국경을 완전히 열어젖힘

2 독일 재통일을 향한 첫걸음을 뗀 장소로, 장벽이 무너지고 1년도 채 지나지 않아서 독일이 통일됨

3 소련의 사회주의 체제가 결국 실패했다는 사실을 알리는 뒤늦은 신호

↑ 정교한 감시 체계로 장벽을 넘는 일은 불가능에 가까웠다.

→ 1989년 11월 9일, 거대한 군중이 베를린 장벽에 도착했다. 검문소가 열리자 수많은 이가 장벽 위로 올라가 새로운 자유를 축하했다.

"고르바초프 씨,
이 장벽을 허물어버립시다!"

로널드 레이건 대통령,
서베를린에서 한 연설,
1987년 6월 12일

중국은행 타워

중국, 홍콩 | 1990년

중국은행에서 초고층 마천루를 지어달라
고 의뢰하자 건축가 I. M. 페이(364쪽 참고)
는 높이가 서로 다른 탑 4개를 연결하고,
지그재그를 이루는 브레이싱에 조명등 시
설을 설치해서 불을 밝혔다. 건물 외벽에
깔끔한 사선을 이루는 이 브레이싱은 하
중을 지탱하는 역할도 해서 구조적 안정
성을 크게 높였다. 이로써 홍콩에 자주 찾
아오는 태풍을 견딜 만큼 안정적이어야
하고, 좁은 부지에 사무실을 많이 넣어야
한다는 두 가지 요구를 모두 충족시켰다.
높이가 367미터에 이르는 중국은행 타워
는 여전히 홍콩에서 가장 높은 건물 순위
권에 든다.

"지금까지 지어진
초고층 빌딩 가운데
가장 혁신적일 것이다."

건축가이자 비평가
피터 블레이크, 1991년

← 은행 건물의 뾰족한 윤곽은 곧게 뻗은 대나무 줄기 여
러 대가 엇갈려 묶인 다발에 비유되고는 한다.

환경개방대학

브라질, 파라나 | 1992년

생태·환경 문제에 관한 무상교육을 제공하는 비영리 재단.

환경개방대학이 설립된 인구 160만 명의 도시 쿠리티바는 '브라질 생태 수도'로 불린다. 대학 건물은 버려진 채석장 위에 목재 전신주를 재활용해 지어졌다. 생태 발자국(인간의 자원 소비와 폐기물 처리에 드는 비용을 토지 면적으로환산한 지표—옮긴이)을 최소화하는 혁신적 설계로 건설한 이 대학의 목표는 쿠리티바 주민에게 생태 문제를 교육하는 것이다. 대학은 주민이 도시를 더 푸르고 지속 가능하게 가꿔나가는 데 보탬이 되고자 한다.

↓ 대학교 센터는 숲이 무성하게 우거진 자니넬리 공원에 있다.

슈피텔라우 쓰레기 소각장

오스트리아, 빈 | 1992년

'쓰레기 없는 아름다운 세상'을 위한
어느 예술가의 제안.

1987년, 빈 중심부 근처 슈피텔라우 지역의 난방 발전소가 화재로 상당 부분 소실됐다. 도시 당국은 재건을 시도하는 대신, 같은 부지에 아예 새로운 시설을 짓기로 했다. 빈의 6만 가구에 전력을 공급하는 새 시설은 효율적이고 친환경적이었다. 하지만 슈피텔라우의 쓰레기 소각장은 뛰어난 기능보다는 다른 특징 덕분에 인상적인 관광 명소가 됐다. 바로 오스트리아 태생의 예술가 프리덴스라이히 훈데르트바서의 화려한 장식이다.

훈데르트바서는 작품의 밝고 유기적인 구조뿐만 아니라 생태주의에 관한 열렬한 신념으로도 유명했다. 빈 시장이 나서서 소각장이 자연 친화적이라고 보장하자, 훈데르트바서는 파란색과 빨간색 '터번' 모양의 큐폴라, 황금색 구체로 꼭대기를 장식한 굴뚝과 파이프, 선명한 파란색 굴뚝 중앙의 황금색 구, 나무를 심은 지붕을 한데 모아서 특유의 활기차고 장식적인 외관을 만들었다

← 반짝이는 금속 구체를 얹은 높은 중앙 굴뚝은 슈피텔라우 전역에서 볼 수 있는 랜드마크다.

마리카와 앨더턴의 집

오스트레일리아, 노던준주 이르칼라 | 1994년

오스트레일리아 원주민이 대대로 살아온 토지에 대한 권리를 인정하는 판례가 있었지만, 자금을 비롯한 설계·자재·시공에 관한 통제권은 여전히 정부에 있었다. 원주민 지도자 반둑 마리카와 그의 반려인 마크 앨더턴의 주택은 정부 주도의 최저가 설계 관행을 피해, 인상적이고 개방감 있는 조립식 주택을 의뢰했다. 마리카와 앨더턴의 집은 원주민이 살 수 있는 시범 모델로 만들어졌지만, 앞으로 이러한 주택이 계속 만들어질지도 모른다.

영불 해저터널

영불 해협 | 1994년

영국과 프랑스를 연결하는 터널은 나폴레옹 시대부터 거론됐지만, 1980년대 들어서야 공학이 발전해 실제로 터널을 만들 수 있었다. 1986년, 영국과 프랑스는 영국 켄트 지방의 포크스톤과 프랑스 칼레 근처의 상가트 사이를 잇는 영불 해저터널 건설 조약을 체결했다. 이듬해인 1987년, 양국에서 보낸 노동자 1만 3천 명이 중장비를 이용해 해저에서 터널을 파기 시작했다. 양쪽 노동자가 중간에서 만난 '돌파'의 날은 1990년 12월 1일이었다. 각 방향으로 기차가 다닐 선로 2개와 서비스 터널 1개를 포함해 서로 연결된 통로 3개가 완공되는 데는 4년이 더 걸렸다. 마침내 1994년 5월 6일, 영국의 엘리자베스 2세와 프랑스의 프랑수아 미테랑 대통령이 참석한 개통식이 열렸다.

↑ 위대한 공학적 업적인 영불 해저터널의 중간 지점. 이곳에서 양국 노동자가 만나는 데 3년이 걸렸다.

밀 콜린스 호텔

르완다, 키갈리 | 1994년

르완다 대학살 당시 수백 명에게 피란처가 되어준 호텔.

키갈리의 밀 콜린스 호텔은 벨기에의 사베나 항공사 소유였다. 1994년 4월 6일, 후투족 출신 르완다 대통령 쥐베날 하뱌리마나의 비행기가 키갈리 공항에서 격추당했다. 투치족이 저지른 암살이라는 소문이 퍼지면서 후투족이 투치족을 학살하기 시작했다. 사베나사는 유럽인 호텔 직원을 철수시켰고, 신임 매니저 폴 루세사바기나가 호텔 지휘를 맡았다.

루세사바기나는 투치족 수백 명에게 피란처를 제공한 한편, 현지의 후투족 민병대에게 연락해 호텔 손님의 안전을 보장해달라고 뇌물을 줬다고 한다. 어두운 버전의 이야기도 전해지는데, 투치족에게 목숨을 지켜주는 대가를 크게 뜯어냈다는 것이다. 어쨌거나 투치족 1,268명이 이 호텔에서 목숨을 부지했다는 데는 논란의 여지가 없다. 이들이 호텔 밖에 있었다면 분명히 목숨을 잃었을 것이다.

> "세계 역사상 가장 규모가 큰
>   집단 학살은 아니었지만,
>   가장 빠르고 효율적인 학살이었다."
>
> 폴 루세사바기나, 『어느 평범한 사람의 자서전』

↑ UN 평화유지군은 대량 학살이 시작되자 외국인 손님을 대피시켰다. 반면 르완다 전역에서 투치족은 스스로를 지켜야 했다.

댄싱 하우스

체코, 프라하 | 1996년

캐나다 출신 미국 건축가 프랭크 게리와 크로아티아계 체코 건축가 블라도 밀루니츠는 역동적으로 '춤추는' 건물, 즉 한 건물이 곧게 선 옆 건물로 기울어진 해체주의 설계를 고안했다. 이런 설계는 공산주의에서 민주주의로 전환된 체코의 상황을 상징한다. 원래 건물의 별칭은 '프레드와 진저'(미국 영화배우 이름에서 따왔다—옮긴이)였지만, 역사가 깊은 프라하에 어울리지 않다고 여겨 할리우드 느낌이 덜한 '댄싱 하우스'로 바뀌었다.

↑ 댄싱 하우스 부지는 1945년 미국이 프라하를 폭격했을 때 건물이 파괴된 이후로 계속 버려져 있었다.

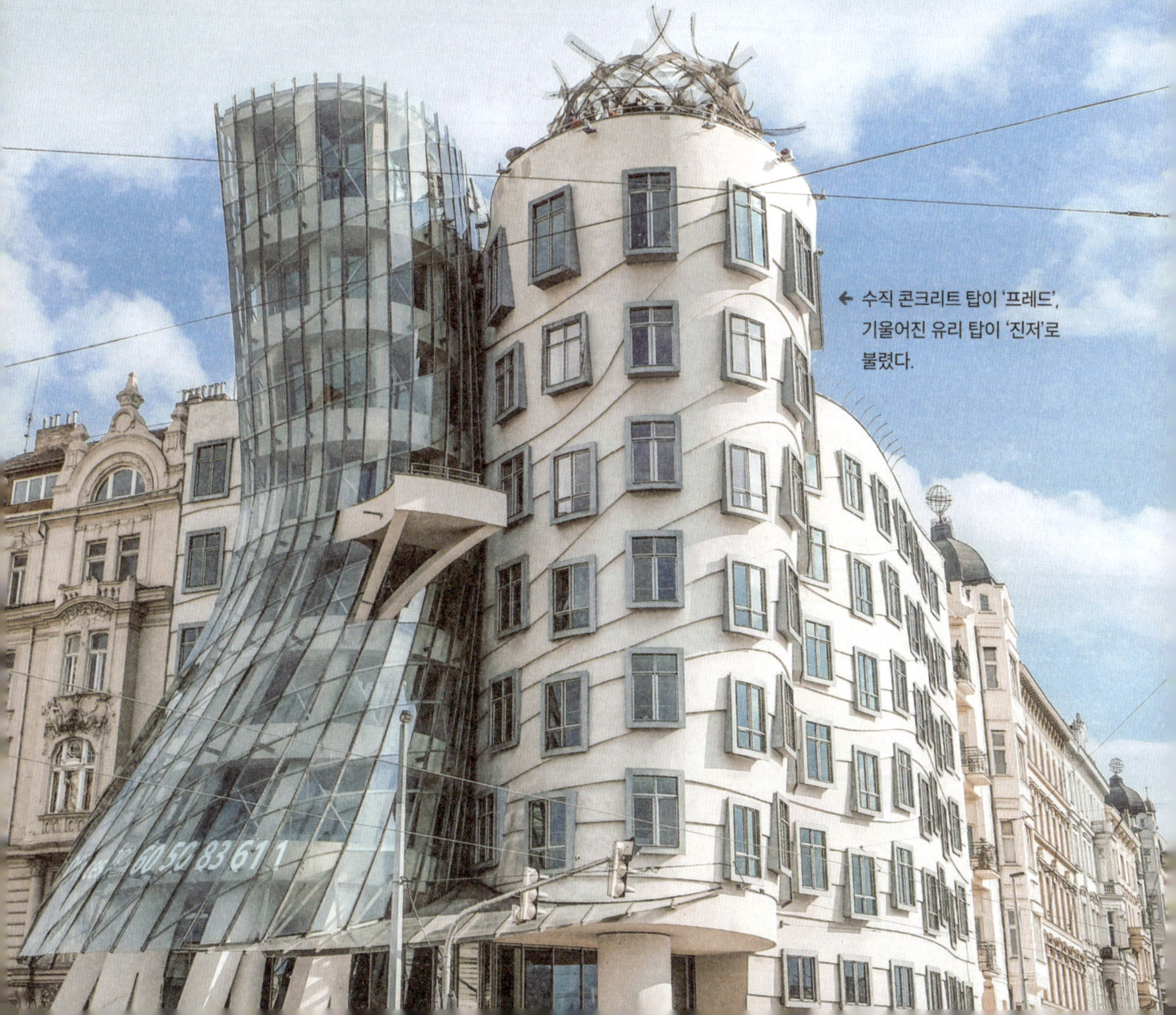

← 수직 콘크리트 탑이 '프레드', 기울어진 유리 탑이 '진저'로 불렸다.

460 공공 기반 시설과 혁신

파라날 천문대

칠레, 세로파라날 | 1996년

칠레의 아타카마사막은 우주 연구에 이상적인 장소다. 고도가 높은 데다 건조하며 밤에 날씨가 맑다. 칠레 정부는 유럽남방천문대(ESO)에 파라날산 정상 부지를 기증했다. 마침내 1996년 해발고도 2,634미터에 천문대가 들어섰다. 파라날 천문대는 초대형 망원경(VLT) 1개와 더 작은 파트너 망원경 4개를 갖춰 최첨단 기술과 완벽한 입지를 자랑한다.

↑ 파라날 천문대는 극도로 건조한 지역에 있고, 광공해 위협도 매우 낮다.

461 예술과 문화 공간

바하 스튜디오

멕시코, 바하칼리포르니아 | 1996년

영화 《타이타닉》은 영화사 20세기폭스에서 지은 바하 스튜디오에서 촬영했다. 이 영화를 찍으려면 기존보다 더 큰 물탱크, 이른바 습식 세트가 필요했다. 스튜디오가 태평양을 내려다보는 위치에 있어 커다란 물탱크를 수평선과 같은 높이로 배치해 시각적으로 조화롭고 실감 나는 장관을 연출할 수 있었다. 25년이 지난 오늘날에도 바하 스튜디오는 바다를 주제로 하는 영화의 주요 촬영지다.

↑ 1980년대부터 바다가 배경인 장면이 등장하는 영화 대부분이 바하 스튜디오의 거대한 물탱크에서 촬영됐다.

비드한바반주 의회 의사당

인도, 마디아프라데시 | 1996년

장엄함과 인간적 규모를 동시에 갖춘 주 의회 건물.

인도 건축가 찰스 코레아는 식민지 시대에 지어진 기존 의사당을 대체할 새로운 건물을 지었다. 마디아프라데시주의 주도 보팔을 내려다보는 언덕의 넓은 부지에 자리한 의사당은 상원과 하원, 공동 의회 홀, 도서관, 각종 행정 공간을 포함해 다양한 용도로 쓰이는 구역 9개로 나뉜다.

건물 형태는 고대 힌두교에서 우주의 질서를 뜻하는 만다라 개념에 영향을 받았다. 설계는 인간적인 규모의 공간들을 연결하는 데 집중했다. 눈길을 끄는 벽화를 포함해 매력적인 디테일이 많지만 크고 권위적인 요소는 거의 없다. 대부분 하늘로 탁트인 부지에서 유일하게 눈에 띄는 대형 건물은 돔을 씌운 의회 홀이다. 이 홀은 인근 산치에 있는 고대 불교 사리탑을 의도적으로 참고해 만들었다.

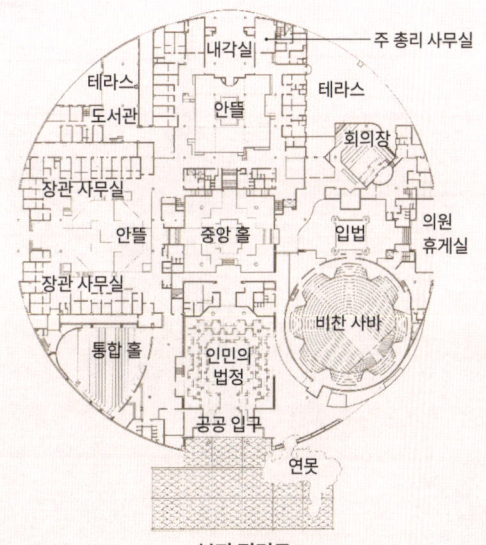

부지 평면도

↑ 평면도의 사각형 '코너' 4개에는 상원과 하원 홀, 상·하원을 모두 수용하는 통합 홀, 각료와 공무원이 쓰는 내각실과 사무실이 있다.

↓ 의사당을 둘러싼 원형 벽은 별도의 구획 9개로 구성된 복잡한 부지를 숨기고 있다. 구획마다 안뜰과 정원이 있다.

페트로나스 트윈 타워

말레이시아, 쿠알라룸푸르 | 1997년

아르헨티나계 미국인 건축가 시저 펠리가 설계한 이 타워는 석유 회사의 본사다. 세상에서 가장 높은 쌍둥이 건물로, 중간의 구름다리로 연결된다. 현대적인 외관과 달리, 횡단면은 이슬람의 전통 상징 루브엘히즈브Rub el-Hizb를 참조했다. 사각형 2개가 십자로 교차하고 각 교차점에 원이 있는 이 디자인은 말레이시아의 이슬람 정체성을 상징한다.

← 서로 다른 건축 회사가 쌍둥이 건물 중 하나씩을 맡아 먼저 완공하기 위해 경쟁했다.

글로브 극장

잉글랜드, 런던 | 1997년

셰익스피어 글로브 극장은 기존 글로브 극장의 현대적 복제품이다. 셰익스피어의 작품 대다수가 초연을 한 이 극장은 관객에게 완전히 둘러싸이는 원형 무대였다. 그러나 극장은 1599년 화재로 소실되고 말았다. 영화감독 샘 워너메이커는 20년 넘게 새롭고도 오래된 극장이 필요하다고 주장했다. 현대의 안전 규칙이 허용하는 범위 내에서 원본과 가깝게 복원된 글로브 극장이 마침내 탄생했고, 첫 작품으로 셰익스피어의 《헨리 5세》를 상연했다.

캄포 볼란틴 다리

스페인, 빌바오 | 1998년

발렌시아 출신 건축가 산티아고 칼라트라바가 만든 우아한 보행자 전용 다리다. 바닥에 유리를 깐 보도가 케이블에 매달린 채 포물선 아치를 그린다. 독특하게도 이 다리는 법정 소송에 휘말린 이력이 있다. 빌바오 당국이 칼라트라바의 동료 건축가 이소자키 아라타에게 캄포 볼란틴 다리 옆에 새로운 보도를 지어달라고 의뢰하자, 칼라트라바는 자신이 빚은 디자인의 예술적 무결성을 훼손한다며 도시를 고소했다. 결국 칼라트라바가 승소했다.

↑ 캄포 볼란틴 다리는 칼라트라바의 건축의 특징인 가벼움과 우아함이 잘 드러난다.

6부

2000-2020년

지속 가능한
미래를 위한 건축

외레순 다리와 드로그덴 터널

스웨덴과 덴마크 | 2000년

스웨덴과 덴마크의 운명에 영향을 미친 상징적인 다리.

두 스칸디나비아 국가를 직접 연결한다는 아이디어는 적어도 1세기 동안 논의되다가 1991년 합의에 이르렀다. 다리와 터널이 완공되기까지는 5년이 더 걸렸는데, 전체 공사 중에는 인공 섬 페베르홀름을 만드는 과정도 포함됐다. 이 섬은 스웨덴에서 시작한 다리가 끝나고 코펜하겐으로 가는 마지막 구간을 덮는 터널이 시작되는 지점이다. 교량과 터널 공사는 몹시 까다로운 과제였다. 폭풍우로 유명한 수역과 덴마크의 카스트로프 공항에서 이륙하는 비행기를 고려해야 했고, 다리 아래로 대형 선박이 지나갈 수 있어야 했다. 하지만 마침내 우아하고 기다란 구조물이 탄생했다. 사람이 살지 않는 페베르홀름에는 대규모 자연 보호 구역이라는 보너스까지 생겼다.

다리와 터널 덕분에 스웨덴과 덴마크 사이에 통근이 수월해졌고, 스웨덴 말뫼를 포함해 양국 모두 상업적 이익을 누렸다. 하지만 다리 때문에 마찰을 빚기도 했다. 특히 2015년 유럽이 전례 없는 난민 위기에 빠져 국경 통제를 시행했을 때, 양국을 연결하는 다리가 골칫거리로 떠올랐다.

↓ 다리는 스웨덴 해안에서 페베르홀름까지 9.6킬로미터 길이로 뻗어 있고, 다리가 끝나는 지점부터 덴마크까지 3.8킬로미터 길이의 터널이 이어진다.

간도 학교

부르키나파소, 간도 | 2001년

지속 가능한 건축의 본보기가 될 만한 단순하고 창의적인 건물.

건축상 수상 경력에 빛나는 간도 학교는 건축가 디에베도 프랜시스 케레의 첫 작품이다. 케레는 간도에서 자랐는데, 학교에 가려면 날마다 40킬로미터를 걸어야 했다. 간도에도 학교가 생기기를 바랐던 케레는 건설과 유지 비용이 저렴한 건물을 짓고자 했다.

케레는 점토 벽돌로 만든 건물을 해결책으로 제시했다. 벽돌 건물은 건설 비용이 저렴하고, 조립하기 쉽고, 무더운 기후에서 실내 온도를 조절하는 데도 도움이 된다. 다만 점토는 우기에 빠르게 망가지기 때문에 공기 흐름을 관리하기 위해 구멍을 뚫은 점토 지붕 위에 비를 막을 수 있게 양철판으로 만든 두 번째 지붕을 얹었다. 건설 프로젝트에는 지역 주민도 참여했다. 주민들은 토대에 놓을 돌을 모았고, 벽돌을 만드는 데 쓰일 물을 날랐다. 그 결과, 통풍이 원활하고 매력적인 학교가 탄생해 향후 지역 건축의 모델이 됐다.

> "우리 문화에서는 누구나 공동체의
>   발전을 위해 제 몫을 해야 한다.
>   그래서 나는 학교를 지었다."
>
> 간도 학교의 건축가 디에베도 프랜시스 케레

↑ 흙으로 만든 교실 위의 양철 지붕은 우기에도 점토 벽돌이 망가지지 않게 막아준다.

468 업무 공간

암스테르담 시청

네덜란드, 암스테르담 | 2001년

2001년 4월 1일 자정이 지난 직후, 암스테르담 시장 요프 코헌은 시청에서 동성 커플 네 쌍의 결혼식을 주관했다. 네덜란드가 세계 최초로 동성 커플에게 이성 커플과 똑같은 법적 권리를 부여한 이후, 세계 최초로 합법적인 동성 결혼이 성사된 것이다. 이후 20년이 지나는 동안 33개국이 네덜란드가 보여준 모범을 따랐다(26년 1월 기준으로 동성 결혼을 합법화한 나라는 39개국이다—옮긴이).

469 업무 공간

원 월드 트레이드 센터

미국, 뉴욕 맨해튼 | 2001년

2001년 9월 11일, 쌍둥이 빌딩이 파괴된 사건은 광범위한 파장을 미쳤다. 미국에서 발생한 최악의 테러 공격으로 3천 명 가까이 사망했고, 뉴욕의 스카이라인뿐 아니라 뉴욕 시민의 사고방식을 완전히 바꿔놓았다. 이 사건으로부터 불과 한 달 뒤, 이른바 테러와의 전쟁이 개시됐고 아프가니스탄 침공이 벌어졌다.

↑ (왼쪽)2002년 설치된 작품 〈트리뷰트 인 라이트〉는 타워 형태 빔 조명으로 세계무역센터 붕괴를 기억한다.

↑ (오른쪽)높이 541미터에 이르는 원 월드 트레이드 센터는 2014년 11월에 개장했다.

에덴 프로젝트

잉글랜드, 콘월 | 2001년

폐쇄된 채석장에 들어선 에덴 프로젝트는 세계에서 가장 큰 온실에서 서로 다른 기후와 식물군을 재현하고자 구상됐다. 비누 거품처럼 생긴 돔이 서로 이어져 있는데, 최첨단 플라스틱 '피부'로 덮은 벌집 모양의 강철 골격으로 만들어졌다. 에덴 프로젝트는 자체적인 물 순환·관리 시스템을 구축해 물을 보존하고 식물을 풍부하게 키우며 열대우림기후와 지중해성기후를 모두 성공적으로 조성했다.

국제 아동문학 도서관

일본, 도쿄 | 2002년

1906년에 지어진 도쿄의 제국 도서관은 서양식으로 지어졌다. 건축가 안도 다다오는 이곳을 아동문학의 중심지라는 새로운 역할에 맞도록 현대화하고자 유리 큐브 2개를 추가했다. 하나는 새로운 출입구가 됐고, 다른 하나는 기존 파사드의 3층과 겹쳐서 놓임으로써 오래된 것과 새로운 것 사이의 경계 공간(일본어로는 '엔가와緣側')을 만들어냈다.

↑ 열대우림을 재현한 생물군계와 지중해를 재현한 생물군계가 서로 연결된 여러 '버블' 돔에 걸쳐 조성돼 있다.

↑ 기존 제국 도서관 건물의 일부를 현대적인 유리 벽으로 둘러싼 덕분에 옛것과 새것이 완벽하게 어우러진다.

팔레스타인 의회 의사당

팔레스타인, 서안 지구 예루살렘 아부디스 | 2003년

끝내 목적을 달성하지 못하고 방치된 미완의 의회 건물.

새로운 팔레스타인 국가의 의사당이 될 건물은 예루살렘 외곽의 아부디스에 있다. 1993년, 팔레스타인해방기구(이후 PLO)와 당시 이스라엘의 총리 이츠하크 라빈은 팔레스타인 자치 원칙에 관한 협정에 서명했다. 훗날 오슬로 평화협정으로 불리는 이 약속 덕분에 PLO는 머지않아 국가, 더 나아가 의회를 가지리라고 믿었다. 팔레스타인계 요르단 건축가 자파르 투칸이 의사당 설계를 맡아 1996년 공사가 시작됐다. 그러나 2003년 오슬로 평화협정이 깨졌고, '제2차 인티파다'라 불리는 이스라엘 점령에 대한 팔레스타인의 저항운동이 일어났다. 의회 건설은 중단됐다.

완공되지 못한 의사당 건물은 높은 콘크리트 벽 뒤에 덩그러니 앉아 있다. 일부 팔레스타인인은 의회 건물의 입지를 탐탁지 않게 여겼다. 팔레스타인 의회는 예루살렘 중심부에 있어야 한다고 믿기 때문이다. 현재 건물은 자금을 지원받아 문화센터 같은 공공 편의 시설로 바뀌기를 기대하며 알쿠드스대학교로 넘겨졌다.

> "팔레스타인의 수도는 예루살렘이다."
>
> 아부디스 거주민,
> 모하메드 파룬

→ 의회 건물은 낙관적 희망이 가득하던 시기에 건설됐지만, 결국 팔레스타인 사람들의 좌절된 희망을 상징하게 됐다.

↑ 1993년 워싱턴 D.C.에서 오슬로 협정을 조인하던 당시, 미국의 빌 클린턴 대통령이 이스라엘 총리 이츠하크 라빈과 PLO 의장 야세르 아라파트의 악수를 격려하고 있다.

팔레스타인 의회 의사당에 관한 사실

1 실패로 돌아간 자치 희망을 암울하게 상기시키는 건물
2 의회를 열기에는 지나치게 주변부였던 입지
3 20년 이상 사용되지 않고 방치된 건물

구글플렉스

미국, 캘리포니아주 마운틴뷰 | 2004년

2004년, 래리 페이지와 세르게이 브린이 설립한 검색 엔진 구글은 더 커다란 사옥으로 이전했다. 구글 직원은 '구글플렉스'로 이사하면서 무료 식사부터 체육관, 보육 시설, 반려동물 친화 정책까지 다양한 편의 시설과 복지 프로그램을 누리게 됐다. 아울러 자연광, 유리 칸막이, 팀 작업을 중심으로 설계된 실내외의 작은 공간 모두 창의성을 북돋는다. 구글플렉스는 곧 현대적인 기업 사옥의 모델로 떠올랐다.

오르드루프고르 박물관 증축 건물

덴마크, 오르드루프고르 | 2005년

박물관 본관 부지에 들어선 이 20세기 초기 양식 저택은 이라크 태생의 유명한 영국 건축가 자하 하디드가 북유럽에 처음으로 지은 건물이다. 검은색 콘크리트가 곡선을 그리는 이 낮은 건물은 별명이 '해변으로 밀려온 고래'다. 넓은 측면 외관이 전면 유리라서 주변의 숲을 반사하며 주변 환경에 자연스럽게 녹아든다.

↑ 오르드루프고르 박물관장 안비르기테 폰스마르크는 새로운 증축 건물로 "자하 하디드가 이곳의 특별한 정신을 포착하는 데 성공했다"라고 밝혔다.

고릴라 보호 마을

르완다, 화산 국립공원 | 2005년

이 마을은 멸종 위기를 맞은 산악 고릴라를 사냥하는 밀렵꾼에게 어려운 농촌 경제에서 생계를 유지할 다른 수단이 필요함을 깨달은 한 공원 관리인에 의해 세워졌다. 밀렵을 그만 둔 사람들은 이곳에서 관광 가이드로 일하며 방문객에게 르완다 문화를 알려준다. 마을이 성공하면서 고릴라 보호는 수익성뿐만 아니라 환경과 윤리 측면에서도 바람직한 선택이었음이 드러났다.

움랑가 부두

남아프리카공화국, 크와줄루나탈 | 2007년

건축가 안드레이 두비니지가 설계한 이 부두는 지역 관광 명소다. 상부 구조는 고래의 갈비뼈를 본떠서 만들었고, 그 아래에 홈통 같은 배수로를 설치했다. 배수로는 구조물을 지지할 뿐만 아니라 폭우로 고인 물을 없애고 주변의 물을 정화해서 인기 많은 관광 명소인 해변이 고인 물 때문에 오염되지 않도록 방지한다.

↓ 움랑가 부두의 아치는 멀리서 보면 고래의 갈비뼈처럼 보인다.

쓰리 섀도 사진 예술 센터

중국, 베이징 | 2007년

설치미술가 아이웨이웨이는 주로 미술 작품을 통해 국제적 명성을 쌓았지만, 건축가로서 베이징 최초의 사립 사진 미술관인 쓰리 섀도도 설계했다. 이 설계를 토대로 사진작가 롱롱과 인리가 보헤미안 분위기가 가득한 차오양 지구의 낡은 자동차 정비소 터에 건물을 세웠다. 재활용 벽돌을 이용해 탁 트인 안뜰을 둘러싼 벽은 빠르게 사라져가는 베이징의 옛 건물들을 상기시킨다.

↓ 2021-2022년, 쓰리 섀도 사진 예술 센터의
   내부 전시 공간이 새롭게 개조됐다.

SMART 터널

말레이시아, 쿠알라룸푸르 | 2007년

배수로로 바꿀 수 있는 다용도 터널.

쿠알라룸푸르는 오랫동안 급작스러운 홍수에 시달렸다. 커다란 강이 2개나 흐르고 열대지방인 탓에 가뜩이나 폭우가 잦은데, 기후변화 때문에 대규모 폭풍의 빈도까지 증가했다. 우수 관리 및 도로 터널Stormwater Management and Road Tunnel의 약자인 SMART 터널은 과밀하기로 악명 높은 도심의 교통 체증을 완화하고 빗물 배수구 역할까지 겸하는 혁신적 설계를 자랑한다.

터널의 작동 모드는 3가지다. 강우량이 없거나 적을 때는 터널을 통과하는 2층 고속도로(각 방향으로 1층씩)가 열려 있다. 침수가 일어나면 고속도로는 개방 상태로 유지한 채 빗물을 그 아래의 우회 수로로 흘려보낸다. 폭우가 계속되면 고속도로를 폐쇄하는데, 마지막 차량이 터널을 빠져나가면 수문을 열어 터널 전체로 빗물을 배수한다. 전문가는 이 터널이 1년에 여러 번 도시를 폭우로부터 구한다고 진단한다.

스발바르 국제 종자 저장고

노르웨이, 스피츠베르겐 | 2008년

세상 끝에 자리 잡은 인류 최후의 씨앗 저장고.

예술가 디베케 산네의 조명 패널이 입구에서 반짝이는 터널은 언덕 속으로 곧장 이어진다. 노르웨이 건축가 페테르 소데르만이 설계한 저장고는 세 부분으로 구성된다. 내부 터널에서 더 나아가면 씨앗을 보관하는 작은 3개의 금고로 이어지는 지하 공간에 이른다.

저장고가 위치한 스발바르제도는 앞으로 몇십 년 동안 기온이 올라도 여전히 영구동토층으로 남을 것이다. 따라서 정전 사태가 벌어져도 종자는 냉동 상태를 유지할 수 있다. 이곳에서 보관하는 종자는 더 위험한 곳에 있는 다른 종자 은행 씨앗의 백업용, 즉 일종의 예비 물자라 할 수 있다. 100만 종 이상 되는 전 세계 작물의 종자가 진공 포장된 알루미늄 봉투에 담긴 채 상자에 -17.5℃로 보관된다. 이곳은 농업 재해에 대비한 보험이다. 정권이나 정치색과 관계없이 모든 국가의 종자를 보관하기에 전 세계 농업을 위한 노아의 방주라고 할 수 있다.

↓ 마치 동화 속 한 장면처럼, 금속 보행로를 따라가면 황량한 언덕 속으로 이어지는 문을 만난다.

"씨앗은 모든 것의 근본이다.
우리가 먹는 것뿐 아니라 입는 것,
우리를 둘러싼 모든 자연의 기초다."

세계작물다양성기금, 마리 하가

대형 강입자 충돌기

스위스, 메랭 | 2008년

프랑스와 스위스를 잇는 지하 터널에 있는 대형 강입자 충돌기는 유럽원자핵공동연구소(CERN)에서 제작했다. 1984년부터 계획된 이 장치로 입자 물리학이론을 시험할 수 있다. 엄청나게 빠른 속도와 높은 온도에서 입자를 충돌시켜서 빅뱅이 발생하는 조건을 재현하는 것이 목표로, 수많은 과학자는 여기에 물체가 질량을 얻는 방법의 비밀이 숨어 있다고 여긴다.

부르즈 할리파

아랍에미리트, 두바이 | 2010년

현재 전 세계에서 가장 높은 건물이자 고급 호텔인 부르즈 할리파는 건설 과정에서 일군 눈부신 기술적 성취로 유명하다. 겉모습은 돛을 모두 올린 아랍의 전통 범선 다우dhow를 닮았다. 건축 회사 스키드모어오윙스앤드메릴에서 설계를 맡았는데, 이 회사는 이전까지 세계에서 가장 높은 건물이었던 윌리스타워(340쪽 참고)도 설계했다. 지면에 닿은 건물 아랫부분은 곡선형 날개 3개가 하나의 중심으로 모인 형태로, 어떤 건물과도 다른 독특한 특징이다.

← 부르즈 할리파의 반짝이는 겉면은 알루미늄과 스테인리스강 패널로 만들었다.

아프리카 르네상스 기념 조각상

세네갈, 다카르 | 2010년

경제 위기 속에서 건설되며 논란을 일으킨 랜드마크.

다카르 외곽의 언덕 위, 남성과 여성, 아동의 모습을 한 높이 50여 미터의 청동 조각상이 대서양을 향해 몸을 기울이고 있다. 압둘라예 와데 대통령이 세네갈의 독립 50주년을 기념하고자 만든 조각상이다.

아프리카 르네상스는 1940년대에 처음 등장한 개념으로, 아프리카 국가를 하나의 국제 세력으로 통합하고자 하는 사상이다. 2001년에 아프리카의 55개국이 모여서 만든 아프리카연합(AU)도 아프리카 르네상스를 바탕으로 시작됐다.

하지만 기념상에는 부정적인 평가가 쏟아졌다. 세네갈 국민의 47퍼센트가 빈곤선 이하로 생활하는데, 조각상 제작에 2,700만 달러나 들어갔기 때문이다. 게다가 남성과 여성이 거의 알몸으로 표현된 탓에 이슬람교를 믿는 국민 대다수가 못마땅하게 여겼다. 루마니아 출신 프랑스 작가 비르질 마게루산이 설계하고, 북한의 만수대 창작사가 제작한 이 기념물은 세네갈만의 창의성을 반영하지도 못했다.

> "당당히 21세기에 들어선 아프리카는 어느 때보다 스스로 운명을 쟁취할 준비가 됐습니다."
>
> 세네갈의 압둘라예 와데 대통령, 기념 조각상 제막식 연설, 2010년 4월 3일

↓ 북한 만수대 창작사에서 만든 작품답게 극도의 영웅주의적 표현이 두드러진다.

단양-쿤산 대교

중국, 장쑤성 쑤저우 샹청 | 2011년

길이가 165킬로미터에 이르는 이 다리는 중국의 3개 성을 가로지른다. 당국이 교통 문제를 개선하고자 85억 달러 이상을 투자해서 양쯔강 삼각주를 따라 단양-쿤산 대교를 건설했다. 가장 커다란 난관은 높이가 전혀 다른 지역을 모두 통과하는 긴 구조물을 안전하게 관리하는 작업이었다. 완공된 다리는 지진과 토네이도를 견디고 선박 충돌을 방지하는 기능까지 모두 갖췄다.

제인의 회전목마

미국, 뉴욕 브루클린 | 2011년

제인의 회전목마(원래는 이도라 공원의 회전목마였다)는 1922년 만들어졌다. 이 빈티지 놀이기구는 오하이오주 영스타운에 있었는데, 1984년 부동산 거물 데이비드 월렌터스와 제인 월렌터스 부부가 사들였다(나중에 회전목마에 제인의 이름을 붙였다). 부부는 20년 동안 회전목마의 목마 48개와 주변을 원래 상태로 복원했고, 오늘날 회전목마는 브루클린 브리지 공원의 명소로 떠올랐다. 브루클린 브리지의 교각 바로 옆, 강가와 맞닿은 곳에 자리한 회전목마를 프랑스 건축가 장 누벨이 화강암, 강철, 아크릴로 만든 투명한 '보석 상자'가 보호하고 있다. 이 구조물 덕분에 사람들은 1년 내내 회전목마를 즐길 수 있다.

↓ 제인의 회전목마가 있는 브루클린 브리지 공원에서는 옛것과 새것의 결합을 볼 수 있다.

리쿠젠타카타 홈포올

일본, 리쿠젠타카타 | 2011년

유치원부터 사교 모임 장소까지 더 많은 사회적 소통 공간을 제공하려는 홈포올Home-for-All 운동은 건축가 단체가 2011년에 일본을 강타한 대지진과 쓰나미의 파괴적 영향에 대응하기 위해 시작했다. 해안 도시 리쿠젠타카타에 홈포올이 지은 집은 특히나 인상적이다. 마치 나무 기둥이나 죽마 위에 세운 집처럼 거대한 삼나무 기둥을 중심으로 지었는데, 우연히 해안으로 밀려온 유목을 연상시키는 자태다.

↓ 홈포올 프로젝트는 비용이 저렴하고 지역사회에 도움이 되는 건물을 설계한다.

아베오쿠타 숲속의 집

나이지리아, 오군주 | 2012년

극작가이자 시인, 소설가로서 아프리카 최초의 노벨상 수상자인 월레 소잉카는 전 세계를 돌아다니며 활동하고 생활했다. 대담하고 솔직한 정치적 발언 때문에 고국 나이지리아에서 추방당하기도 했지만, 그의 집은 여전히 고향 아베오쿠타 근처에 있다. 도시 외곽의 숲에 있는 집은 소잉카의 근거지다.

벽돌과 목재로 지은 집은 숲으로 뒤덮인 4만 제곱미터 땅에 자리 잡았다. 소잉카가 평생 수집한 책과 예술품이 집 안 곳곳에 가득하다. 지난 10년 사이에 손님으로 찾아오는 예술가와 작가를 위한 별관, 라이브 공연을 위한 원형극장까지 생기며 이 조용한 시골집은 완벽해졌다. 탄소 발자국을 최소로 줄이고자 주변의 숲을 세심하게 관리하며, 태양광 패널도 설치했다.

소잉카는 월레소잉카재단 활동을 통해 예술가의 창작 활동을 돕고, 자신의 유산도 지켜나가고 있다.

싼샤 댐

중국, 후베이성 | 2012년

장단점을 동시에 지닌 놀라운 공학적 성취.

싼샤 댐은 전력을 생산하고 예상치 못한 홍수의 영향을 완화하기 위한 댐이다. 하지만 댐 건설을 두고 찬반 논란이 분분했다. 마오 쩌둥은 댐을 강하게 지지했지만, 반대를 무릅쓸 수는 없었다. 마침내 1992년 건설이 승인됐을 때조차 의원 수의 3분의 1이 반대표를 던졌을 만큼 이 문제는 정치적으로 뜨거운 감자였다.

양쯔강을 가로지르는 싼샤 댐은 전 세계에서 가장 커다란 수력 발전 댐으로, 너비가 2,335미터, 높이가 185미터다. 2006년에 완공됐고, 2012년에 발전 용량이 최대치에 도달했다. 댐 덕분에 석탄 발전의 필요성이 줄어들었고, 저수지 덕분에 선박이 충칭까지 내륙으로 항해할 수 있어 도로 교통량도 감소했다.

하지만 댐 건설 때문에 130만 명이 이주했고, 자연 풍경과 고고학 유적지가 수없이 파괴됐으며, 주변 환경이 돌이킬 수 없을 정도로 훼손됐다. 강의 퇴적물이 이동하며 산사태도 더 많이 발생했다. 일부 과학자는 지형이 불안정해져서 지진도 더 자주 일어날 수 있다고 염려한다.

> "싼샤 댐과 저수지 건설은 모든 환경 변화의 시발점이다."
>
> 열대 의학 전문가, 조지 데이비스

↓ 거대한 싼샤 댐이 완공되며 추정상 1,500개가 넘는 마을과 도시가 침수됐다.

라나 플라자 공장

방글라데시, 다카 | 2013년

패스트 패션으로 치러야 할 대가를 널리 알린 비극.

2014년 4월 24일 아침, 다카 외곽의 8층짜리 상업 건물 라나 플라자가 갑자기 무너졌다. 건물 내부의 근로자 1,134명이 사망했고, 2천여 명이 심각하게 다쳤다. 이 건물은 유명 글로벌 브랜드의 옷을 만드는 봉제 공장이었다. 열악한 건물 상태에 대한 문제 제기가 이미 한동안 있었다는 사실이 밝혀져 이 참사는 국제적 스캔들로 번졌다. 이곳 노동자들은 생계를 위해 위험한 환경에서 일하고 있었다. 서구 패션 브랜드와 소비자 모두 저렴한 옷에 대한 대가가 정당한지 양심을 돌아봐야 했다. 10년이 지난 뒤, 의류 노동자 노조의 강력한 캠페인 덕분에 안전 보호 조치가 일부 시행됐지만, 임금은 여전히 낮다. 패스트 패션의 인간적·생태적 비용에 대한 전 세계 인식이 높아지기까지는 아직 갈 길이 멀다.

"우리는 아직까지 '생산량을 줄이고, 정당한 급여를 받는 사람들이 만든 더 나은 옷을 내놓겠다'라고 말하는 브랜드를 보지 못했다."

변호 단체 '패션 혁명', 오르솔라 데카스트로

↑ 라나 플라자의 벽에 커다란 균열이 생겼는데도 노동자들은 강제로 일해야 했다. 며칠 뒤 공장이 붕괴해 국제적인 스캔들로 번졌다.

마코코 수상 학교

나이지리아, 라고스 | 2013년

마코코는 아프리카의 베네치아로 불리지만, 사실 극도로 가난한 지역이다. 주민은 라고스 석호의 수상 가옥에서 힘들게 살아가며, 공공 서비스는 거의 없다. 하지만 지역 재생 계획의 일환으로 혁신적인 수상 학교가 세워졌다. 단순한 A 자 모양 목조 구조물은 생태계에 미치는 영향을 최소화하도록 설계됐고, 플라스틱 통의 부력을 빌려 물 위에 떴다. 안타깝게도 2016년에 폭우로 원래 구조물이 무너지고 말았다.

"라고스에서든 베네치아에서든, 상징적이면서도 실용적인 건축이 교육의 중요성을 확대할 수 있다는 강력한 증거다."

2016년 베네치아 건축 비엔날레 수상

➜ 수상 학교는 단순한 설계를 토대로 지어서 저렴했지만, 너무 가벼운 탓에 폭우를 견디지 못했다.

미란치 두 가비앙 로지

브라질, 히우네그루강 | 2014년

히우네그루강 유역의 외딴 아나비하나스 국립공원 가장자리에 있는 미란치 두 가비앙('매의 둥지'라는 뜻)은 주변 경관에 미치는 영향을 최소화하고자 설립된 생태 캠프장 숙소다. 건물은 현지에서 조달한 자재로 꼼꼼하게 지어졌다.

'지속 가능한 건축'이 전문 분야인 건축 회사 아틀리에오라일리는 아마존 원주민이 강에서 사용하는 배의 뒤집힌 선체 모양을 본떠서 지붕을 지었다.

덥고 습한 환경이라 환기가 중요한데, 발코니와 나무로 된 보도, 지붕 등 모든 면이 다른 표면으로부터 떨어져 있어 건물 전체에서 공기 흐름이 원활하다. 내부의 가구와 직물은 지역의 장인과 협업해 제작했다.

보스코 베르티칼레

이탈리아, 밀라노 | 2014년

'녹색 벽' 건물의 가장 성공적인 사례로 꼽히는 보스코 베르티칼레('수직 숲'이라는 의미)는 철근콘크리트로 지은 아파트 한 쌍이다. 건물 외관은 2만 그루가 넘는 나무와 관목, 작은 식물로 덮여 있다. 식물은 공기 질을 개선하고 건물 내부 온도를 안정적으로 유지한다. 태양광 패널과 물을 재활용하는 시스템 덕분에 아파트는 에너지 발자국을 줄이는 데도 한몫한다.

➜ 보스코 베르티칼레는 겉을 빼곡하게 뒤덮은 식물 덕분에 내부가 시원하게 유지된다.

디 에지

네덜란드, 암스테르담 | 2015년

건축 회사 PLP아키텍처는 회계 법인이자 컨설팅 회사 딜로이트가 암스테르담 본사로 쓸 차세대 사무실 건물을 설계했다. 15층 건물 '디 에지The Edge'는 에너지 수요를 아주 효율적으로 관리한다. 지속 가능성 평가에서 98.3퍼센트라는 인상적인 점수를 받았는데, 태양광 패널과 빗물 수집 장치, 건물 온도를 조절하는 대수층 열에너지 시스템을 모두 갖췄다. 센서 수천 개가 필요에 따라 에너지를 일시 차단할 곳을 계산한다. 직원이 건물에 도착하면 앱이 주차 공간을 안내하고, 어느 자리에서 근무할지 알려준다. 그야말로 궁극의 핫데스킹(고정된 자리 없이 필요할 때마다 자리를 배정하는 방식—옮긴이)이다.

스미스소니언 아프리카계 미국인 역사·문화 박물관

미국, 워싱턴 D.C. | 2016년

아프리카계 미국인의 경험에 전념하는 박물관을 건립한다는 계획은 1세기 넘게 추진됐지만, 2003년에야 마침내 승인받았다. 완공된 박물관은 아프리카와 아프리카계 미국인 문화에 관한 내용으로 가득 차 있다. 거꾸로 뒤집힌 계단식 피라미드 모양 건물은 서아프리카 요루바족의 왕관을 상징한다. 건물을 장식한 청동 패널은 노예가 된 아프리카계 미국인이 만든 연철 제품을 상기시킨다.

↓ 박물관은 정교한 연철 패널로 이루어진 새장 형태의 망에 둘러싸여 있다.

스미다 호쿠사이 미술관

일본, 도쿄 | 2016년

가쓰시카 호쿠사이는 일본 미술이 낯선 사람도 익히 알 만한 상징적인 판화 〈가나가와 해변의 높은 파도 아래〉로 유명한 화가다. 호쿠사이는 도쿄 스미다구에서 평생을 살았는데, 그곳에 그의 업적을 기리는 박물관이 들어섰다. 건축가 세지마 가즈요는 블록처럼 단순한 4층 건물을 만들고, 알루미늄 외피로 완전히 감싸 하늘을 반사하게 했다. 18-19세기에 제작한 호쿠사이의 작품은 손상되기 쉬워 실내로 빛이 많이 들어오지 않게 주의해야 한다. 세지마는 건물의 각 동이 서로를 향해 기울어지며 만든 V 자 모양 틈새 안쪽에 유리를 설치하는 세련된 방법으로 이 문제를 해결했다.

↓ 스미다 호쿠사이 미술관 설계는 실내로 들어오는 빛을 신중하게 걸러서 귀중한 판화를 보호한다.

남아메리카 바하이 사원

칠레, 산티아고 | 2016년

기술적으로나 시각적으로나 혁신적인 바하이 사원은 바하이 신앙을 기리고자 전 세계 곳곳에 새롭게 지어진 사원 8곳 가운데 하나다. 건물은 살짝 비틀어진 '날개' 9개로 구성되는데, 날개를 이루는 대리석과 유리 패널 수천 개가 사방으로 빛을 반사한다. 곡선 형태의 날개가 모인 건물은 꽃봉오리가 피어나는 모습을 표현한다.

↑ 꽃봉오리를 닮은 사원 구조는 아름답게 꾸민 주변 정원과 잘 어울린다.

단다지 도서관

니제르, 단다지 | 2019년

이 도서관은 니제르의 수도 니아메에 위치한 건축 회사 아틀리에마소미와 생태 건축 전문 회사 스튜디오차하르가 공동으로 구상·건설했다. 사실상 버려진 채 '녹아내리던' 모스크를 창의적이면서 단순하게 개조한 건물이다. 기존의 어도비 벽돌 위에 목재와 금속으로 만든 메자닌을 추가했다. 맞은편에는 현지에서 만든 압축 흙벽돌로 새로운 모스크가 지어졌고, 사람들은 도서관(공부하고 일하는 곳)과 모스크(기도하는 곳) 사이를 자연스럽게 오간다.

← (위)모스크에 원래 있던 벽감은 새로운 도서관의 책장을 놓는 데 쓰였다.

주얼

싱가포르, 싱가포르 창이 공항 | 2019년

창이 공항은 장거리 비행 노선을 이용하는 여행객에게 인기 있는 허브 공항으로 발돋움하기 위해 오락과 쇼핑을 위한 복합 공간, 주얼을 만들었다. 독특하게도 주얼은 푸르른 녹색 풍경을 선사한다. 지붕의 중앙 채광창에서 쏟아지는 '레인 보텍스'(세계에서 가장 긴 실내 폭포)와 놀라울 만큼 규모가 큰 시세이도 포레스트 밸리 식물원이 대표적이다.

← (아래)주얼은 교통 허브와 대규모 녹화 프로젝트를 결합해 양쪽 모두의 이점을 살린 독특하고 성공적인 실험이다.

유럽연합 의회 의사당

벨기에, 브뤼셀 | 2020년

1995년에 완공된 폴앙리 스파크 건물에는 유럽연합 회원국이 사용하는 의회 회의실과 사무실이 있다. 2020년 1월 31일, 바로 이 건물에서 62년 유럽연합 역사상 최초로 영국이 공식 탈퇴했다.

화난 수산물 도매시장

중국, 후베이성 | 2020년

우한의 수산물 시장은 중국 전역과 전 세계에 걷잡을 수 없이 퍼진 코로나바이러스의 발원지로 악명 높다. 이 시장에서는 다양한 종의 살아 있는 동물을 판매했는데, 동물이 보균한 바이러스가 종을 넘어 사람에게 옮겨 간 것으로 추정된다. 중국 우한이 COVID19 팬데믹의 진원지임은 확실하지만, 시장이 아니라 우한 바이러스 연구소에서 바이러스가 '유출'됐다는 주장도 있다. 시장은 2020년 1월 1일 영구 폐쇄됐다.

프린스턴대학교 공공·국제 문제 대학원

미국, 뉴저지주 프린스턴 | 2020년

원래 이 대학원의 이름은 미국 제35대 대통령인 우드로 윌슨의 이름을 땄다. 하지만 21세기에 들어 윌슨의 인종 차별적 견해를 비판적으로 재평가하는 움직임이 일어나며 대학원 이름도 논란의 대상에 올랐다. 2020년 경찰의 조지 플로이드 살해 사건을 향한 분노를 시작으로 블랙라이브스매터 운동이 벌어지자, 프린스턴대학교는 대학원 명칭에서 우드로 윌슨을 삭제했다. 프린스턴대학교 외에도 많은 기관이 이름을 재고하는 물결에 동참했다.

↓ 블랙라이브스매터 시위가 시작되자, 전 세계의 수많은 대학 건물에서 논란의 여지가 있는 인물의 이름을 삭제하라는 요구가 터져 나왔다.

건축 용어 해설

ㄱ

· **경간**(徑間, span)
다리나 건물에서 기둥과 기둥 사이의 거리. 거리가 길수록 구조적 설계와 기술이 중요하다.

· **공포**(栱包, bracket)
처마 끝의 무게를 받치기 위해 기둥머리에 나무쪽을 짜맞춰 댄 구조물. 단청을 집중적으로 입히는 지점이며, 주로 한국과 중국의 전통 건축에서 볼 수 있다.

· **국제주의 양식**(International Style)
1920-1930년대 형성된 근대 건축 경향으로, 특정 국가나 지역의 전통을 배제하고 산업화된 재료와 기술을 바탕으로 한 보편적인 건축 언어를 추구했다. 장식을 배제한 단순한 형태, 직선적 구성, 유리·강철·콘크리트의 사용이 특징이다.

· **굴림대**
무거운 물건을 옮길 때 그 밑에 깔아서 굴리는, 둥근 나무나 철로 된 원통형 물체.

· **그리스 부흥 양식**(Greek Revival style)
18세기 말-19세기 유럽과 미국에서 유행한 양식으로, 고대 그리스 건축을 의도적으로 재현한 신고전주의 양식. 주로 그리스 신전의 특징을 차용했고. 공공건물과 기념물에 사용되어 권위와 영속성을 상징했다.

· **기단**(基壇, platform)
건축물의 터를 반듯하게 다듬은 다음에 터보다 한 층 높게 쌓은 단.

· **기둥머리**(capital)
기둥의 맨 윗부분.

ㄴ

· **내력벽**(bearing wall, 耐力壁)
지붕이나 위층의 하중을 지탱해 기초로 전달하는 구조적 역할을 하는 벽. 건물의 무게를 떠받치는 주요 구조체 중 하나로, 철거하거나 변경할 때 건물 안전에 큰 영향을 미친다.

· **내쌓기**(corbelling)
벽돌이나 돌을 쌓을 때 아래층보다 바깥으로 내밀어 쌓는 방식. 지지대나 장식용으로 사용된다.

ㄷ

· **다이어그리드**(diagrid)
대각선 지지대를 반복적으로 사용해 건물의 안정성을 높이는 구조물. 주로 초고층 건물에서 독특한 외관을 만드는 데 쓰인다.

· **도리스 양식**(Doric order)
고대 그리스 건축의 가장 오래되고 단순한 양식으로, 기원전 7세기경 그리스 본토에서 발달해 5세기 고전기에 전성기를 누렸다. 장식 없이 견고하고 간결한 형태가 특징이고, 기둥머리가 매우 단순한 구조를 띤다. 주로 신전이나 주요 공공건물에 사용됐다. 도리안 양식이라고도 한다.

· **돋을새김**(relief, 浮彫)

평평한 면에 글자나 그림을 도드라지게 새기는 조각 기법. '부조'라고도 한다.

· **돌방**(stone chamber)

고분 안에 석조로 축조한 방. 석실이라고도 한다.

· **돌방무덤**(석실묘)

돌로 널을 안치하는 방을 만들고 그 위에 흙을 쌓아 봉토를 만든 무덤. 널길(고분 입구에서 시체를 안치한 방까지 이르는 길)이 달려 있고 천장 구조가 다양하다.

· **돔**(dome)

반구형으로 된 지붕 구조. 로마 판테온 신전이나 성당 등에서 기념비적인 공간을 만드는 데 사용된다.

· **뗏장**(sod)

흙이 붙어 있는 상태로 뿌리째 떠낸 잔디의 조각.

ㄹ

· **로마네스크 양식**(Romanesque)

10-12세기 유럽에서 성행한 건축양식. 로마의 양식을 부활시키고 비잔틴미술의 동방 요소를 받아들여 만들어진 유럽 중세 양식의 전반부 단계. 두꺼운 벽과 육중한 볼트 구조가 특징이다.

· **로코코 양식**(Rococo style)

18세기 전반, 프랑스에서 바로크 양식에 반발해 발생한 양식. 섬세하고 우아한 곡선과 소용돌이 장식, 밝고 화려한 색채가 특징이다. 주로 실내 장식과 귀족 주택에 사용했다.

· **르네상스 양식**(Renaissance style)

15-16세기 유럽에서 고대 그리스·로마의 건축을 되살리려 한 양식. 비례·대칭·조화를 중시했고, 기둥·아치·돔 등을 활용해 합리적 아름다움을 추구했다.

· **리바트**(ribat)

이슬람 세계에서 국경 방어나 확장을 위해 세운 군사 요새.

ㅁ

· **마누엘 양식**(Manueline style)

16세기 초 포르투갈에서 발달한 건축 양식. 후기 고딕을 바탕으로 하되, 대항해시대의 영향으로 밧줄, 닻 등 해양 관련 모티브와 자연주의적 장식을 풍부하게 사용한다.

· **마스타바**(mastaba)

고대 이집트 초기 왕조와 고왕국 시대에 사용된 직사각형 평면의 무덤 건축물. 경사진 단층 외벽이 특징이다.

· **메자닌**(mezzanine)

건물의 두 층 사이에 부분적으로 설치된 중간층.

· **모르타르**(mortar)

회나 시멘트에 모래를 섞고 물로 갠 접착 재료. 굳으면 단단해져 벽돌이나 석재를 쌓는 데 주로 쓰인다.

· **모트앤드베일리**(Motte-and-bailey)

중세 유럽에서 사용된 초기 성채 건축양식. 흙 언덕 위의 탑인 '모트'와 평지의 성벽 안 공간인 '베일리'로 이루어진다.

· 미드센추리 모던 양식(Mid-century Modern)

제2차 세계대전 이후 미국을 중심으로 확산된 건축 양식. 기능주의와 단순한 기하학적 형태, 자연광 활용, 실내외 공간의 연속성을 중시한다. 콘크리트·유리·철골 구조가 특징이다.

ㅂ

· 바로크 양식(Baroque style)

16세기 말-18세기 유럽에서 유행한 건축양식. 비정형과 과장, 빛과 그림자의 대비, 역동성과 기념비성 등을 강조했다.

· 바실리카(Basilica)

기다란 직사각형 구조로, 중앙의 넓은 공간과 양쪽 통로로 구성된다. 고대 로마에서는 재판이나 공공 모임 용도로 쓰였고, 이후 초기 기독교 교회의 기본 형태가 됐다. 건물 끝의 반원형 공간은 중요 의식이나 제단을 위한 자리로 쓰였다.

· 박공(gable, 搏栱)

경사진 지붕의 양쪽 끝부분에서 지붕면과 벽이 이루는 삼각형 단면의 모서리. 고대 그리스 신전에서는 '페디먼트'라고 불렀다.

· 배럴 볼트(barrel vault)

반원형 아치 모양의 천장 구조. '둥근 천장' 혹은 '궁륭 천장' 등으로도 부른다.

· 백악(chalk, 白堊)

흰색 또는 회백색을 띠는 부드러운 석회암. 해양 미생물(유공충)이 죽은 뒤, 그 껍데기가 오랜 시간 바다 밑에 쌓여 굳어진 것이다.

· 버트레스(buttress)

서양 건축에서 건물의 높은 외벽을 보강하기 위해 벽에서 돌출시켜 만드는 버팀벽(부벽). 주로 중세 건축에서 많이 사용했다.

· 벨 에포크 양식(Belle Éoque style)

19세기 말-20세기 초, 프랑스 파리에서 나타난 화려하고 낙관적인 분위기의 건축 양식. 아르누보와 신고전주의 요소가 혼합된 것이 특징이다.

· 벽감(niche, 壁龕)

장식을 위해 벽면을 오목하게 파서 만든 공간. 등잔이나 조각품 따위를 세워둔다.

· 보자르 양식(Beaux-Arts style)

19세기 후반 프랑스 파리의 에콜 데 보자르(국립고등미술학교)에서 가르친 신고전주의 건축 양식으로, 웅장한 규모, 엄격한 대칭, 화려한 장식이 특징이다. 주로 박물관, 기차역, 관청 등 공공건물에 적용했다.

· 볼트(vault)

아치를 길게 이어 붙이거나 교차시켜 만든 둥근 천장이나 지붕 구조. 돌이나 벽돌 같은 무거운 재료로 넓은 공간 위를 덮을 때 사용된다. 배럴 볼트, 교차 볼트, 돔 등 다양한 형태가 있다.

· 브레이싱(bracing)

구조물의 안정성을 높이고자 사선 방향으로 추가하는 보강재. '가새'라고도 한다.

· 브루탈리즘 양식(Brutalism)

1950-1970년대 유행한 건축 양식. 거친 콘크리트를 그대로 드러내고, 기능성을 중시하며, 묵직하고

강한 형태가 특징이다.

· 블루스톤(bluestone)
청회색을 띠는 내구성이 강한 천연석을 통칭하는 말. 주로 사암이나 석회암 종류가 많고, 바닥이나 벽체 마감재, 포장재 등에 널리 쓰인다.

· 비잔틴 양식(Byzantine style)
4세기 이후 동로마제국에서 발달한 건축양식. 거대한 돔, 화려한 모자이크 장식, 중앙 집중식 평면이 특징이다. 시작 시점을 6세기로 보기도 한다. 비잔틴 제국이 멸망하는 1453년까지 계속됐다.

ㅅ

· 사슨석(sarsen stone)
영국 남부 평원에서 발견되는 단단하고 밀도 높은 사암 거석. 스톤헨지의 가장 크고 주된 기둥 돌을 만드는 데 사용된 선사시대 건축 재료다.

· 상인방(上引枋, lintel)
문이나 창문 위에 가로로 놓는 구조재. 그 위에 쌓는 벽이나 지붕의 무게를 받아 지지하는 역할을 한다.

· 선돌(menhir)
선사시대에 자연석이나 다듬은 돌기둥을 땅 위에 세운 거석 기념물. 족장의 위력을 나타내거나 신앙의 대상, 묘비 등의 용도로 세웠을 것이다.

· 수직 양식(perpendicular style)
1350-1530년 유행한 영국의 후기 고딕 건축 양식. 이전 시대보다 직선을 많이 사용해 '수직'이라는 이름이 붙었다.

· 스코틀랜드 버러니얼(Scottish Baronial)
16세기 스코틀랜드의 성이나 저택에 영향을 받은 건축 양식. 방어용 탑, 경사진 지붕, 벽감 창문 등이 특징이며, 고딕과 르네상스 요소가 섞인 영국 지역주의 건축이다.

· 스탈린 양식(Stalinist architecture)
1930-1950년대 소련과 사회주의 국가에서 유행한 건축 사조. 규모가 크고 장식적인 신고전주의 양식으로, 전체주의 국가에서 사회주의 체제의 권위와 승리를 시각적으로 보여주기 위해 설계됐다.

· 스토아(stoa)
고대 그리스 도시에서 광장이나 주요 도로를 따라 세워진 길쭉한 회랑형 건축물로, 줄지어 세운 기둥이 특징이다. 보행, 휴식, 상업 활동, 토론 등 공적 생활을 위한 공간으로 사용했다.

· 스투파(stupa)
부처나 성자의 사리(유해)를 모시기 위해 인도에서 흙이나 돌을 반구형으로 쌓아 만든 묘탑. 오늘날 아시아 불교 국가에 나타나는 '탑'의 원형이다.

· 스팬드럴(spandrel)
아치의 상단과 직사각형 프레임 사이에 만들어지는 삼각형 공간.

· 슬래브(slab)
층과 층 사이, 혹은 맨 위층과 지붕 사이를 수평으로 나누는 평평하고 두꺼운 판 모양의 구조물. 건물 내부의 하중을 지탱하는 핵심 뼈대 역할을 한다.

· 시렁(Shelf/Rafter)

물건을 얹어두기 위해 방이나 마루 벽에 긴 나무를 붙여 만든 선반.

· 시카고 스쿨(Chicago school)

1880-1900년대 초 시카고에서 활동한 건축가들과 그들이 설계한 건물. 철골 구조와 대형 유리창을 활용한 상업용 건물을 처음 선보이며, 새로운 공간 미학을 발전시켰다.

· 신고딕 양식(Gothic Revival/neo-Gothic)

1740년대 영국에서 시작해 20세기 초까지 서양에서 유행한 리바이벌 건축양식으로, 고딕 건축의 전형적 요소를 차용했다. 중세의 종교적 상징성과 장엄한 분위기를 재해석한 것이 특징이다.

· 신고전주의 양식(Neoclassicism)

18세기 중반 유럽에서 시작해 20세기 초까지 서양에서 유행한 양식으로, 고전 건축의 이상적인 비례와 질서를 추구했다. 과장된 바로크나 로코코에 반발해 엄격함과 절제된 우아함을 강조했고, 공공건물에 많이 사용됐다.

ㅇ

· 아르누보 양식(Art Nouveau style)

1890-1910년경, 유럽에서 유행한 장식 예술 양식. 덩굴, 꽃, 곡선 등 자연 모티브를 사용해 유기적이고 자유로운 형태를 특징으로 한다.

· 아르데코(Art Deco)

1920-1930년대 프랑스와 미국을 중심으로 유행한 장식 예술 양식. 기하학적 형태, 대칭, 강렬한 색상이 특징이며, 모던함과 고급스러움을 추구했다.

· 아키트레이브(architrave)

고전 건축에서 기둥 위에 놓이는 엔타블러처의 아래층을 이루는 수평 구조물. 기둥의 하중을 상부 구조로 전달하는 역할을 한다.

· 아트리움(atrium)

건물 중앙에 두는 개방형 공간으로, 위쪽을 유리 천장 등으로 덮어 자연광과 공기를 들이기 위해 사용된다. 고대 로마 주택에서 시작해 오늘날에는 대형 상업 시설이나 공공건물의 중심 공간에 활용된다.

· 어도비(adobe)

물과 섞은 흙이나 짚 등의 유기물로 만드는 건축 재료.

· 애프스(apse)

교회에서 제단이 위치한 본당 끝과 같이 건물이나 방에 부속된 반원형 또는 다각형 공간. 보통 돔이나 반원형 천장으로 덮여 있다.

· 엔타블러처(entablature)

고전 건축에서 기둥 위에 놓여 지붕을 받치는 수평 구조물. 아래쪽에는 기둥과 연결되는 단단한 지지 부분(아키트레이브)이 있고, 그 위로 장식 띠(프리즈)와 처마 역할을 하는 부분(코니스)이 차례로 놓인다.

· 연방 양식(Federal style)

1780-1830년대 미국에서 유행한 건축양식. 대칭적 정면, 붉은 벽돌, 흰색 장식 등이 특징이며, 독립 후 연방정부 수립 시기의 미국 정체성을 반영했다.

· 연석(緣石)

차도와 인도 또는 차도와 가로수 사이의 경계를 이루는 돌.

- **열주(列柱, colonnade)**
  수평 구조물을 지탱하기 위해 일정한 간격으로 늘어선 기둥의 배열. 기둥 사이로 회랑 형태의 공간(주랑)이 형성되기도 한다. 콜로네이드라고도 한다.

- **옹벽(擁壁, retaining wall)**
  땅을 깎거나 흙을 쌓아 생기는 비탈이 흙의 압력으로 무너져 내리지 않도록 만든 벽.

- **이엉(thatch)**
  초가집 지붕이나 담을 만들기 위해 짚이나 억새, 갈대 따위로 엮은 재료.

ㅈ

- **자포니즘(Japonisme)**
  19세기 중반 이후 서양에서 유행한 일본풍 미술·장식 사조. 간결한 형태, 단순한 색채, 자연 소재 활용을 특징으로 하며, 건축과 인테리어에도 영향을 미쳤다.

- **장부 이음(mortise and teno)**
  건축 자재를 짜맞추는 방법 중 하나로, 한 자재에 홈을 파서 장붓구멍(mortise)을 만들고, 다른 끝을 그에 맞춰 깎아 장부촉(tenon)을 만든 뒤, 장붓구멍에 장부촉을 넣어 연결하는 원리다.

- **전실(前室, anteroom)**
  능이나 묘비의 본실 앞에 있는 작은 방. 의식이나 제례를 위해 마련된 입구 공간이다.

- **정착구(anchorage)**
  강철로 된 줄 끝을 콘크리트 안에 단단히 고정해 구조를 안정시키는 장치.

- **주랑(柱廊, colonnade)**
  기둥이 일정 간격으로 늘어서 수평 구조물(들보)을 받치는 회랑 형태의 공간. 고대 이집트에서 등장해 그리스·로마 시대에 발달했고, 바로크 및 고전주의 건축에서도 흔히 보인다.

- **주심포(柱心包)**
  전통 목조건축에서 기둥머리 바로 위에 짜맞춰 설치하는 공포 구조. 기둥 위에 곧바로 얹히기 때문에 구조가 간결하며, 처마와 지붕의 하중을 기둥으로 직접 전달하는 역할을 한다. 고려시대 이후부터 조선 초기까지 사찰 건축에서 널리 사용됐다.

- **지붕널(roof board)**
  건물의 지붕을 덮기 위해 사용하는 얇은 나무판.

ㅊ

- **측지 돔(geodesic dome)**
  삼각형이나 다각형 부재를 조합해 구 형태를 만드는 돔 구조. 구조 전체에 힘이 고르게 분산되어 가볍고 튼튼하며 효율적이다.

- **치장 벽토(stucco)**
  골재, 분말, 물 등을 섞어 벽돌이나 콘크리트 벽면에 바르는 미장 재료. 굳으면 단단해져 방화성과 내구성을 높이고, 장식 효과도 있다.

ㅋ

- **카리아티드(caryatid)**
  여신의 모습을 조각해 세운 기둥 형태의 조각상으로, 구조와 장식 역할을 겸한다.

· 캔틸레버(cantilever)

한쪽 끝만 고정되고 다른 쪽 끝은 받쳐지지 않은 구
조물. 돌출 구조나 다리, 발코니, 등에 활용된다.

· 케이슨(caisson)

강철이나 철근콘크리트 등으로 만든 상자 모양의 구
조물. 수중에서 건물 기초를 설치할 때 사용한다. 내
부에 작업자가 들어가 바닥을 다지거나 기초를 쌓을
수 있으며, 일부는 건축물의 기초로 남기도 한다..

· 코벨(corbel)

돌이나 벽돌을 튀어나오게 층층이 쌓아 올려 천장
이나 지붕을 덮는 구조 방식. 아래층 돌보다 위층 돌
을 조금씩 중앙으로 내밀어 쌓아 올리는 방법으로,
역삼각형 모양으로 내부 공간이 좁아지면서 돔이나
아치 형태를 만든다. '코벨링' 혹은 '내쌓기' 라고도
한다.

· 큐폴라(cupola)

돔 위에 설치하는 소형 구조물로 채광, 환기, 종탑 기
능을 겸한다. 르네상스·바로크 건축에서 장식의 중
심 혹은 시각적 강조를 위해 사용되기도 한다.

· 클로칸(clochán)

아일랜드 남서부 해안가에서 주로 발견되는 전통 돌
집. 흙이나 시멘트 없이 돌을 층층이 쌓아 올리는 건
조식 공법과 벌집 모양의 돔 지붕이 특징이다. 고대
켈트족의 건축 전통에 뿌리를 두며, 주로 초기 기독
교 수도사들의 수도실로 사용했다.

ㅌ

· 톨로스(tholos)

미케네 문명에서 나타나는 원형 평면의 무덤. 층층

이 안쪽으로 돌을 들여쌓아 만든 가짜 돔 구조가 특
징이다. 내부 형태가 벌집처럼 보여 '벌집형 무덤'이
라고도 불린다.

· 트랜셉트(transept)

십자형 교회당에서 본당과 직각으로 교차하며 좌우
로 돌출된 공간.

ㅍ

· 파빌리온(pavilion)

주요 건축물의 일부로 배치되는 소규모 구조물. 휴
식, 전시, 관람 등의 특정 기능을 수행하며 개방성과
장식성을 띤다. 때로는 독립된 소규모 건축물로 사
용되며 정원, 전시장, 주거 별채 형태로 발전하기도
한다.

· 파사드(façde)

건물의 외부 정면을 말하며, 보통 거리나 광장을 향
해 있다. 건물의 성격과 시대 양식을 드러내는 주요
요소로, 장식, 재료, 비례, 창문 배열 등이 조합되어
건축의 첫인상을 만든다.

· 페디먼트(pediment)

고대 그리스 건축에서 유래한 삼각형 장식 구조물.
지붕의 박공 형태를 띠며, 주로 엔타블러처 위에 놓
인다. 조각이나 돋을새김으로 장식하기도 한다.

· 푸우크 양식(Puuc)

마야문명의 건축 양식으로, 멕시코 유카탄반도에서
발달했다. 건물의 벽이 크게 두 구역으로 나뉘는 것
이 특징이다. 아래쪽 벽은 단순하고, 위쪽 벽은 기하
학적인 돌 모자이크와 차크(Chaac) 신의 마스크로
화려하게 장식한다.

· 프레리 양식(Prairie style)
20세기 초반 미국의 건축가 프랭크 로이드 라이트가 발전시킨 양식. 낮고 넓은 지붕과 수평적 외관으로 자연과의 조화를 추구하며, 내부 공간이 연결된 개방적인 구조가 특징이다.

· 프리즈(frieze)
고전 건축에서 기둥 위에 놓이는 엔타블러처의 가운데 층을 이루는 띠 모양의 장식물. 주로 조각이나 무늬로 장식된다.

· 플라잉 버트레스(flying buttress)
주벽에서 떨어져 세운 외부 지지 기둥과 이를 주벽 상부와 연결하는 경사형 아치 구조물. 고딕 건축에서 벽 압력을 분산시켜 높은 천장과 넓은 창을 가능하게 한다. '아치형 부벽'이라고도 한다.

· 피세(pisé)
땅속의 자연 토양을 거푸집 안에 넣고 층층이 압축해 쌓은 흙벽 구조물.

· 피에트라 두라(Pietra Dura)
대리석에 문양을 파고 보석을 끼워 넣는 상감 기법. 이탈리아어로 '단단한 돌'이라는 뜻이다.

ㅎ

· 하이포스타일 홀(Hypostyle hall)
기둥을 많이 세운 넓고 큰 방. 주로 고대 이집트의 신전이나 그리스의 왕궁과 저택 등에서 볼 수 있다.

· 홍예다리(虹霓다리)
다리 가운데를 높여 무지개 모양으로 만든 다리. 보통 아치 구조로 짓는다.

· 환상열석(環狀列石)
거대한 선돌이 둥글게 줄지어 놓인 신석기·청동기 시대 유적. 태양 숭배나 무덤과 관련된 종교적 기념물로 여겨진다.

· 회랑(廻廊, cloister)
종교 건축이나 궁전에서 주요 공간을 둘러싸는, 지붕이 있는 좁고 긴 복도. 건물 내부나 정원을 연결하는 통로로 사용된다.

· 흉벽(胸壁, parapet)
사람의 가슴 높이만 한 담으로, 성곽이나 포대 등 중요한 곳에 방어 목적으로 쌓는다.

찾아보기

| 건축물명 |

사진 저작권자

저작권 자료의 수록을 허가해주신 아래 저작권자들께 감사의 뜻을 전합니다.

T = 위, B = 아래, L = 왼쪽, C = 중간, R = 오른쪽

agefotostock: 127R De Agostini/Icas94; 152T Jerónimo Alba; 168B CSP_Morphart; 334R Edwin Remsberg; 393 Edmund Sumner/VIEW

Alamy: 246B, 315T Volgi archive; 15 Xinhua; 18BL Science History Images; 20-21 Greatstock; 25 markferguson2; 29B Science History Images; 34L Photo 12; 35, 208, 365 Hemis; 36R Top Photo Corporation; 39B, 42, 58C Classic Image; 41B robertharding; 45T EU/BT; 51T Adam Eastland; 54B Album; 63LT Danvis Collection; 79T PRISMA ARCHIVO; 95B, 158T Antiqua Print Gallery; 101 Florilegius; 103 Ariadne Van Zandbergen; 104T Xinhua; 119CL Antiqua Print Gallery; 122-123 Neil Baylis; 129B Gado Images; 152B STOCKFOLIO®; 190B Andre M. Chang; 221R GRANGER-Historical Picture Archive; 239 Artokoloro; 252L numb; 256T History and Art Collection; 259 GC Stock; 265L Kim Karpeles; 266R parkerphotography; 271 Jessie/Stockimo; 275 Science History Images; 279 (inset) INTERFOTO; 282L Peter Cavanagh; 291 ZUMA Press, Inc.; 296 NurPhoto SRL; 297B Robert Wyatt; 300R Globe Stock Premium; 306 Prisma by Dukas Presseagentur GmbH; 309 imageBROKER; 310R wanderluster; 315B Everett Collection Historical; 322 Nick Harrison; 324T Keystone Press; 326, 345, 367 Associated Press; 330T PA Images; 342 Andia; 346R dpa picture alliance archive; 388 Christian J Kober; 389 Cultura RM

American Academy in Rome: 260 Image courtesy of the American Academy in Rome, Institutional Archive

atelier masōmī: 400T James Wang, courtesy of atelier masōmī

Barbican Living: 349TR

Charles Correa Foundation: 246L, 375T, 375B © Charles Correa, courtesy Charles Correa Foundation City of Sydney Archives: 343 (inset) Len Stone Photograph Collection, courtesy of the City of Sydney Archives Creative Commons: 27 CC BY-SA 4.0/Tjp finn; 34R CC BY 3.0/youssef_alam; 50 CC BY-SA 4.0/Zhangzhugang; 71BL CC0 1.0/

Bigjap; 73T CC BY-SA 3.0/Ssriram mt; 73B CC BY-SA 3.0/Raja1111; 79BL&BR CC BY-SA 4.0/Olaf Væring (1837-1906)/Kulturhistorisk museum, UiO (Museum of Cultural History, part of the University of Oslo, Norway); 92R CC BY-SA 4.0/Megginede; 109L CC BY-SA 4.0/Zaid isam; 115B CC BY-SA 4.0/Igor Pinigin; 118 CC BY-SA 4.0/Alexander Leisser; 119T CC BY 2.0/Manuele Zunelli; 119CR CC BY-SA 3.0/Vladsinger; 124 CC BY-SA 3.0/ Franzfoto; 154 CC BY-SA 3.0/Dmadeo; 163L CC BY-SA 4.0/ P.Cikovac; 194 CC BY-SA 4.0/Bestbudbrian; 201 CC BY-SA 3.0/Diuturno; 219 inset CC BY-SA 4.0/W. Bulach; 222L CC BY-SA 3.0/Samadolfo; 230 CC BY-SA 3.0/ Sagrada Família (oficial); 237L CC BY-SA 4.0/Spudgun67; 253L CC BY-SA 2.0/Rod Waddington; 270R CC BY-SA 3.0/Wiiii; 278L CC BY-SA 4.0/Thomas Ledl; 288 CC BY-SA 4.0/gillfoto; 292R CC BY 4.0/Ninaraas; 293L CC-BY-SA 3.0/Bundesarchiv, Bild 183-R82532; 298 CC BY 2.0/Paul Mannix; 319L CC-BY-SA-3.0/Fortepan/Éva Romák; 338L CC BY-SA 2.0/Andie Nordgren; 341 CC BY-SA 3.0/Florian Hirzinger-www.fh-ap.com; 353 CC BY-SA 4.0/JanManu; 354T CC BY-SA 2.0/ilf_; 358CC BY-SA 2.0/ IAEA Imagebank; 361 CC BY-SA 3.0/John Cummings; 371 CC BY-SA 3.0/Tambo; 374L CC BY 4.0/ESO; 374R CC BY-SA 2.0/Comisión Mexicana de Filmaciones; 381 CC BY-SA 3.0/GandoIT; 384 Vince Musi/The White House; 384 CC BY 2.0/jelm6; 394 CC BY-SA 2.0/Dan Kamminga

옮긴이 성소희

서울대학교에서 미학과 서어서문학을 공부했다. 현재 바른번역 소속 번역가로 활동하며, 인문·사회·과학·문학 등 다양한 책을 번역해왔다. 철학 잡지 『뉴필로소퍼』 번역진으로 참여하고 있다. 옮긴 책으로는 『지도로 보는 인류의 흑역사』 『사라져가는 장소들의 지도』 『하버드 논리학 수업』 『여신의 역사』 『땅의 역사』 『얼음과 불의 탄생, 인류는 어떻게 극악한 환경에서 살아남았는가』 『이디스 워튼의 환상 이야기』 등이 있다.

500가지 건축으로 읽는 세계사

1판 1쇄 발행 2026년 3월 20일
1판 3쇄 발행 2026년 4월 16일

지은이 소피 콜린스
옮긴이 성소희
감 수 임석재
발행인 박명곤 **CEO** 박지성 **CFO** 김영은
기획편집1팀 채대광, 백환희, 이상지, 김진호
기획편집2팀 박일귀, 이은빈, 강민형, 박고은
기획편집3팀 이승미, 김윤아, 김수진
디자인팀 구경표, 유채민, 윤신혜, 권지혜
마케팅팀 임우열, 김은지, 전상미, 이호, 최고은

펴낸곳 (주)현대지성
출판등록 제406-2014-000124호
전화 070-7791-2136 **팩스** 0303-3444-2136
주소 서울시 강서구 마곡중앙6로 40, 장흥빌딩 10층
홈페이지 www.hdjisung.com **이메일(문의/제휴)** support@hdjisung.com
제작처 영신사

ⓒ 현대지성 2026

"Create Curious Contents"
현대지성은 호기심 어린 마음으로 작가님의 원고를 기다리고 있습니다.
원고 투고는 togo@hdjisung.com으로 보내주시면, 정성껏 검토 후 연락드리겠습니다.

현대지성 홈페이지

이 책을 만든 사람들
기획 박일귀 **편집** 강민형 **디자인** 권지혜